KB120421

국회의 이해

우리가 알아야 할 국회 이야기

이 도서의 국립중앙도서관 출판예정도서목록(CIP)은 서지정보유통지원시스템 홈페이지(http://seoji.nl.go.kr)와
국가자료공동목록시스템(http://www.nl.go.kr/kolisnet)에서 이용하실 수 있습니다.
CIP제어번호: CIP2019031042(양장), CIP2019031046(무선)

우 리 가 알 아 야 할 국 회 이 야 기

국회의 이해

| 임재주·서덕교·박철·장은덕 지음 |

한울
아카데미

머리말

우리나라의 정책 결정 과정에서 국회의 중요성은 날로 커져가고 있다. 중요한 사회 문제가 발생하면 각 정당이 입장을 표명하고 국회의원이 법률안을 발의해 법률을 제·개정하는 절차가 일반화되고 있다. 정부가 제출한 법률안이 수정 없이 가결되는 사례는 거의 사라지고 있다. 예산안도 국회 심사 단계에서 감액과 증액이 활발히 이루어지고 있다. 국정감사와 국정조사가 실시될 때에는 언론의 관심이 국회로 집중되고, 인사청문회를 전후해서는 고위공직 후보자의 낙마 소식도 심심치 않게 전해진다. 그래서 최근에는 국회가 권력을 지나치게 과도하게 행사한다는 지적마저 들린다.

이제 국회에서 이루어지는 활동들에 대한 이해 없이 우리나라의 국정을 이해하기는 현실적으로 불가능하다. 국회 관련 업무를 제대로 수행하기 위해서는 국회의 조직과 운영에 대한 지식과 소양을 갖춰야 한다. 하지만 국회는 일반인에게, 심지어 국회를 잘 안다는 사람들에게도 '어려운 곳'으로 인식되고 있다. 법률안이 대안 '폐기'되었다는데 왜 그 내용은 가결되어 법률로 시행되고 있는지, 예산 심사 '소소위'는 왜 만들어지고 거기에는 누가 들어가는지, 왜 회의를 한창 하다가 자정이 되면 '차수 변경'을 하는지 등등 이해하기 어려운 사례와 용어가 너무 많다.

그럼에도 불구하고 우리 국회에서 벌어지는 일들을 알기 쉽게 설명하는 소개서가 부족한 실정이다. 기존의 서적들이 나름대로 도움이 되지만 관련 학문의 전공자나 국회 출입 공무원 등이 아니면 이해하기 어렵다. 필자들이 이 책을 내기로 합심한 것도 이러한 인식에서 출발했다. 국회라고 하면 막연히 두려움을 갖거나 거리감을 느끼는 사람들에게 국회를 제대로 이해할 수 있는 수단을 제공하자는 것이다. 그래서 이 책의 제목도 『국회의 이해』로 정했다.

이 책은 국회의 조직과 회의 운영, 법률안 심사, 예산 심사, 국정감사, 국정조사, 인사청문회 과정 등에 대해 알기 쉽게 설명하고 있다. 특히 기존의 국회 소개서들과는 다르게 실제 회의록과 각종 문서에서 사례를 발췌해 예시함으로써 독자의 이해를 돕고자 노력했다. 그럼에도 독자들이 이해하는 데 어려움이 있다면 이는 전적으로 필자들의 능력 부족이라는 점을 잘 알고 있으며, 앞으로 더욱 개선해 나갈 것임을 약속드린다.

이 책의 출간을 맡아주신 한울엠플러스의 김종수 사장님과 윤순현 차장님, 신순남 씨를 비롯한 직원들에게 감사드린다. 책을 전반적으로 검토해 준 정명호 국회사무처 의회외교정책심의관과 청사 및 시설 부분에 관한 내용을 다듬어준 김승현 국회사무처 부이사관에게도 감사의 마음을 전한다. 아무쪼록 이 책이 국회에 대한 이해를 넓히는 데 조금이나마 도움이 되기를 기원해 본다.

차 례

머리말 _ 5

제3장
법률안 심사 과정과 행정입법 통제

제1장

왜 국회인가

제1절 **개관**

이 책은 국회의 기능과 정책 결정 과정을 소개한다. 하지만 국회에 대한 본격적인 논의에 앞서 왜 우리가 국회를 알아야 하는지 짚고 넘어갈 필요가 있다. 국회에 대한 충분한 이해가 시민의 정치 참여를 이끌 수 있고 이것이 바로 민주주의의 출발점이기 때문이다.

1. 현상으로서의 국회: 낮은 신뢰도

현재 한국 사회에서 국회는 낮은 신뢰도를 보이고 있다. 국회 관련 뉴스에 달리는 댓글만 보더라도 우리 사회에서 국회가 얼마나 낮은 평가를 받는지 금방 드러난다. 본연의 기능을 잘 수행하지 못하는 국회는 해산되어야 한다거나 국회의원과 보좌진의 수를 지금보다 줄여야 한다는 댓글이 많다. 개별 국회의원의 비리를 다룬 뉴스에는 원색적으로 비난하는 글들이 이어진다.

이러한 낮은 신뢰도는 전문적인 통계에서도 나타나고 있다. 세계가치조사(World Values Survey)의 2010~2014 신뢰도 조사에 따르면 우리 국회는 다른 기관과 비교해 가장 낮은 신뢰를 받는 것으로 나타나고 있다(〈표 1-1〉 참조). 국회를 어느 정도 신뢰하느냐는 질문에 긍정적으로 답한 비율은 25.5%에 불과하다. 다른 국가와 비교해 봐도 우리 국

표 1-1 **한국의 공공기관에 대한 신뢰도**

	매우 긍정	약간 긍정	약간 부정	매우 부정	응답 없음
국회	3.2%	22.3%	52.9%	21.2%	0.5%
군	19.8%	43.7%	28.3%	8.1%	0.2%
언론	10.5%	50.5%	31.7%	7.1%	0.2%
경찰	8.1%	50.2%	34.7%	6.8%	0.2%
법원	10.9%	55.8%	25.9%	6.8%	0.7%
정부	5.8%	43.7%	38.9%	11.4%	0.2%
정당	2.4%	23.7%	53.3%	20.1%	0.5%
공무원	5.0%	43.1%	40.8%	10.8%	0.2%

자료: World Values Survey(2015).

회에 대한 신뢰도는 매우 낮게 나타나고 있다. 의회의 신뢰도에 대한 질문에서 부정적으로 답한 비율이 한국보다 높게 나타난 국가는 전체 조사 대상 57개 국가 중 9개 국가에 불과했다.

역설적인 점은 국회에 대한 신뢰도가 1987년 민주화 이전에는 매우 높았다가 1990년대에 급격하게 낮아진 이후 크게 회복하지 못하고 있다는 점이다. 세계가치조사의 조사 결과를 살펴보면 민주화 이전인 1981~1984 조사에서는 국회의 신뢰도에 대한 긍정적인 답변이 60% 대에 이르렀지만 1990년대 조사에서는 30% 초반, 2000년대 초반 조사에서는 10%대로 크게 떨어졌고, 2000년대 중반 이후 20% 중반을 유지하고 있다(〈표 1-2〉 참조).

2. 집합적 대의 기구로서의 국회

이렇게 낮은 신뢰도를 보이는 국회를 우리가 알아야 하는 이유는 무엇인가? 가장 근본적인 이유는 국회가 선출된 국가 기구로서 가장 중

표 1-2 **국회에 대한 신뢰도(한국)**

	매우 긍정	약간 긍정	약간 부정	매우 부정	응답 없음/모름
1981~1984	24.3%	42.5%	24.7%	6.3%	2.2%
1990~1994	7.4%	26.5%	42.8%	22.4%	1.0%
1995~1998	3.3%	27.7%	51.6%	16.9%	0.5%
1999~2004	1.3%	8.9%	47.2%	37.2%	5.3%
2005~2009	1.4%	24.8%	50.5%	23.3%	0.1%
2010~2014	3.2%	22.3%	52.9%	21.2%	0.5%

자료: World Values Survey(2015).

요한 국민의 대의 기구(representative institution)이기 때문이다. 모든 국민이 직접 국가 의사를 결정하는 것이 민주주의의 이상일 수 있다. 하지만 직접민주주의는 오늘날 많은 인구와 넓은 영토를 가진 국가에서 다양한 지역과 사람들의 의견을 어떻게 정치적 공동체의 의사로 결집해 결정해야 하는 문제에 대해 현실적으로 가능하거나 올바른 해답이 되기 어렵다. IT, 빅데이터 등의 정보통신기술이 발달한 현대에서도 국민 개개인의 의견을 확인하고 이를 바탕으로 공동체의 전체 의사를 올바르게 이끌어내기란 쉬운 일이 아니다.

따라서 현대 국가에서 민주주의는 시민의 정치 참여에 필요한 틀을 제공함과 동시에 정치 참여에 한계를 설정하는 대의 기구의 심화와 확장을 통해 이루어진다(Beetham, 1992: 48). 우리나라에서도 선출된 대표자를 통해 그들로 하여금 국민을 대신해 국가 의사나 국가 정책 등을 결정하게 하는 대의제(강경선·오동석, 2017: 8)가 국가 구조의 조직 원리로 채택되고 있다(김학성, 2017: 803~816).

선출된 의원들과 이들로 이루어지는 의회는 국가의 다른 어떤 기구들보다 국민의 대표로서의 성격을 가진다(Pitkin, 1967: 41). 입법부인

의회는 구성원들의 다양한 뜻을 대변해 이를 토대로 정책을 형성하거나 또는 이를 행정부에 전달하는 대의제 민주주의의 핵심 중추 기구이다. 그러므로 대의 기구인 입법부는 영토를 가진 현대 국가의 조건 아래에서 정치에 대한 민중의 통제를 실현하고 정치적 평등의 요구를 수용하는 기구로서 민주주의에 필수적인 기관이다(Beetham, 1992: 41).

물론 행정부를 대표하는 대통령도 국민에 의해 선출된다는 점에서 어느 정도 대의 기구로서의 성격을 가진다. 하지만 근본적으로 행정부는 국가의 정책을 국민에게 집행하고 행정 서비스를 전달하는 기구이다. 그리고 국민이 선출하는 대통령 1인으로는 지역, 세대, 계층 등 다양한 집단의 의견을 충분히 대표하기에 한계가 있다. 이러한 점에서 국민의 뜻을 대표해 국가 정책에 반영하는 대의 기구로서의 중요성은 의회가 행정부보다 더 크다고 할 것이다.

나아가 현재 우리 국회의 역할이 마음에 들지 않는다고 해서 이를 해산하거나 폐지하고 새로운 성격의 정책 결정 기구(예를 들자면 추첨 등에 따라 구성되는 시민의회, 공론화 위원회 등)를 구성한다고 하자. 그런데 이러한 기구가 국민에 의해 직접 선출된 기구와 동등하게 정치적인 정당성을 지니고 공동체의 최종 의사결정 기구로서의 기능과 역할을 수행할 수 있으리라고 기대하기는 어렵다. 이런 점에서 아직까지 대의 민주주의 체제 아래에서 선거로 구성된 기구인 국회의 중요성은 인정된다고 할 수 있다.

대의기능과 대의 기구로서의 국회의 필요성은 앞서 살펴본 국회에 대한 신뢰도를 보여주는 시기별 조사 결과에서도 나타난다. 우리나라에서 국회에 대한 신뢰도가 가장 높았던 시기는 국가 정책 결정에 국민의 의사가 반영되기 어려웠던 민주화 이전 시기이다. 즉, 사람들은

제대로 된 대의 기구가 없을 때에 역설적으로 대의 기구로서의 의회의
필요성을 가장 크게 느꼈음을 알 수 있다.

제2절 국회의원의 역할과 활동

이 책은 국회가 내부 조직과 회의 운영을 통해 국민의 집합적인 대
의 기구로서 수행하는 역할을 소개하는 것에 초점을 두고 있다. 하지
만 개별 국회의원이 국민의 정치적 의사를 대변하기 위해 수행하는 활
동 또한 나름의 중요성을 가지고 있고, 그들의 역할은 국회의 역할 수
행 과정에도 영향을 미친다. 따라서 여기서는 먼저 개별적인 대의기관
으로서의 국회의원의 활동과 역할을 간략하게 살펴보기로 한다.

1. 개별 국회의원이 지닌 세 가지 역할

우리나라에서 개별 국회의원의 역할은 크게 선거구 일꾼, 정당 정치
인, 정책감시자 및 정책기업가로 나눌 수 있다.[1] 첫째는 선거구 일꾼
(constituency worker)으로서의 역할이다. 이것은 자신을 선출해 준 선
거구민 또는 선거구의 이익을 위해 국회의원이 수행하는 역할이다. 국
회의원은 선거구민의 민원이나 고충을 들어주고 이를 정부 또는 지방

---

[1] 국회의원의 역할을 이처럼 세 가지로 나눈 것은 영국에서 의원의 역할을 정당인(partisan role), 지역구 대변(constituency role), 정책 심사(scrutiny role)의 세 가지로 나눈 Rush (2001)의 분류로부터 영향을 받았다.

자치단체나 공공기관 등에 전달하기도 하고, 선거구의 현안을 해결하기 위해 노력하기도 한다. 필요한 경우 관련된 법률안을 발의하거나 청원을 소개해 이를 통과시키려 노력하고, 지역구 관련 사업에 소요되는 비용을 국가 또는 지방자치단체 예산에 반영시키려 한다. 이처럼 선거구 일꾼으로서의 역할은 크게 두 가지 하위 유형으로 분류할 수 있는데, 하나는 개별 선거구민을 대변해 민원 또는 고충을 해결하는 활동이고, 다른 하나는 선거구 전체와 관련된 문제(예를 들어 선호 시설 유치)를 해결하는 활동이다.

개별 국회의원이 특정 직능집단이나 이익집단(예를 들어 의료계, 노동계, 교육계, 농업계 등)을 대변해 국회의원에 선출되었다고 생각하는 경우(비례대표 의원이 대표적인 예이지만, 일부 지역구 의원도 이 범주에 포함됨)에는 해당 직능집단이나 이익집단의 이익을 대변해 활동하려는 경향이 있다. 이들 활동은 해당 직능집단이나 이익집단이 국회의원을 선출한 선거구민과 유사한 위치에 있다는 점에서 크게 보면 선거구 일꾼으로서의 역할이라고 할 수 있다. 예를 들어 노동계 출신 국회의원이 노동조합의 이익을 대변해 법안을 발의하거나 청원을 소개하고 관련 예산을 확보하기 위해 노력하는 활동이 그것이다. 이익집단 간의 이해관계가 엇갈리는 법안을 심사할 때 국회의원이 각각의 이익집단의 입장을 대변해 심사에 반영하려는 것도 이러한 역할 범주에 들어간다고 볼 수 있다.

둘째는 정당 정치인(party politician)으로서의 역할이다. 우리나라에서 정당 제도는 헌법적으로 중요한 정치 제도로 보장되어 있고(헌법 제8조), 실제로 정당을 중심으로 정치가 이루어진다. 대부분의 국회의원은 선거에 후보로 출마할 때 특정 정당의 소속으로 출마하고, 유권자들은 현실적으로 후보자가 어느 정당 소속인지에 영향을 받아 투표한다. 즉, 유권자들은 해당 후보자가 소속 정당의 정책을 추진할 것으로 어느 정도 상정하고 투표한다. 따라서 당선된 개별 국회의원은 자신이 소속된 정당의 정책을 실현하기 위해 또는 소속된 정당의 정치적 입장을 대변하기 위해 노력한다.

소속 정당이 깊은 관심을 갖는 법률안이나 예산안을 통과시키기 위해 또는 상대 정당이 중점적으로 추진하는 법률안이나 예산안을 저지하기 위해 개별 국회의원이 위원회나 본회의에서 질의하고 토론하는 것이 이러한 역할 범주에 들어간다. 이 과정에서 정당 간, 국회의원 간의 대립이 극단적으로 격화될 경우에는 국회가 파행 또는 공전되기도 하고 물리적 충돌을 빚기도 한다. 최근에는 무제한토론(일명 필리버스터)을 통해 상대 정당의 중점 입법사안을 저지하려는 사례도 있었다. 또한 본회의에서 국무총리와 국무위원을 상대로 벌이는 대정부질문을 통해 야당 소속 의원은 정부와 여당을 공격하고, 여당 소속 의원은 정부를 방어한다. 국정감사에서 정당 간의 정치적 쟁점을 둘러싸고 의원들이 대립하는 모습이나, 특정 현안에 대한 국정조사에서 의원들이 소속 정당의 입장을 대변하는 모습도 모두 같은 역할의 범주에 들어간다.

셋째는 정책감시자 및 정책기업가(policy watchdog and entrepreneur)로서의 역할이다. 이는 국회의원 개개인이 본인의 전문성과 식견을 바탕으로 무엇이 국가 전체의 이익인지를 생각해 국가의 정책을 심의·감시·감독하거나 새로운 정책을 제안하는 역할이다. 우리나라에서 개별 국회의원은 위원회에 소속되어 해당 분야의 법률안과 예산안, 결산을 심의함으로써 국가의 정책을 결정한다. 상임위원회와 예산결산특별위원회, 그리고 이들 위원회에 설치된 법률안심사소위원회나 예산결산기금심사소위원회에서의 안건 심사가 이러한 역할에 해당한다. 또한 국정감사나 국정조사를 통해 개별 국회의원은 국가 정책이 잘 집행되고 있는지, 그 과정에 문제는 없는지에 대해 감시 또는 감독하는 역할을 수행한다. 나아가 의원들은 법안을 발의하거나 새로운 사업의 예산을 제의하는 등의 활동을 통해 국가 정책을 제안하는 역할을 한다.

2. 국회의원의 세 가지 역할 간 모순 또는 상충

이 세 가지 역할은 서로 조화를 이룰 수도 있지만 모순되거나 상충될 수도 있다. 즉, 특정 선거구나 이익집단에 유리한 정책이 국가 전체의 이익에는 배치되는 경우가 있을 수 있다. 또 특정 정당의 정책이 그 정당의 정치적 이해관계에는 유리한 결과를 가져올 수 있지만 국익에는 해가 될 수도 있다. 그리고 서로 자신의 정책이 국가의 장래에 바람직하다고 주장하는 정당 간의 정치적 대립이 국가 정책 과정의 효율성과 효과성을 저해할 수도 있다.

우리 헌법은 제46조 제2항에서 "국회의원은 국가이익을 우선해 양심에 따라 직무를 행한다"라고 규정해 국회의원은 국가 전체의 이익을 대표하고 있음을 천명하고 있다. 하지만 선출된 대의기관으로서의 개별 국회의원은 정치 현실에서 자신을 선출한 선거구, 자신과 관련된 직능집단이나 이익집단, 자신이 소속된 정당의 이익을 어느 정도 고려하면서 의원으로서의 역할을 수행할 수밖에 없다.

소선거구 단순다수제가 중심인 선거 제도와 정당 기율이 강한 정치문화는 이러한 현상을 더욱 심화시킨다. 또한 국가 전체의 이익이 무엇인지를 쉽게 정의할 수 없다는 점은 다양한 역할을 수행해야 하는 국회의원이 처한 문제를 더욱 어렵게 한다. 전체의 이익, 즉 공익이란 사익의 집합이라고 볼 수 있다는 입장(공익에 관한 '과정설' 등)에서는 개별 국회의원이 자신의 선거구민이나 자신과 관련된 이익집단 또는 정당의 이익을 대변해 활동하는 것이 공익의 증진으로 연결된다고 주장할 수 있다. 그 반대의 입장, 즉 사익을 초월하는 공익이 있다는 입장(공익에 관한 '실체설' 등)에서는 공익으로 추정하는 이익을 사익보다 우선시해야 한다고 주장할 수 있다. 하지만 이것은 공익과 사익의 관계에 관련된 학문적 논쟁에서도 쉽게 해결되지 않는 주제이다.

따라서 소속된 정당의 정책을 표방하면서 선거구에서 선출되거나 직능집단 또는 이익집단을 대표해 선출된 개별 국회의원은 그들을 대표하는 활동을 일정 부분 수행할 수밖에 없는 것이 현실이다.[2] 중요한 것은 개별적 대의 기구로서 국회의원이 수행하는 이런 활동이 집합적 대의 기구인 국회라는 기관 안에서 서로 조정되고 타협을 거치면서 공동체 전체의 이익에 부합할 수 있도록 국회를 운영하는 것이다.

제3절 이 책의 초점과 구성

국회는 개별 정치적 대표자들이 모인 집합적 대의 기구로서의 입법

---

2   의회 토론 문화의 모범으로 알려진 영국 의회의 대총리 질문(Prime Minister's Question: PMQ)의 경우 일반적으로 40분의 시간 중 절반 남짓한 시간이 평의원들에게 할애되는데, 평의원의 질문 중 상당수는 지역구 민원 해결에 관한 것이다. 하지만 영국에서는 이에 대해 비판하는 목소리가 크지 않다.

부이다. 정치 공동체를 대표하는 국회의 역할과 기능은 정치 공동체의 이익을 위해 그 공동체와 관련한 의사결정을 수행하는 것이다. 구체적으로는 ① 정치 공동체 구성원의 권리와 의무 또는 그 공동체의 정책을 규정하는 법률의 제정 또는 개정, ② 정치 공동체의 살림살이와 관련된 예산의 심의·확정, ③ 정치 공동체의 주요 기구에서 일하는 인사에 대한 권여, ④ 정치 공동체의 정책을 그 구성원에게 집행하는 행정부에 대한 견제, 감시, 또는 감독 등의 역할을 수행한다.

이 책은 국회가 내부 조직과 회의 운영을 통해 국민의 집합적인 대의 기구로서 수행하는 역할과 과정을 소개하는 데 초점을 두고 있다. 국회가 맡고 있는 역할은 매우 다양한데, 이 책에서는 그중 대의기능을 구현한 국회의 조직과 운영의 개요, 대의기능을 대표하는 입법 과정과 예·결산 심사, 국정감사 등 대정부 견제 기능, 국회의 인사권 및 인사청문회에 중점을 두고 설명하고자 한다.

먼저 제2장은 국회의 조직과 회의 운영에 대한 내용이다. 국회를 구성하는 인적 요소인 국회의원의 선출 방법과 임기, 권한, 특권 및 의무, 국회의장·부의장·위원회 위원장의 선출 방법 및 역할, 의장단 및 위원회 위원장단을 정당 간에 배분하는 원구성, 위원회, 교섭단체, 국회의 회의 운영에 관한 사항, 그리고 국회의 활동 공간으로서의 국회 시설을 소개한다.

제3장은 국회의 입법 기능에 대한 내용이다. 국회 입법 과정의 기능을 간단하게 살펴본 후, 구체적인 법률안 심사 과정을 ① 법률안 발의·제출, ② 위원회 심사, ③ 소위원회 심사·의결, ④ 위원회 의결, ⑤ 법제사법위원회 심사·의결, ⑥ 본회의 심의·의결, ⑦ 정부 이송 및 공포, 대통령 재의 요구의 개별 절차에 따라 설명한다. 이 장에서는 또 정부

가 법률의 하위 규범으로 마련하는 행정입법(대통령령, 총리령, 부령 등)에 대한 국회의 통제에 대해서도 알아본다.

제4장은 국회의 예산 기능에 대한 내용이다. 예산과 예산 과정에 대해 전반적으로 소개한 후 예산 과정을 ① 예산안의 국회 제출, ② 상임위원회의 예비심사, ③ 예산결산특별위원회의 심사, ④ 본회의 심의·의결의 순서에 따라 설명한다. 결산에 대해서도 내용과 범위, 심사 과정을 살펴보고, 감사원 감사요구 현황도 간략히 소개한다.

제5장은 국회가 정부를 견제·감시·감독하는 기능에 대한 내용이다. 국정감사와 국정조사에 대해 준비 과정에서부터 실시 방법, 결과 처리 등을 설명한다. 대정부질문, 긴급현안질문, 서면질문 등 각종 질문제도와 위원회에서의 업무보고와 현안보고 등도 살펴본다.

제6장은 국회가 국가 기구의 인사에 관여하는 기능과 인사청문회 제도에 대한 내용이다. 헌법에 직접 근거한 국회의 인사권과 법률에 근거한 국회의 인사권을 구분해 설명한다. 인사청문회에 대해서는 의의, 연혁, 법적 근거는 물론이고 실시 대상과 진행 과정 등도 알아본다.

제7장은 국회의원의 입법 활동을 실무적으로 지원하고 있는 소속 기관 등 입법지원조직에 대한 내용이다. 국회의원 및 교섭단체를 보좌하는 조직을 간략하게 소개한 후, 국회사무처, 국회도서관, 국회예산정책처, 국회입법조사처, 국회미래연구원 등의 조직과 이 조직들의 역할을 설명한다.

제2장

국회의 조직과 회의 운영

제1절 **개관**

이 장에서는 국회의 조직과 회의 운영에 대해 설명한다. 각각의 국회의원은 모두 국민이 직접 선출한 대의 기구로서 헌법기관이다. 그러나 헌법상 보장된 국회의 권한은 전체 국회의원이 모인 회의체의 의사결정으로 행사한다. 따라서 각 국회의원의 선출부터, 국회의원이 모여 국회의 의사를 결정하는 회의 운영, 이러한 국회 운영을 위해 필요한 국회 내부 기관의 조직 구성 역시 국민의 의사를 제대로 반영해 결정할 수 있는 민주적인 원리에 따라 이루어져야 한다. 동시에 의사결정이 효율적으로 이루어져 국회의 각 기능이 필요한 시점에 원활하게 작동할 수 있어야 한다. 「국회법」 등 국회관계법의 내용은 이러한 원리를 한국의 정치 현실과 필요성에 맞게 구체적으로 작성해서 운영해 온 결과물이다.

먼저 국회를 구성하는 가장 기본적인 인적 구성요소인 국회의원의 선출 과정과 우리나라의 특징을 살펴본다. 각 국회의원이 국회에서 맡는 주요 직위로는 국회의장, 부의장, 위원회 위원장 등이 있다. 그다음 차원의 구성요소로는 위원회와 교섭단체로서의 정당이 있다. 국회의 이러한 구성요소들은 회의를 통해 고유한 권한을 행사하고 활동한다. 끝으로 국회의 활동 공간으로는 국회의사당을 비롯한 주요 시설이 있다. 이 장에서 서술하는 내용은 제3장부터 제6장까지 설명하는 국회의 구체적인 기능을 이해하는 데 기초가 될 것이다.

제2절 국회의원: 국회의 기본 단위

먼저 이 절에서는 개별 국회의원에 관한 사항을 설명한다. 국회의원은 헌법기관으로, 앞에서 살펴본 바와 같이 개별적인 대의 기구로서의 역할을 수행하고 있다. 여기서는 주로 국회의원의 선출 방법, 임기, 권한, 특권 및 의무에 대해 알아본다.

1. 국회의원의 선출 방법과 임기

국회는 국민의 보통·평등·직접·비밀선거로 선출된 국회의원으로 구성한다(헌법 제41조 제1항). 국회의원의 수는 법률로 정하되 200인 이상으로 하며 선거구·비례대표제 등 선거에 관한 사항은 법률로 정한다(헌법 제41조 제2항 및 제3항). 제20대 국회는 300명의 국회의원으로 구성되어 있다. 국회의원은 선출 방법에 따라 두 가지로 나뉜다. 하나는 지역구국회의원이고 다른 하나는 비례대표국회의원이다. 2019년 현재 지역구국회의원의 정수는 253명이고, 비례대표국회의원의 정수는 47명이다. 국회의원 후보가 되려면 25세 이상이어야 한다(「공직선거법」 제16조 제2항). 지역구국회의원은 단순다수제에 따라 유효투표의 다수를 얻은 자를 당선인으로 한다(「공직선거법」 제188조 제1항). 따라서 하나의 지역구에서는 1명의 국회의원이 선출된다(「공직선거법」 제21조 제2항).

비례대표국회의원은 전국을 단위로 하여 선거한다(「공직선거법」 제20조 제1항). 비례대표국회의원 선거 후보자는 추천 정당이 그 순위를 정해 추천한다. 비례대표국회의원 의석은 의석할당정당(비례대표국회의원 선거에서 유효투표총수의 100분의 3 이상을 득표했거나 지역구국회의원 총선거에서 다섯 석 이상의 의석을 차지한 정당)의 득표비율에 비례대표국회의원 의석정수를 곱해 산출된 수의 정수에 해당하는 의석을 당해 정당에 먼저 배분하고, 잔여의석은 소수점 이하 수가 큰 순으로 각 정당에 1석씩 배분한다(「공직선거법」 제189조 제3항).

국회의원의 임기는 4년이다(헌법 제42조). 지역구국회의원에 궐원 또는 궐위가 생긴 때에는 보궐선거를 실시한다(「공직선거법」 제200조 제1항). 비례대표국회의원에 궐원이 생긴 때에는 그 궐원된 의원이 선거 당시에 소속한 정당의 비례대표국회의원후보자명부에 기재된 순위에 따라 궐원된 국회의원의 의석을 승계할 자를 결정한다(「공직선거법」 제200조 제2항).

현재 국회의원의 임기 개시일은 1987년 10월 29일 제9차 개정으로 탄생한 현행 헌법 부칙 제3조의 "이 헌법에 의해 선출된 최초의 국회의원의 임기는 국회의원 선거 후 이 헌법에 의한 국회의 최초의 집회일로부터 개시한다"라는 규정에 따라 정해졌다. 이 조항에 따라 집회된 국회(제141회 임시회)의 최초 집회일이 1988년 5월 30일이었으므로 현행 헌법상 국회의원의 임기 개시일은 4년 주기로 5월 30일이고 임기 만료일은 5월 29일이다. 한편 국회의 개원기념일은 매년 5월 31일이다. 이는 1948년 5월 10일 실시된 제헌국회 국회의원 총선거에서 선출된 198인의 국회의원으로 같은 해 5월 31일 제헌국회가 개원했기 때문이다.

헌법상 국회는 국민의 보통·평등·직접·비밀선거에 의해 선출된 국회의원으로 구성하도록 하고 있다(헌법 제41조 제1항). 그런데 국회의원 지역선거구를 정하는 데 있어 지역구 간의 인구 편차가 크면 투표 가치의 평등이 이루어질 수 없고 평등선거의 원칙에 위반될 수 있다. 그래서 헌법재판소는 세 차례의 판결에 걸쳐 국회의원 선거에서 허용될 수 있는 지역구 간의 인구 편차를 줄여왔다. 1995년 12월 27일에는 전국 선거구의 평균 인구수(전국의 인구수를 선거구수로 나눈 수치)에 그 100분의 60을 더하거나 뺀 수를 넘거나 미달하는(즉, 상하 60%의 편차를 초과하는) 선거구가 있을 경우에는, 그러한 선거구의 획정은 국회의 합리적 재량의 범위를 일탈한 것으로서 헌법에 위반된다는 판결을 내렸다(95헌마224 등). 2001년 10월 25일에는 평균 인구수 기준 상하 50%의 편차를 허용 범위로 결정했고(2000헌마92 등), 2014년 10월 30일에는 평균 인구수 기준 상하 $33\frac{1}{3}$%의 편차를 허용 범위로 결정했다(2012헌마192 등). 이러한 헌법재판소의 판결은 국회의원지역구 획정에 있어 인구수 기준을 강화하고 있으며, 이는 나중에 살펴보는 바와 같이 지역구국회의원의 정수를 증가시키는 방향으로 작용하고 있다.

우리나라 국회의원 선거의 중요한 특징 중 하나는 현직의원이 다시 당선되는 비율이 낮다는 점이다(〈표 2-1〉 참조). 이는 국회에 대한 국민들의 전반적인 불신과 실망에 기인한 것으로 볼 수 있다(조기숙, 2000: 117; 서복경, 2010: 65; 가상준, 2013: 75). 국회에 대한 국민들의 불신 때문에 공천 단계에서부터 정당은 국회 외부에서 후보자를 충원함으로써 현역의원을 교체한다(서복경, 2010: 65). 후보자를 공천할 때 현역의원을 탈락시키는 현실은 후보자 중 현역의원이 차지하는 비율을 통해 살펴볼 수 있다(〈표 2-2〉 참조).

표 2-1 **지역구국회의원 선거에서 현역의원의 당선 비율**

	지역구 수	현역의원 당선자 수	현역의원 당선 비율
제13대	224	66	29.5%
제14대	237	118	49.8%
제15대	253	102	40.3%
제16대	227	118	52.0%
제17대	243	88	36.2%
제18대	245	129	52.7%
제19대	246	108	43.9%
제20대	253	138	53.5%

자료: 서복경(2010: 64); 중앙선거관리위원회 선거통계시스템.

표 2-2 **후보자 중 현역의원 비율**

	총선거 시 현역의원 수	후보자 중 현역의원 수	현역의원 낙천/불출마 비율
제17대	268	167	37.7%
제18대	291	198	32.0%
제19대	291	170	41.8%
제20대	292	192	34.2%

자료: 「국회경과보고서」; 중앙선거관리위원회 선거통계시스템.

정당이 당내경선을 실시하는 경우 경선후보자로서 해당 정당의 후보자로 선출되지 아니한 자는 해당 선거의 같은 선거구에서는 후보자로 등록될 수 없다(「공직선거법」 제57조의2 제2항). 그런데 원래 소속 정당에서 공천을 받지 못할 것으로 예상되는 현역의원은 당내경선에 참여하지 않고 무소속이나 다른 정당의 후보자로 출마할 수 있기 때문에 실제 공천에서 현역의원의 교체율은 이보다 더 높을 것이다. 그런데 현역의원의 교체율이 이처럼 높은 현실은 국회의원이 정책 전문성을 쌓는 데 부정적으로 작용하는 측면이 있다. 제13대 국회 이후 3선 이

표 2-3 **국회의원 선수(選數) 현황**

	초선	재선	3선	4선 이상
제13대	174(56.6%)	60(19.5%)	43(14.0%)	31(10.0%)
제14대	156(45.6%)	90(26.3%)	46(13.5%)	50(14.6%)
제15대	159(47.5%)	72(21.5%)	52(15.5%)	52(15.5%)
제16대	139(44.4%)	89(28.4%)	35(11.2%)	50(16.0%)
제17대	206(63.6%)	57(17.6%)	43(13.3%)	18(5.5%)
제18대	158(47.7%)	91(27.5%)	48(14.5%)	34(10.3%)
제19대	171(51.5%)	73(22.0%)	53(16.0%)	35(10.5%)
제20대	132(44.0%)	70(23.3%)	47(15.7%)	51(17.0%)

자료: 국회사무처(2012); 국회사무처 의사국 자료요청 회신(2017).

상 국회의원의 비율은 20% 중반에서 30% 초반에 머물고 있다(〈표 2-3〉 참조).

2. 국회의원의 권한, 특권 및 의무

국회의원은 다음과 같은 권한을 행사함으로써 의정활동을 수행한다. 첫째, 국회의원은 위원회와 본회의에서 안건을 심사할 때 발언하고 토론하며 표결할 수 있는 권한을 가진다(「국회법」 제58조, 제60조)(제6장 제4절 및 제5절 참조). 둘째, 국회의원은 10명 이상의 찬성으로 의안을 발의할 수 있다(「국회법」 제79조 제1항). 셋째, 국회의원은 정부에 대한 질문을 하거나 서류제출 또는 증언 등의 요구를 할 수 있다. 우선, 국회의원은 본회의에서 회기 중에 실시하는 대정부질문에서 국무총리 또는 국무위원에게 질문할 수 있다(「국회법」 제122조의2). 다음으로, 국정감사 또는 조사를 할 때에는 국회의 위원회, 소위원회 및 감사반 또는 조사반은 그 의결을 통해 감사 또는 조사와 관련된 보고 또는 서류 등의 제출을 관계인 또는 기관 등에 요구할 수 있다. 또한 안건심의나 국정감사 또는 국정조사를 위해 필요한 경우 증인·감정인·참고인의 출석을 요구해 검증할 수 있다(「국정감사 및 조사에 관한 법률」 제10조, 이하 「국감국조법」 병용).

헌법에서는 국회의원의 두 가지 특권을 규정하고 있다. 그 하나는 불체포특권이다. 국회의원은 현행범인인 경우를 제외하고는 회기 중에 국회의 동의 없이 체포 또는 구금되지 아니한다(헌법 제44조 제1항). 불체포특권은 회기 중 의원의 활동을 보장하기 위한 것이므로 비회기 중에는 적용되지 않으며 폐회 중에는 국회의 동의 없이 체포 또는 구금할 수 있다. 국회의원의 경우 회의장 안에서는 의장의 명령 없이 체포할 수 없다(「국회법」 제150조). 불체포특권은 회기 중에 일시적으로 인신구속에 한해서만 유예함을 의미할 뿐 형사책임면제의 특권은 아니다.

제헌국회 이후 제19대 국회까지 총 57건의 의원체포·구속 동의안이 제출되었는데 이 중 13건이 가결되었다. 제16대 국회까지는 42건이 제출되어 8건만 가결되었는데, 17대 국회 이후에는 15건이 제출되어 5건이 가결되었다. 가결 비율이 다소나마 높아진 것은 제17대 국회 중이던 2005년 7월에 「국회법」을 개정해 불체포특권의 남용을 절차적으로 제한하고자 한 것이 영향을 미쳤을 수 있다. 이에 따르면 의원체포동의안의 처리가 지연되는 것을 방지하기 위해 의원체포동의안은 처음 개의하는 본회의에 이를 보고하고, 본회의에 보고된 때로부터 24시간 이후 72시간 이내에 처리하도록 규정했다(「국회법」 제26조 제2항). 하지만 처리시한 내에 의결하지 아니하면 즉각 체포할 수 있도록 규정한 것이 아니므로 실효성이 떨어지는 측면이 있었다. 이에 2016

년 12월의 「국회법」 개정에서는 체포동의안이 72시간 이내에 표결되지 아니하는 경우에는 그 이후에 최초로 개의하는 본회의에 상정해 표결하도록 하고 있다(「국회법」 제26조 제2항).

국회의원의 또 다른 특권은 면책특권이다. 국회의원은 국회에서 직무상 행한 발언과 표결에 관해 국회 외에서 책임을 지지 아니한다(헌법 제45조). 이는 국회에서 의원들이 발언의 자유를 최대한 보장받고 국민의 대표로서 소신껏 활동할 수 있도록 하기 위함이다. 여기서 국회란 의사당이라는 건물, 즉 물리적 개념이 아니라 직무상의 행위와 관련된 것으로서, 국회의 본회의 및 위원회는 물론 의사당 밖에서 열린 위원회도 포함된다. 국회 외에서의 책임이란 국회 외에서 법률상의 책임, 즉 민사·형사상의 책임을 지는 것을 말하며, 정치적·도의적 책임을 지는 것까지 말하는 것은 아니다. 또한 외부가 아닌 국회 내부의 자율권에 의한 징계나 소속 정당의 자체적인 징계 책임까지 면책되는 것은 아니다.

면책특권의 목적과 취지 등에 비추어 볼 때 발언 내용 자체에 의하더라도 직무와는 아무런 관련이 없음이 분명하거나 명백히 허위임을 알면서도 허위의 사실을 적시해 타인의 명예를 훼손하는 경우 등까지 면책특권의 대상이 될 수는 없다. 하지만 발언 내용이 허위라는 점을 인식하지 못했다면 비록 발언 내용에 다소 근거가 부족하거나 진위 여부를 확인하기 위한 조사를 제대로 하지 않았다고 하더라도, 그것이 직무수행의 일환으로 이루어진 것인 이상 이는 면책특권의 대상이 된다(대법원 2007. 1. 12. 선고 2005다57752).

국회의원은 권한과 특권 외에 헌법 및 「국회법」에 규정된 의무를 진다. 우선, 국회의원은 법률이 정하는 직을 겸할 수 없다(헌법 제43

조). 「국회법」에서는 ① 국무총리 또는 국무위원의 직, ② 공익 목적의 명예직, ③ 다른 법률에서 의원이 임명·위촉되도록 한 직, ④ 「정당법」에 따른 정당의 직 이외의 다른 직을 겸할 수 없도록 하고 있다(「국회법」 제29조 제1항). 의원이 당선 전부터 ②~④에 해당하는 직을 가지고 있는 경우에는 임기 개시 후 1개월 이내에, 임기 중에 이러한 직을 가지는 경우에는 지체 없이 의장에게 서면으로 신고해야 하고, 의장은 의원이 신고한 직이 실제로 이에 해당하는지 여부를 윤리특별위원회에 설치된 윤리심사자문위원회의 의견을 들어 결정한다(「국회법」 제29조 제3항 및 제4항). 의원은 의장으로부터 본인이 겸하고 있는 직이 겸직할 수 있는 직에 해당하지 않는다는 통보를 받은 때에는 통보를 받은 날부터 3개월 이내에 그 직을 휴직 또는 사직해야 한다(「국회법」 제29조 제6항). 또한 국회의원은 그 직무 외에 영리를 목적으로 하는 업무에 종사할 수 없다(의원 본인 소유의 토지·건물 등의 재산을 활용한 임대업 등 영리업무를 하는 경우로서, 의원의 직무수행에 지장이 없는 경우는 제외함).

또한 국회의원은 청렴의 의무가 있고, 국가이익을 우선해 양심에 따라 직무를 행해야 하며, 그 지위를 남용해 국가·공공단체 또는 기업체와의 계약이나 그 처분에 의해 재산상의 권리·이익 또는 직위를 취득하거나 타인을 위해 그 취득을 알선할 수 없다(헌법 제46조). 「국회법」에서는 국회의원은 의원으로서의 품위를 유지하도록 하고 있으며(「국회법」 제25조), 그 밖에 국회 의사와 관련된 법규를 준수할 의무를 부과하고 있다. 여기에는 의제 외 발언금지 및 모욕 등 발언금지 등의 의무, 발언시간 준수 의무, 비공개회의록의 공표 등 금지 의무, 회의장 질서유지 의무 등이 있다(안병옥, 2012: 65~66). 또한 정보위원회의 위원은 직무수행상 알게 된 국가기밀에 속하는 사항을 공개하거나 타인에게 누설해서는 아니 된다(「국회법」 제54조 제2항). 「국정감사 및 조사에 관한 법률」에서는 국정감사 및 조사상의 제척·회피 의무 및 주의의무를 부과하고 있다(「국감국조법」 제13조 및 제14조).

3. 민주화 이후 국회의원 정수 변화

앞서 살펴보았듯이 제20대 국회는 253명의 지역구국회의원과 47명의 비례대표국회의원으로 구성되어 있다. 그런데 제13대 국회 이후 국회의원 정수의 변화를 살펴보면 크게 두 가지 특징이 나타난다. 첫째, 국제통화기금(International Monetary Fund: IMF) 구제금융 사태로 인한 구조조정 분위기 아래에서 제16대 국회의원 정수가 전체 299명에서 273명으로 26명이 줄어든 것을 제외하고는 국회의원 정수가 299명 또는 300명 선에서 유지되고 있다. 둘째, 제16대 국회에서 국회의원 정수가 줄어든 상황을 기준으로 그 전과 후를 각각 나누어 살펴보면 해당 기간 내에서는(제13대 국회부터 제15대 국회까지, 제17대 국회부터 제20대 국회까지) 지역구국회의원의 비율이 늘어나고 비례대표국회의원의 비율이 줄어드는 방향으로 의원 정수가 변화하고 있음을 알 수 있다(〈표 2-4〉 참조).

지역구국회의원의 정수 및 비율이 늘어나는 것은 헌법재판소가 내린 국회의원 선거구 획정에 관한 판결로부터 어느 정도 영향을 받고 있다고 볼 수 있다. 국회가 국회의원 선거구를 획정하는 때에는 헌법재판소의 인구 편차 기준을 준수해야 하는데, 인구 변동으로 인해 지역선거구를 조정하기보다 지역구의 수를 조금씩 늘리는 방식으로 대응한 것

표 2-4 **국회의원 정수 변동 현황**

	지역구국회의원 정수 및 비율	비례대표국회의원 정수 및 비율	계
제13대	224(74.9%)	75(25.1%)	299
제14대	237(79.3%)	62(20.7%)	299
제15대	253(84.6%)	46(15.4%)	299
제16대	227(83.2%)	46(16.8%)	273
제17대	243(81.3%)	56(18.7%)	299
제18대	245(81.9%)	54(18.1%)	299
제19대	246(82.0%)	54(18.0%)	300
제20대	253(84.3%)	46(15.7%)	300

자료: 「국회경과보고서」; 중앙선거관리위원회 선거통계시스템.

이다. 마찬가지로 헌법재판소의 기준이 강화되어 지역구를 크게 조정해야 할 필요가 생겼을 때에도 지역구의 수를 크게 늘렸음을 알 수 있다. 국회의원 선거구 인구 편차에 관한 헌법재판소의 첫 번째 판결 (1995년) 이후에 이루어진 제15대 국회의원 선거구 획정에서는 지역구국회의원 정수가 16명 증가했고, 인구 편차를 상하 50%에서 $33\frac{1}{3}$%로 강화한 2014년의 헌법재판소 판결 이후에 이루어진 제20대 국회의원 선거구 획정에서는 지역구국회의원 정수가 7명 증가했다.

제3절 국회의장, 부의장, 위원회 위원장 및 원구성

국회의장과 부의장, 위원회의 위원장은 국회 내에서 특별한 지위를 차지한다. 또한 우리 국회에서 의장단과 위원장단을 구성하는 이른바 원구성은 국회 운영에서 중요한 의미를 가진다. 이 절에서는 국회의장, 부의장 및 위원회 위원장의 선출 방법, 임기, 권한 등과 원구성의 실제를 살펴본다.

1. 선출 방법, 임기 및 권한

의장과 부의장은 국회에서 무기명투표로 선거하되 재적의원 과반수의 득표로 당선된다(「국회법」제15조 제1항). 재적의원 과반수의 득표자가 없을 때에는 2차 투표를 하고, 2차 투표에서도 과반수 득표자가 없을 때에는 최고 득표자와 차점자(최고 득표자가 2명 이상이면 최고 득표자)에 대해 결선투표를 하되, 재적의원 과반수의 출석과 출석의원 다수 득표자를 당선자로 한다(「국회법」제15조 제2항). 의장과 부의장의 임기는 2년으로 하지만, 국회의원 총선거 후 처음 선출된 의장과 부의장의 임기는 그 선출된 날부터 개시해 의원의 임기 개시 후 2년이 되는 날까지로 한다.[1] 의장은 국회를 대표하고, 의사를 정리하며, 질서를 유지하고, 사무를 감독한다(「국회법」제10조). 의장이 사고가 있을 때에는 의장이 지정하는 부의장이 직무를 대리하지만 의장이 직무대리자를 지정할 수 없을 때에는 소속 의원 수가 많은 교섭단체 소속인 부의장의 순으로 의장의 직무를 대행한다(「국회법」제12조).

의장은 구체적으로 다음과 같은 권한을 가진다. 첫째, 의장은 외부에 대해 국회를 대표하므로 국회의 대행정부 관계나 대국민 관계 등 외부적인 활동은 대표자인 의장의 이름으로 행한다. 둘째, 의장은 회의의 능률적이고 합리적인 운영을 위해 광범위한 의사정리권을 가지

---

1 제20대 국회의 국회의원 임기는 2016년 5월 30일에 시작했다. 따라서 제20대 국회에서 처음으로 선출된 의장과 부의장의 임기는 2018년 5월 29일까지이다.

는데 본회의 의사일정 작성 등 의사 준비에 관한 사항과 본회의 개의, 회의중지, 산회, 그 밖에 의사에 관한 사항 등이 여기에 속한다. 셋째, 의장은 국회의 기능을 원활히 수행하기 위해 일정한 행위 규범을 강제할 수 있는데, 이 권한은 성질상 내부경찰권과 의원가택권으로 나뉜다. 내부경찰권은 국회 내의 질서를 유지하기 위해 의원, 방청인, 그 밖의 국회 내에 있는 사람에 대해 일정한 사항을 명령하거나 이를 실력으로 직접 강제하는 권한을 말한다. 의원가택권은 법률에 다르게 규정하지 않는 한, 회기에 상관없이 국회의 의사에 반해 다른 사람이 국회 안에 침입하는 것을 금지하고 국회 안에 들어오는 사람을 국회의 질서에 따르게 하며, 필요할 때에는 퇴장을 요구할 수 있는 권한을 말한다. 마지막으로 의장은 국회대표권·의사정리권 등을 가지므로 그와 관련된 사무에 대한 감독권도 가진다. 따라서 국회 소속 기관의 장은 의장의 감독을 받아 해당 기관의 사무를 통할하고 소속 공무원을 지휘·감독한다. 다만, 이러한 의장의 여러 권한 가운데 상당수는 각 교섭단체 대표의원과의 협의 또는 합의나 교섭단체 대표의원의 동의를 거쳐 행사하도록 「국회법」이 규정하고 있다. 일부 권한은 각 교섭단체 대표의원이 속해 있는 국회운영위원회의 협의나 동의를 거치도록 되어 있다.

상임위원회의 위원장은 해당 상임위원회의 위원 중에서 본회의에서 무기명투표로 선거하되 재적의원 과반수의 출석과 출석의원 다수 득표자를 당선자로 선출한다(「국회법」 제17조 및 제41조 제2항). 상임위원장의 임기는 2년으로 하되, 국회의원 총선거 후 처음 선출된 상임위원장의 임기는 그 선출된 날부터 개시해 의원의 임기 개시 후 2년이 되는 날까지로 한다(「국회법」 제40조 제1항 및 제41조 제4항). 예산결산특별위원회(이하 '예결위' 병용) 위원장의 선출은 예산결산특별위원회 위원 중에서 본회의에서 무기명투표로 선거하되, 재적의원 과반수의 출석과 출석의원 다수의 득표자를 당선자로 한다(「국회법」 제40조 제1항 및 제45조 제4항). 예산결산특별위원회 위원장의 임기는 예산결산특별위원회 위원으로서의 임기와 같이 1년이다. 그 밖의 특별위원회의 위원장은 위원회에서 호선하고 본회의에 보고한다(「국회법」 제47조 제1항). 위원회의 위원장은 위원회를 대표하고, 의사를 정리하며, 질서를 유지하고, 사무를 감독한다(「국회법」 제49조 제1항).

2. 원구성

통상 의장, 부의장과 위원회 위원장의 직위는 원내 정당 간의 협상을 통해 배분되는데 이러한 협상 과정을 원구성이라고 한다. 협상을 통해 의장단과 위원장단의 자리를 원내 정당 간에 배분하는 관행은 제13대 국회에서 확립되었다(박재창, 2003: 141; 유병곤, 2006: 68; 가상준, 2010: 134). 제6대 국회부터 제12대 국회까지는 원내 제1당(일반적으로 여당)이 부의장 한 석을 제외하고는 모든 의장단과 위원장단의 직위를 독식했다. 그런데 제13대 국회에서 제1당이자 여당인 민주정의당이 과반수 의석을 획득하지 못하자 여당은 다른 정당과의 타협을 통해 의장단과 위원장단의 직위를 나누었고, 이후 관례로 굳어졌다.

원구성 협상은 2년마다 이루어지는데 이는 의장단과 위원장단의 임기가 2년이기 때문이다. 국회의원 총선거 이후 최초로 이루어지는 원구성을 통해 전반기 국회가 출범하고, 전반기 국회 의장단 및 위원장단의 임기가 끝날 때 다시 원구성을 통해 후반기 국회가 출범한다. 의장단 선거는 전반기의 경우 국회의원 총선거 후 첫 집회일에 실시하고, 후반기의 경우 처음 선출된 의장단의 임기 만료일 5일 전에 실시한다(「국회법」 제15조 제2항). 상임위원장단의 선거는 전반기의 경우 국회의원 총선거 후 첫 집회일부터 3일 이내에 실시하고, 후반기의 경우 처음 선출된 상임위원장의 임기 만료일까지 실시한다(「국회법」 제41조 제3항).

의장과 부의장 직위는 원내 교섭단체가 2개일 경우에는 제1당이 의장직과 하나의 부의장직을, 제2당이 다른 하나의 부의장직을 맡고, 교섭단체가 3개 이상일 경우에는 제1당이 의장직을, 제2당과 제3당이 부의장직을 하나씩 각각 맡는 것이 지금까지의 관례이다. 위원장 직위는 각 교섭단체의 의석 비율에 따라 배분되는데 실제 협상은 어느 위원회의 위원장 직위를 어느 정당이 맡는지에 초점을 둔다. 국회의 운영이나 중요한 정책을 다루는 위원회의 위원장을 어느 정당이 차지하느냐는 원구성 협상에서 정당들 간의 초미의 관심 사항이다. 일반적으로 운영위원회, 법제사법위원회(이하 '법사위' 병용), 예산결산특별위원회 등의 위원장이 어느 정당에 배분되는지가 중요하게 다루어진다.

이러한 원구성 협상의 가장 큰 특징은 원구성 자체가 정당 간의 정치적 갈등 상황에서 일종의 협상 수단으로 사용되어 왔다는 점이다. 야당은 원구성 협상을 다른 중요한 정치적 의제와 연계해 왔다(유병곤, 2006: 96). 이처럼 원구성은 정당 간의 정치적인 타협과 거래의 산물이 되어 왔고, 이로 인해 국회 구성도 대체로 법정 기한보다 늦어졌다(박재창, 2004: 218). 그래서 〈표 2-5〉에서 보는 바와 같이 전·후반기 국회의 출범은 매번 전·후반기 국회의원 또는 위원회 위원의 임기 개시일보다 늦어지고 있다. 원구성이 얼마나 지연되는지는 당시 원구성

표 2-5 **원구성 지연 일수(임기 개시일 대비) 현황**

	제13대	제14대	제15대	제16대	제17대	제18대	제19대	제20대
전반기	21일	125일	35일	17일	36일	88일	40일	14일
후반기	0일	0일	79일	42일	21일	9일	25일	47일

자료: 「국회경과보고서」; 유병곤(2006: 98~99).

협상을 둘러싼 정치적 이슈의 성격과 원구성 지연에 따른 부정적인 여론이 주는 정치적인 부담 등에 따라 결정된다고 볼 수 있다(유병곤, 2006: 98~101).

제4절 위원회와 교섭단체

의회에서 위원회와 정당은 의회를 구성하는 중간 단위로서 의회 운영의 효율성을 높이는 데 큰 역할을 담당한다. 정당 기율이 강하고 안건 심사 과정에서 위원회 중심주의(committee centered)를 채택하고 있는 우리 국회에서는 위원회와 정당의 역할이 더욱 중요하다. 이 절에서는 위원회의 종류, 위원회 위원 선임, 위원회의 권한, 위원회의 전문성을 살펴보고, 원내 교섭단체로서의 정당에 대해 설명하기로 한다.

1. 상임위원회

우리 국회에는 두 가지 종류의 위원회가 있다. 하나는 상임위원회이고, 다른 하나는 특별위원회이다. 상임위원회와 특별위원회의 구분은 이미 제헌의회부터 확립되어 있었다「국회법」(법률 제5호, 1948. 10.

2 제정) 제14조 및 제16조]. 하지만 제5대 국회까지는 안건 심사에서 세 번의 독회를 실시하는 본회의 중심주의를 채택하고 있었기 때문에 상임위원회는 주로 보충적인 역할만 담당했다. 상임위원회가 안건 심사에서 중심적인 역할을 맡게 된 것은 5·16 군사정변 이후 소집된 제6대 국회부터였다.

상임위원회는 상시적으로 설치되어 있는 위원회로서 소관사항에 대해 안건을 심사하고 소관 기관의 업무를 감시·감독한다. 제20대 후반기 국회의 상임위원회는 17개인데 이들은 각각 국가 기관 또는 정부 부처의 소관 업무를 중심으로 그 소관이 나뉘어 있다(〈표 2-6〉 참조).

제20대 국회 후반기에 하나의 상임위원회에 소속된 위원의 수는 12명(정보위원회)에서 30명(국토교통위원회)까지 다양하다. 상임위원은 교섭단체에 소속된 의원 수의 비율에 따라 각 교섭단체 대표의원의 요청으로 의장이 선임 및 개선한다(「국회법」제48조 제1항). 어느 교섭단체에도 속하지 않는 의원의 상임위원 선임은 의장이 한다(「국회법」제48조 제2항). 다만, 정보위원회의 위원은 의장이 각 교섭단체 대표의원으로부터 그 교섭단체 소속 위원 중에서 후보를 추천받아 부의장 및 각 교섭단체 대표의원과 협의해 선임 또는 개선하고, 각 교섭단체 대표의원은 당연직으로 정보위원회의 위원이 된다(「국회법」제48조 제3항). 의장은 상임위원이 될 수 없다(「국회법」제39조 제3항). 상임위원회 중 국회운영위원회, 정보위원회와 여성가족위원회는 겸임으로 배정되고 있고 상설특별위원회인 예결위도 겸임한다.

상임위원의 임기는 2년으로 하되, 국회의원 총선거 후 처음 선임된 위원의 임기는 그 선임된 날부터 개시해 의원의 임기 개시 후 2년이 되는 날까지로 한다(「국회법」제40조 제1항). 보임 또는 개선된 상임위원

표 2-6 **상임위원회 소관 기관(제20대 국회)**

상임위원회	소관 기관	
국회운영	- 국회사무처 - 국회예산정책처 - 대통령비서실, 국가안보실, 대통령경호처	- 국회도서관 - 국회입법조사처
법제사법	- 법무부 - 감사원 - 법원·군사법원의 사법행정	- 법제처 - 헌법재판소 사무
정무	- 국무조정실, 국무총리비서실 - 공정거래위원회 - 국민권익위원회	- 국가보훈처 - 금융위원회
기획재정	- 기획재정부	- 한국은행
교육	- 교육부	
과학기술정보방송통신	- 과학기술정보통신부 - 원자력안전위원회	- 방송통신위원회
외교통일	- 외교부 - 민주평화통일자문회의	- 통일부
국방	- 국방부	
행정안전	- 행정안전부 - 중앙선거관리위원회	- 인사혁신처
문화체육관광	- 문화체육관광부	
농림축산식품해양수산	- 농림축산식품부	- 해양수산부
산업통상자원중소벤처기업	- 산업통상자원부	- 중소벤처기업부
보건복지	- 보건복지부	- 식품의약품안전처
환경노동	- 환경부	- 고용노동부
국토교통	- 국토교통부	
정보	- 국가정보원	
여성가족	- 여성가족부	

자료: 「국회법」 제37조.

의 임기는 전임자의 잔임 기간으로 한다(「국회법」 제40조 제3항). 상임 위원은 소관 상임위원회의 직무와 관련된 영리행위를 하지 못한다(「국 회법」 제40조의2).

표 2-7 상임위원회의 인사청문 대상 공직후보자

○ 대통령이 각각 임명하는 헌법재판소 재판관·중앙선거관리위원회 위원·국무위
원·방송통신위원회 위원장·국가정보원장·공정거래위원회 위원장·금융위원회
위원장·국가인권위원회 위원장·국세청장·검찰총장·경찰청장·합동참모의장·
한국은행 총재·특별감찰관 또는 한국방송공사 사장의 후보자
○ 대통령 당선인이 「대통령직인수에 관한 법률」 제5조 제1항에 따라 지명하는 국
무위원후보자
○ 대법원장이 각각 지명하는 헌법재판소 재판관 또는 중앙선거관리위원회 위원의
후보자

자료: 「국회법」 제65조 제2항 각호.

상임위원회의 첫째 권한은 그 소관에 속하는 의안과 청원 등의 심사
를 하는 것이다(「국회법」 제36조). 상임위원회는 법제사법위원회의 체
계·자구 심사에 앞서 법률안을 심사하고, 국가의 예산안과 결산에 대
해 예산결산특별위원회의 종합심사에 앞서 예비심사를 한다(「국회법」
제81조 제1항 및 제84조 제1항). 상임위원회는 또한 그 소관의 청원을 심
사한다(「국회법」 제124조 제1항 및 제125조). 상임위원회의 둘째 권한은
소관으로 하는 기관의 업무를 감시·감독하는 것이다. 국회는 국정 전
반에 대해 소관 상임위원회별로 매년 국정감사를 실시하고, 국정의 특
정사안에 관해 국정조사를 시행할 수 있다(「국감국조법」 제2조 제1항 및
제3조 제1항). 상임위원회의 셋째 권한은 공직후보자에 대한 인사청문
회를 실시하는 것이다. 상임위원회가 인사청문회를 실시하는 공직후
보자는 〈표 2-7〉과 같으나 점차 늘어나는 추세이다(제6장 제3절 이하
참조).

2. 특별위원회

특별위원회는 원칙적으로 여러 개의 상임위원회의 소관과 관련되거나 특히 필요하다고 인정한 안건을 효율적으로 심사하기 위해 본회의의 의결로 한시적으로 설치하는 위원회이다(「국회법」 제44조 제1항). 또한 헌법 개정, 국무총리후보자 등에 대한 인사청문, 국정조사 등의 경우에도 특별위원회를 별도로 구성한다. 제20대 국회에서는 4차산업혁명특별위원회, 미세먼지대책특별위원회, 사법제도개혁특별위원회, 정치개혁특별위원회 등이 설치되었다. 특별위원회의 소관은 특별위원회를 구성하는 구성결의안에서 규정하는 것이 일반적이다. 특별위원회의 구성결의안에서 법안심사권이나 그 밖의 안건의 심사권을 명시적으로 부여하지 않는 한 그 심사권 또는 제안권은 제한된다고 본다.

예외적으로 그 구성결의안에서 안건의 심사권을 부여받는 경우가 있는데, 그중 실제 의결로 이어지고 정책적 의미가 큰 사례로는 제17대 국회에서 설치된 방송통신특별위원회를 들 수 있다. 이 위원회는 방송·통신의 융합 환경에 능동적으로 대처하기 위한 관련 부처 및 기구 개편 방안과 IPTV 도입 관련 법률안의 심사·처리를 위해 설치되었고, 「지상파 텔레비전방송의 디지털 전환과 디지털방송의 활성화에 관한 특별법안」, 「인터넷 멀티미디어 방송사업법안」, 「방송통신위원회의 설립 및 운영에 관한 법률안」을 의결했다. 특히 법안심사뿐만 아니라 초대 방송통신위원회 위원장 후보자(최시중)의 인사청문요청안도 심사함으로써 방송통신융합에 대응하는 정부 기구 및 체제 마련에 큰 역할을 수행했다.

특별위원회의 활동기한은 특별위원회를 구성할 때 규정해야 하며,

본회의의 의결로 그 기간을 연장할 수 있다(「국회법」 제44조 제2항). 특별위원회는 활동기한이 종료할 때까지 존속하지만, 활동기한이 끝날 때까지 법제사법위원회에 체계·자구 심사를 의뢰했거나 안건의 심사를 마쳐 심사보고서를 의장에게 보고한 때에는 해당 안건이 본회의에서 의결될 때까지 존속하는 것으로 본다(「국회법」 제44조 제3항). 특별위원회 위원은 상임위원과 마찬가지로 교섭단체에 소속된 의원 수의 비율에 따라 각 교섭단체 대표의원의 요청으로 의장이 선임 및 개선하며, 어느 교섭단체에도 속하지 않는 의원의 상임위원 선임은 의장이 한다(「국회법」 제48조 제1항 및 제2항). 특별위원회 위원의 임기는 특별위원회의 활동기한이 종료할 때까지로 본다.

우리 국회에서는 특별위원회가 많이 구성되는 경향이 있으면서도 제대로 역할을 하지 못한다는 평가를 받고 있다. 제19대 국회에서 인사청문특별위원회를 제외한 비상설특별위원회의 설치 및 회의 개최 현황을 살펴보면 모두 34개의 특별위원회를 설치했고 위원회 전체회의와 소위원회를 합해 모두 500회를 개최한 것으로 나타나고 있다. 이는 특별위원회당 평균 약 14.7회에 해당하는 수치이다(〈표 2-8〉 참조).

특별위원회는 원칙적으로는 상설이 아니지만 우리 국회에는 예외적으로 예산결산특별위원회가 상설로 구성되어 있다. 예산결산특별위원회는 예산안·기금운용계획안 및 결산을 심사하기 위해 설치된다(「국회법」 제45조 제1항). 예산결산특별위원회의 위원 수는 50명으로 하고, 그 선임은 교섭단체 소속 의원 수의 비율과 상임위원회 위원 수의 비율에 따라 각 교섭단체 대표의원의 요청으로 의장이 행하되, 어느 교섭단체에도 속하지 아니하는 의원의 위원 선임은 의장이 행한다(「국회법」 제45조 제2항 및 제6항). 예산결산특별위원회 위원의 임기는

표 2-8 **제19대 국회 비상설특별위원회 회의 개최 현황**

	위원회 수	전체회의	소위원회	계
국정조사특위	5	27	0	27
법률안 심사 특별위원회	2	24	33	57
그 밖의 위원회	27	251	65	416
계	34	302	98	500

자료: 국회사무처(2016), 「제19대 국회경과보고서」, 90~92쪽.

1년으로 하되, 국회의원 총선거 후 처음 선임된 위원의 임기는 그 선임된 날부터 개시해 의원의 임기 개시 후 1년이 되는 날까지로 하며, 보임 또는 개선된 위원의 임기는 전임자의 잔임 기간으로 한다(「국회법」 제45조 제3항).

의원의 자격심사·징계에 관한 사항을 심사하기 위해 설치되는 윤리특별위원회는 제20대 국회 후반기 원구성과 함께 상설특별위원회에서 비상설특별위원회로 그 성격이 바뀌었다(「국회법」 제46조). 윤리특별위원회는 의원의 징계에 관한 사항을 심사하기 전에 윤리심사자문위원회의 의견을 청취하고 이를 존중해야 한다(「국회법」 제46조 제3항). 윤리심사자문위원회는 의원이 아닌 8명의 자문위원으로 구성되어 있다(「국회법」 제46조의2).

3. 소위원회 및 간사

우리 국회에서는 위원회 내에 소수의 위원으로 구성된 소위원회를 구성함으로써 법률안, 예·결산, 청원 등 각 소위원회의 전담 사항을 보다 심도 있게 검토해 위원회의 심사에 참고가 되도록 하고 있다. 소위원회를 둘 수 있는 경우는 다음과 같다. 첫째, 위원회는 소관사항을 분담·심사하기 위해 상설소위원회를 둘 수 있고, 필요한 경우 특정한 안건의 심사를 위해 소위원회를 둘 수 있다(「국회법」 제57조 제1항). 둘째, 상임위원회는 소관 법률안의 심사를 분담하는 둘 이상의 소위원회를 둘 수 있다(「국회법」 제57조 제2항). 셋째, 국정감사 또는 국정조사를 행하는 위원회는 위원회의 의결로 필요한 경우 2명 이상의 위원으로 별도의 소위원회를 구성해 국정감사 또는 국정조사를 시행하게 할 수 있다(「국감국조법」 제5조 제1항). 마지막으로 위원회는 청원의 심사를 위해 청원심사소위원회를 둔다(「국회법」 제125조 제1항). 제20대 후반기 국회의 상임위원회에 소위원회가 설치된 현황은 〈표 2-9〉와 같다.

상설소위원회는 원칙상 소관 사항을 분담·심사하기 때문에 분야별로 관련 안건을 전문적으로 심사할 수 있는 장점이 있다. 특정안건심사소위원회는 안건이 특정되었다는 점에서 상설소위원회와 구별되며, 특정 안건 심사를 위해 필요한 때 일시적으로 구성되는 것이 원칙이다(국회사무처, 2016a: 252). 대부분의 상임위원회가 이제까지 상시적으로 운영해 온 법안심사소위원회와 예·결산심사소위원회는 엄밀히 보면 특정안건심사소위원회 규정에 따라 구성된 소위원회에 해당한다. 이러한 소위원회 형태는 상임위원회 내 위원들의 전문성을 축적해 나가기 힘든 구조이다. 상임위원회 내 모든 분야의 법률안이 하나의 법안심사소위원회에서만 다루어지기 때문이다.

이에 따라 2019년 4월 15일 국회를 통과한 국회법 일부개정법률안은 앞서 서술한 바와 같이 상임위원회에 소관 법률안의 심사를 분담하는 둘 이상의 소위원회를 둘 수 있도록 했다. 이를 통해 법률안 심사의 전문성과 효율성을 향상시키고, 상당수의 위원회가 법안심사소위원회를 분야별로 복수로 운영하고 있는 현실과 국회법 규정이 부합하도

표 2-9 **상임위원회 설치 소위원회 현황(제20대 국회 후반기)**

상임위원회	소위원회	
국회운영	– 국회운영제도개선 – 청원심사 – 국회선진화법심사	– 예산결산심사 – 인사청문제도개선
법제사법	– 법안심사제1소위 – 청원심사	– 법안심사제2소위 – 예산결산기금심사
정무	– 법안심사제1소위 – 예산결산심사	– 법안심사제2소위 – 청원심사
기획재정	– 경제재정법안심사 – 예산결산기금심사	– 조세법안심사
교육	– 법안심사 – 청원심사	– 예산결산기금심사
과학기술정보방송통신	– 과학기술원자력법안심사 – 예산결산심사	– 정보통신방송법안심사 – 청원심사
외교통일	– 법안심사 – 청원심사 – 신북방(아태1) – 유럽·아프리카	– 예산결산기금심사 – 미주 – 신북방(아태2)
국방	– 법률안심사 – 청원심사	– 예산결산심사
행정안전	– 법안심사 – 청원심사	– 예산결산 및 기금심사 – 제천화재관련평가
문화체육관광	– 법안심사 – 청원심사	– 예산결산심사
농림축산식품해양수산	– 농림축산식품법안심사 – 예산결산심사 – 농협발전	– 해양수산법안심사 – 청원심사
산업통상자원중소벤처기업	– 산업통상자원특허 – 예산결산	– 중소벤처기업 – 청원
보건복지	– 법안심사 – 청원심사	– 예산결산심사
환경노동	– 환경법안심사 – 예산결산기금심사	– 고용노동법안심사 – 청원심사
국토교통	– 국토법안심사 – 예산결산기금심사	– 교통법안심사 – 청원심사
정보	– 법안심사 – 청원심사	– 예산결산심사
여성가족	– 법안심사 – 청원심사	– 예산결산심사

자료: 각 위원회 홈페이지(2019년 7월 23일 검색).

록 했다. 여기에 더해 법률안을 심사하는 소위원회는 매월 2회 이상 개회하도록 하여(「국회법」 제125조 제6항), 정례적인 법안심사가 가능하도록 했다.

한편 위원회에는 각 교섭단체별로 간사 1명씩을 둔다(「국회법」 제50조 제1항). 간사는 소속 교섭단체를 대표해 위원회의 의사일정 등 위원회의 운영에 관해 위원장과 협의하고, 위원장의 직무를 대리 또는 대행한다(「국회법」 제50조 제3항부터 제5항까지). 간사는 위원회에서 호선하고 이를 본회의에 보고한다(「국회법」 제50조 제2항). 간사의 임기는 위원의 임기와 같아서, 상임위원회 간사의 임기는 상임위원회 위원의 임기와 같고, 특별위원회 간사의 임기는 특별위원회 위원의 임기와 같다. 간사가 해당 위원회의 위원을 사임하면 당연히 간사의 지위도 잃는다.

간사는 위원회의 운영에 관해 소속 교섭단체를 대표한다. 국회가 정당 간의 협의 또는 합의를 토대로 운영된다는 점에서 위원회에서 간사의 역할은 매우 중요하다. 「국회법」에서 안건 심사와 회의 운영 측면에서 간사의 권한 또는 직무로 규정하고 있는 사항들을 살펴보면 〈표 2-10〉과 같은데, 이 중 가장 중요한 것은 위원회 의사일정과 개회일시를 협의하는 권한이다. 가끔 정당들이 첨예하게 대립할 경우 의사일정이 협의되지 않아 위원회의 회의가 열리지 못하는 파행이 빚어지기도 하는데, 그 이유는 위원회의 의사일정과 개회일시를 정하기 위해서는 위원장과 각 교섭단체를 대표하는 간사 간에 협의하는 절차가 필요하기 때문이다.

또한 간사는 위원장의 직무를 대리 또는 대행할 수 있다. 위원장이 사고가 있을 때에는 위원장이 지정하는 간사가, 위원장이 궐위된 때에는 소속 의원 수가 많은 교섭단체 소속인 간사의 순으로 위원장의 직

표 2-10 **안건 심사 및 회의 운영 측면에서 간사의 권한**

○ 위원장은 위원회의 의사일정과 개회일시를 간사와 협의하여 정함(「국회법」 제49
  조 제1항).

○ 위원장은 소관 위원회에서 심사를 마친 안건이 본회의에서 의제가 된 때에는 심
  사보고를 하게 되는데, 이때 소위원회의 위원장 또는 간사로 하여금 보충보고를
  하게 할 수 있음(「국회법」 제67조 제3항).

○ 위원회가 그 의결로 출석을 요구한 국무총리 또는 국무위원이 국무위원 또는 정
  부위원으로 하여금 대리하여 출석·답변하게 할 때에는 위원장은 간사와 협의하
  여야 함(「국회법」 제121조 제3항).

○ 국회 폐회 중에 위원으로부터 서류 등의 제출 요구가 있는 때에는 위원장은 간사
  와 협의하여 이를 요구할 수 있음(「국회법」 제128조 제3항).

자료: 안병옥(2012: 126)에서 발췌.

무를 대리한다(「국회법」 제50조 제3항 및 제4항). 위원장이 위원회의 개
회 또는 의사진행을 거부·기피하거나 직무대리자를 지정하지 아니하
여 위원회가 활동하기 어려운 때에는 위원장이 소속하지 아니하는 교
섭단체 소속의 간사 중에서 소속위원 수가 많은 교섭단체 소속인 간사
의 순으로 위원장의 직무를 대행한다(「국회법」 제50조 제5항).

　이 중 직무대행에 관한 규정은 제13대 국회에서 「국회법」을 개정할
때(1990. 6. 29) 신설되었다. 정당 간의 정치적인 대립이 심해 위원장이
회의를 소집하거나 진행하지 않는 경우, 반대편 정당은 회의를 열어서
안건을 처리하거나 정부 측에 대한 질의 또는 질문을 진행하기를 원할
수 있다. 이 규정이 신설된 이후 제19대 국회(2016년 5월)까지 위원장이
소속하지 아니하는 교섭단체의 소속 간사가 위원장의 직무를 대행해 회
의를 진행한 경우는 모두 일곱 번 있었다(국회사무처, 2016d: 173~175).

4. 위원회의 전문성

위원회의 전문성은 그 위원회에 소속되어 있는 개별 의원들이 국회의원이 되기 이전에 소관 위원회가 다루고 있는 분야에 대한 전문성을 얼마나 가지고 있었는지, 그리고 그들이 얼마나 오랫동안 그 위원회에서 해당 분야를 다루어 왔는지가 중요한 판단기준이 된다. 많은 연구자들은 우리 국회의 위원회가 전문성이 낮다고 지적하고 있다(박찬표, 1996: 338; Park, 1998: 216; 김민전, 2004: 282; 김형준, 2004: 73~76; Kim, 2006: 154~161; 전혜원, 2010: 229; 최정원, 2010: 96). 위원회의 전문성이 낮은 이유로는 의원들의 낮은 재선율, 위원회 위원의 짧은 임기, 의원들의 위원회 간 잦은 이동, 선임자 우선 원칙(seniority rule)에 반하는 위원장 선출 등을 꼽고 있다.

최근 연구들에서는 위원회 전문성이 기존에 생각해 왔던 만큼 낮지 않다는 주장도 나오고 있다. 제17대 전반기 재정경제위원회의 사례를 분석한 연구에서는 국회의원의 위원회 위원 임기 중 상임위원회 이동이 의원들의 전문성에 심각한 문제를 야기하는 정도는 아니라고 한다(이현우, 2009: 163). 제18대 국회의 전반기와 후반기의 상임위원회 구성을 비교한 연구에서는 후반기 위원회에 잔류하는 위원들은 소속 상임위원회와 관련해 높은 전문성을 가지고 있다는 점에서 상임위원회 배정에서 중요한 요소는 상임위원회 관련 전문성이라고 한다(가상준, 2012: 25). 제19대 국회 전반기 상임위원회 구성을 분석한 연구에서는 의원들이 선호하는 위원회에 적지 않은 비례대표의원이 포함된 것은 전문성이 상임위원회 배정에서 중요한 요소임을 보여준다고 한다(정준표, 2014: 106).

최근에 위원회 위원으로 배정되는 상황을 살펴보면, 개별 의원이 국회에 등원하기 이전에 지닌 경력이 과거보다 중요시되는 경향이 있다. 따라서 전문성을 판단하는 두 축 중 하나인 위원의 소관 분야에 대한 사전 지식 또는 배경 측면이 과거보다 개선되고 있는 것으로 볼 수 있다. 하지만 다른 한 축인 국회 내 해당 위원회에서의 경력 부분은 아직도 부족한 면이 있다. 비록 해당 분야에 대한 지식과 배경을 가지고 위원회에 배정된 의원이라 하더라도 우리 국회에서 하나의 상임위원회가 소관하고 있는 범위는 넓은 편이고 법안과 예산 등 안건 심사에 필요한 전문성은 분야별 전문성과는 조금 다르기 때문에 소속 위원회의 직무에 대해 전문성을 확보하기 위해서는 해당 위원회에서 장기간의 경력을 쌓을 필요가 있다.

이미 살펴보았듯이 우리 국회는 현역의원들의 재선 비율이 50% 남짓에 불과하다. 게다가 〈표 2-11〉에서 나타나듯이 한 위원회에서 절반 남짓한 의원들은 전·후반기 원이 새로 구성될 때 다른 위원회로 이동한다. 따라서 한 위원회에서 전문적인 경력을 쌓기도 어렵고 특정 위원회에서 경력이 오래된 의원들이 많지 않아서 위원회 위원장을 선출할 때 해당 위원회에서 선임자를 우선적으로 선출하는 원칙을 적용하기가 어렵다.

위원회 위원장 및 위원 임기가 짧고 전·후반기 원이 구성될 때마다 많은 의원들이 위원회를 옮기는 것은 근본적으로는 의원들이 선호하는 위원회가 비슷하기 때문이다. 비록 구체적인 위원회 종류는 바뀌어 왔지만 의원들이 선호하는 위원회는 특정 위원회에 집중되는 경향이 있다(정영국, 1995: 61; 박찬욱·김진국, 1997: 463; 박천오, 1998: 296, 307; Kim, 2006: 177~193; 가상준, 2007: 246, 2009: 212; 이현우, 2009: 159; 조진

표 2-11 **전·후반기 상임위원 교체율**

	제15대	제16대	제17대	제18대	제19대	제20대
교체율	51.6%	42.3%	51.4%	47.9%	48.8%	53.7%

주: 교체율은 전반기 마지막 위원 명단을 후반기 최초 위원 명단과 비교해 산출했으므로 실제 의원 임기 중 위원회를 계속 유지하는 비율은 이보다 낮을 것임(겸임상임위인 국회운영위원회, 정보위원회, 여성가 족위원회는 제외).

자료: 「국회경과보고서」.

만, 2010: 115). 위원들이 선호하는 위원회는 지역구민의 민원을 효과 적으로 해결할 수 있는 곳, 지역구에 예산과 사업을 유치하기 쉬운 곳, 기업들에 영향을 주는 경제 정책을 맡은 곳, 의회 내 의원들의 위상과 관계가 있는 곳 등이다(박천오, 1998: 300; 박찬욱, 2004: 253; Kim, 2006: 193; 가상준, 2009: 198, 212; 정준표, 2014: 77).

〈표 2-12〉는 연합뉴스에서 제20대 국회 개원을 맞이해 국회의원 당 선인 전원을 대상으로 가장 선호하는 위원회를 조사한 결과에서 상위 5개 위원회에 대한 선호를 표시한 것이다. 특이한 점은 이 중 상위 3개 위원회의 위원정수가 30명 내외로 제20대 국회 전반기 당시 16개 상 임위원회 위원정수 평균인 22.25명보다 크게 많다는 것이다. 이는 과 거에는 상임위 배정 문제를 선호하는 상임위원회의 위원정수를 늘리 는 방식으로 해결해 왔다는 것을 뜻한다. 그러나 상임위원회의 위원 수가 너무 늘어나면 원만한 회의 진행이 어려워서 위원 수를 계속 늘 릴 수만은 없다. 결국 특정 위원회가 선호되는 현실에 따른 위원회 배 정 문제를 해결하기 위해 위원을 각 위원회에 순환해서 배정하고 있 다. 전반기 국회에서 인기 상임위원회에 배정된 위원은 후반기 국회에 서는 비인기 상임위원회에 배정하는 식이다. 여기에 더해서 현역의원 들이 다음 선거에서 다시 당선될 가능성이 높지 않기 때문에 위원회

표 2-12 **제20대 국회 당선인이 선호한 위원회**

	선호위원 수	응답자(225명) 중 비율	전체 당선인 (300명) 중 비율	비고 (20대 개원 당시 위원정수)
국토교통위원회	53	23.6%	17.7%	31
교육문화체육 관광위원회	37	16.4%	12.3%	29
산업자원위원회	24	10.7%	8.0%	30
정무위원회	19	8.4%	6.3%	24
농림축산식품 해양수산위원회	17	7.6%	5.7%	19

자료: 연합뉴스, "20대 당선인 최고인기 상임위는 국토위 ⋯ 국방위는 '꼴찌'"(2016. 4. 24).

위원장 및 상임위원 배정을 의회 내 분업이나 전문성 향상 측면에서 바라보는 것이 아니라 권한과 이권의 배분 측면에서 바라보게 되어(서복경, 2010: 76) 이러한 순환 배정 방식이 더욱 강화되고 있다.

의원들이 국회 내 특정 위원회에서의 경력을 발전시키지 않는 경향이 있다는 것은 위원회의 위원장, 간사 및 소위원회 위원장 선임에서도 나타난다. 위원장 선임에서 가장 중요한 것은 해당 위원회에서의 경력이 아니라 의회 내에서의 선수(選數)이다. 일반적으로 3선 의원이 위원장에 가장 많이 선출되는데, 상임위원장 선출을 전후해서 소속 위원회가 일치하는 비율은 낮다(문명학·이현우, 2016). 간사는 재선의원 중에서 주로 선출되지만, 최근에는 초선의원이 간사를 맡는 경우도 증가하고 있다. 소위원장은 주로 각 교섭단체의 간사가 맡으며 재선의원과 초선의원이 대부분을 차지하고 있다(〈표 2-13〉 참조). 위원회 운영에서 4선 이상 의원들은 한 발 물러서 있는 것이다. 이를 통해 의원 경력이 낮을 때에는 위원회 활동에 열심히 참여하지만, 어느 정도 의원 경력이 쌓인 후에는 위원회 활동이 의정활동의 초점에서 다소 벗어난다고 추정할 수 있다. 이는 의원들이 선수가 거듭될수록 평의원에서

표 2-13 **국회 상임위원회 위원장·간사 및 소위원장 선수 현황**

	초선	재선	3선	4선	5선	계
위원장	-	3	13	1	-	17
간사	19	30	-	1	1	51
소위원장	21	31	1	3	2	58

자료: 위원회별 홈페이지 검색(2018. 8. 28).

해당 위원회의 소위원장, 위원장으로 경력을 쌓아가는 미국 의회와는 다른 측면이다.

5. 교섭단체

우리 국회 내에서 공식적인 정치 집단은 교섭단체이다. 국회에 20명 이상의 소속 의원을 가진 정당은 하나의 교섭단체가 된다(「국회법」 제33조 제1항 본문). 하지만 어느 교섭단체에도 속하지 아니하는 20명 이상의 의원으로 따로 교섭단체를 구성할 수 있다(「국회법」 제33조 제1항 단서). 20석 이상의 의석을 보유한 하나의 정당은 그 소속 의원을 나누어 2개 이상의 교섭단체를 구성할 수 없다. 따라서 의석수가 20명이 넘는 정당 내에서 의원들 간의 정치적 지향점이 달라서 국회 내에서 별도의 단위로 활동하고 싶다면 탈당해 별도의 정당을 구성해야 한다. 또한 소속 의원이 20명 이상인 정당의 경우에는 동일한 정당의 소속 의원으로만 교섭단체를 구성할 수 있다. 그러나 20석 미만의 의석을 보유한 별개의 정당 또는 무소속 의원들은 합당 절차 없이 교섭단체를 구성할 수 있다. 현재까지 법정 교섭단체 구성인원에 못 미치는 정당 2개가 함께 교섭단체를 구성한 예는 두 차례 있었다.[2]

교섭단체는 국회에서 같은 정당에 속하는 의원들의 의사를 미리 종합하고 통일해 교섭의 창구 기능을 하도록 함으로써 국회 의사를 원활하게 하기 위한 제도적 장치이다. 따라서 교섭단체는 국회 운영의 기본 단위로서 매우 중요한 역할을 한다. 우리 국회에서 교섭단체의 대표의원은 국회운영위원회와 정보위원회의 위원이 되고, 상임위원회 배정도 교섭단체를 기준으로 한다. 교섭단체는 위원회별로 간사를 둘 수 있다. 본회의장 의석 배정이나 연간 국회 운영 기본일정 수립도 교섭단체를 중심으로 협의가 이루어지며, 「정치자금법」상 국고보조금도 교섭단체를 구성한 정당에 대해 50%를 우선 배정한다. 또 교섭단체에는 국회 소속 공무원인 정책연구위원을 배정하고 별도의 사무실 등을 지원한다.

이로 인해 교섭단체 소속 국회의원과 비교섭단체 소속 국회의원 간의 형평성 문제가 제기된다. 그래서 오래 전부터 소수당이나 무소속 의원들로부터 교섭단체제도를 폐지하거나 교섭단체 구성요건인 소속 의원 수를 10인이나 15인으로 낮추어야 한다는 요구가 있어 왔다. 교섭단체 구성요건을 20인으로 규정한 것은 제9대 국회부터이며 이전에는 10인이었다. 한편 교섭단체는 소속 의원들이 원내 활동을 통해 정당이 추구하는 바를 최대한 정책에 반영시킬 수 있도록 토대를 제공하는 역할도 하지만, 다른 한편으로는 개별 의원들의 자유로운 원내 활동을 제약한다는 비판을 받기도 한다.

---

2 제18대 국회에서 자유선진당과 창조한국당이 '선진과 창조의 모임'이라는 교섭단체를 구성한 사례가 있고, 제20대 국회에서는 민주평화당과 정의당이 '평화와 정의의 의원모임'이라는 교섭단체를 구성한 바 있다.

제5절 국회의 회의 운영

이 절에서는 국회의 회의 운영에 대해서 알아본다. 국회의 집회와 회기의 구분, 국회 운영 기본일정, 회의 관련 용어, 회기 및 차수의 번호를 부여하는 방법을 설명한다. 또한 회의 운영의 주요 원칙에 대해서도 살펴본다.

1. 집회, 정기회·임시회, 회기

집회는 의원이 국회 고유의 권한을 행사하기 위해 일정한 일시에 일정한 장소에 모이는 것을 말한다. 정기회는 법률이 정하는 바에 따라 매년 1회 집회되는 회의로(헌법 제47조 제1항), 매년 9월 1일에 집회하되, 그 날이 공휴일인 때에는 그다음 날에 집회한다(「국회법」 제4조 제1항). 정기회에서는 예산안 및 기금운용계획안을 심의·확정하고, 법률안 및 그 밖의 안건을 처리하며, 국정에 관한 교섭단체 대표연설 및 대정부질문 등을 한다.

임시회는 국회가 필요에 따라 수시로 집회하는 회의를 말한다. 임시회는 대통령 또는 국회 재적의원 4분의 1 이상의 요구에 따라 집회되거나(헌법 제47조 제1항), 재적의원 4분의 1 이상의 국정조사의 요구가 있는 때에 집회된다(「국감국조법」 제3조 제1항 및 제3항). 임시회의 집회 요구가 있을 때에는 의장은 집회기일 3일 전에 공고하되, 〈표 2-14〉에 해당하는 경우에는 집회기일 1일 전에 공고할 수 있다(「국회법」 제5조 제2항). 국회의원 총선거 후 최초의 임시회는 의원의 임기 개시 후 7일에 집회하며, 처음 선출된 의장의 임기가 만료되는 때가 폐회

표 2-14 **임시회 집회 공고를 집회기일 1일 전에 할 수 있는 사유**

○ 내우·외환·천재·지변 또는 중대한 재정·경제상의 위기

○ 국가의 안위에 관계되는 중대한 교전상태

○ 전시·사변 또는 이에 준하는 국가비상사태

자료: 「국회법」 제5조 제2항.

중인 경우에는 늦어도 임기 만료일 5일 전까지 집회하지만, 그 날이 공휴일인 때에는 그다음 날에 집회한다(「국회법」 제5조 제3항).

국회는 항상 개회되어 있는 것이 아니라 일정한 기간을 정해 개회되는데, 그 기간, 즉 국회가 의사와 관련한 활동을 할 수 있는 기간으로서 집회일부터 그 폐회일까지의 활동기간을 회기라고 한다. 국회의 회기는 의결로 정하되, 집회 후 즉시 정해야 한다(「국회법」 제7조). 이는 국회의 집회일에 제1차 본회의를 개의해 회기를 정함을 의미하지만, 집회 후에 즉시 회기를 정하지 못한 경우 회기는 그 의결이 있는 날까지 미정인 상태이며, 집회일로부터 회기가 진행되는 것으로 본다. 회기에 한해 본회의와 위원회가 활동능력을 가지고 안건을 심사하는 것이 원칙이지만, 위원회는 회기가 아니더라도 본회의의 의결이 있거나 의장 또는 위원장이 필요하다고 인정할 때, 재적위원 4분의 1 이상의 요구가 있을 때에 개회한다(「국회법」 제52조). 회기에는 제한이 있어 정기회의 회기는 100일을, 임시회의 회기는 30일을 초과할 수 없다(헌법 제47조 제2항). 하지만 연 회기일 수에 대해서는 제한 규정이 없다. 역대 국회의 회기일 수 제한은 〈표 2-15〉와 같다.

연 회기일 수에 대해서는 제한이 없으므로 국회는 회기가 종료하더라도 새로 집회해 사실상 연중 상시적으로 운영할 수 있다. 「국회법」

표 2-15 **역대 국회 회기일 수 제한 현황**

	정기회	임시회	연간	회기 연장	근거
제헌(48. 5.31)~ 제5대(60. 9.25)	90일	30일 이내	제한 없음	의결로 제한 없이 연장 가능	국회법
제5대(60. 9. 26)~ 제5대(61. 5. 3)	120일	양원 일치 의결, 양원 일치 불가 및 참의원 의결 불가 시 민의원 의결	제한 없음	의결로 제한 없이 연장 가능	국회법
제6대(63.12.17)~ 제8대(72.10.17)	120일 이내	30일 이내	제한 없음	법정기간의 범위 내에서 의결로 연장 가능	헌법
제9대(73. 3.12)~ 제12대(88. 2.24)	90일 이내	30일 이내	정기회와 임시회를 합하여 연간 150일	법정기간의 범위 내에서 의결로 연장 가능	헌법
제12대(88. 2.25) ~현재	100일 이내	30일 이내	제한 없음	법정기간의 범위 내에서 의결로 연장 가능	헌법

자료: 국회사무처(2016a: 44).

에서는 의장은 국회의 연중 상시 운영을 위해 각 교섭단체 대표의원과의 협의를 거쳐 매년 12월 31일까지 다음 연도의 국회 운영 기본일정을 정하도록 하되, 국회의원 총선거 후 처음 구성되는 국회의 당해연도의 국회 운영 기본일정은 6월 30일까지 정하도록 하고 있다(「국회법」 제5조의2 제1항). 구체적인 작성 기준은 〈표 2-16〉과 같다. 최근 우리 국회는 짝수 달에 임시회를 소집해 활동하고, 홀수 달에는 임시회를 집회하더라도 실질적인 활동은 적은 경우가 많은데, 이는 〈표 2-16〉에 정리된 바와 같은 국회 운영 기본일정 작성 기준의 영향을 받았다고 볼 수 있다.[3]

---

3   한 가지 유의할 점은 이러한 국회 운영 기본일정은 일정한 기준일 뿐 구속력은 없다는 점이다. 국회의 집회는 헌법에서 대통령 또는 재적의원 4분의 1 이상 요구로 규정하고

표 2-16 **국회 운영 기본일정 작성 기준**

○ 2월·4월 및 6월 1일과 8월 16일에 임시회를 집회함. 다만, 국회의원 총선거가 있
  는 경우 임시회를 집회하지 아니하며 집회일이 공휴일인 경우에는 그다음 날에
  집회함.
○ 정기회의 회기는 100일로, 회기는 30일로 함.
○ 2월·4월 및 6월 1일과 8월 16일에 집회하는 임시회의 회기 중 1주는 정부에 대한
  질문을 함.

자료:「국회법」 제5조의2 제2항 각호.

2. 회의 관련 용어 및 회기와 차수 번호의 부여 방식

국회가 집회되어 임시회 또는 정기회를 여는 것을 개회라 한다. 국
회는 회기가 종료하면 폐회한다. 예를 들어 4월 1일에 집회한 임시회
는 30일이 지나 그 회기가 종료하면 별도의 폐회식을 하지 않고 폐회
한다. 휴회란 회기 중에 의결로 그 기간을 정해 그 활동을 일시 중지하
는 것인데 이 경우 본회의 활동만을 그 기간 동안 일시적으로 중지하
는 것이고, 위원회 활동까지 중지하는 것을 의미하는 것은 아니다. 오
히려 회기 중에는 위원회의 집중적인 안건 심사 활동을 위해 본회의를
휴회하는 것이 관례이다. 휴회 기간은 회기에 산입된다.

회기 중에 실제로 당일의 본회의를 시작하는 것을 개의라고 하고,
위원회의 회의를 여는 것은 개회라고 한다(「국회법」 제49조, 제52조부터

있기 때문에 실제 집회는 이러한 요구가 있어야 가능하다. 실제 집회가 되더라도 세부
의사일정은 통상 교섭단체 대표 간 합의로 정해지고 있다.

제54조까지 및 제56조). 정회는 개의 또는 개회되어 진행 중인 본회의 또는 위원회의 회의를 일시 중지하는 것을 말하고, 속개는 정회 또는 일시 중지되어 있는 본회의 또는 위원회 회의를 다시 시작하는 것을 말한다. 산회는 개의 또는 개회되어 있는 본회의 또는 위원회의 회의를 마치는 것을 말하고, 유회는 본회의 또는 위원회가 개의 또는 개회 예정 시간으로부터 일정 시간이 지나도록 의사정족수가 미달되어 당일 회의를 열지 못하는 것을 의미한다. 의장은 본회의 개의 시로부터 1시간이 경과할 때까지 재적의원 5분의 1 이상의 의사정족수에 이르지 못할 때에는 유회를 선포할 수 있다(「국회법」 제73조 제2항).

정기회 또는 임시회의 집회 일시와 장소를 공고할 때나, 본회의 또는 위원회 회의의 의사일정을 공지할 때 「제○○○회 국회(○○회)」, 「제○○○회 국회(○○회) 제○차 본회의」, 「제○○○회 국회(○○회) 제○차 ○○위원회」 등으로 지칭한다. 이때 회기에 대한 번호는 제헌국회에서부터 정기회와 임시회의 구별 없이 회기마다 순차로 일련횟수를 부여한다. 예를 들어 2017년 9월 1일에 집회한 정기회의 경우 제헌국회에서부터 354번째 집회한 것이므로 제354회(정기회)라 한다. 회의의 차수 번호는 하나의 정기회 또는 임시회 내에서 일련차수를 부여한다. 예를 들어 2017년 9월 12일 개의한 본회의의 회의는 제354회국회(정기회)에서 여섯 번째로 열린 본회의의 회의이므로 제354회국회(정기회) 제6차 본회의라 한다. 위원회(상임위원회 및 상설특별위원회)의 전체회의와 소위원회 회의에 회기와 차수 번호를 부여하는 방법 또한 마찬가지이다.

그런데 위원회의 경우 폐회 중에도 회의를 개회할 수 있으므로 이 경우에는 바로 앞의 회기에서부터 계속되는 일련차수를 부여한다. 예를 들어 제357회국회(임시회)의 회기가 끝나 국회가 폐회 중인 2018년 3월 6일 열린 국토교통위원회 국토법안심사소위원회 회의는 제357회국회(임시회) 폐회 중 제1차 국토법안심사소위원회라 한다. 그리고 상설특별위원회(현재는 예산결산특별위원회)를 제외한 비상설특별위원회의 회의 차수는 회기에 관계없이 구성된 때부터 활동기한이 종료할 때까지 일련횟수를 부여한다. 예를 들어 2017년 12월 7일 개회된 정치개혁특별위원회 전체회의는 제354회국회(정기회) 내에서는 세 번째로 열린 회의이지만 그 특별위원회가 구성된 때부터는 네 번째로 열린 회의이므로 제354회국회(정기회) 제4차 정치개혁특별위원회라 한다.

3. 주요 회의 운영 원칙

국회의 회의 운영 원칙에는 다수결의 원칙과 소수자 보호, 회의공개, 회기계속, 일사부재의, 정족수, 1일 1차 회의의 원칙 등이 있다. 이하에서는 이 중 국회의 회의 운영을 이해하는 데 유용한 원칙들을 중심으로 알아본다.

첫째, 회기계속의 원칙이다. 국회에 제출된 법률안이나 그 밖의 의안은 회기 중에 의결되지 못한 이유로 폐기되지 아니하되, 국회의원의 임기가 만료된 때에는 그러하지 아니하다(헌법 제51조). 국회는 회기 중에 활동하는 것이 원칙이지만, 회기마다 별개의 국회로서 활동하는 것이 아니라 4년이라는 의원의 임기 중에는 하나의 국회로서 활동한다는 의미이다. 따라서 하나의 법률안이 한 회기 중에 의결되지 않더라도 다음 회기에서 계속 심의할 수 있다. 하지만 국회의원의 임기가 만료되어 국회의 대(代)가 바뀌면 의결되지 않은 의안들은 모두 폐기된다. 그래서 일부 국회의원은 바로 앞의 대에서 임기 말에 폐기된 법안들을 다시 발의하기도 한다.

둘째, 일사부재의의 원칙이다. 부결된 안건은 같은 회기 중에 다시 발의 또는 제출하지 못한다(「국회법」 제92조). 같은 회기 중에 부결된 안건을 회의에 계속 부의하면 회의 운영의 효율성이 저하된다. 또한 만약 한 회기 중에 같은 사안에 대해 다르게 의결한다면 어느 것이 진정한 국회의 의사인지 알 수 없게 된다. 이 원칙은 같은 회기 내에서만 적용되기 때문에 회기가 다를 때에는 이전 회기에서 부결된 것과 동일한 안건을 다시 발의하거나 제출할 수 있다. 또한 이 원칙은 동일한 안건에 대해 적용되는데, 동일한 안건이라 함은 안건의 내용이 같다는 것을 의미하고, 이는 안건의 목적과 이유를 모두 참작해 결정한다. 예를 들어 동일한 국무위원에 대한 해임건의안이라 하더라도 해임 건의의 사유가 다르면 동일한 안건으로 보지 않는다.

셋째, 정족수의 원칙이다. 정족수란 회의를 열거나 의결을 하는 데 필요한 의원 수를 말하며, 일정한 수의 의원이 출석하면 회의를 열고 회의체의 의사결정으로 인정하는 것이다. 정족수에는 의사정족수와 의결정족수가 있다. 의사정족수는 본회의나 위원회의 회의를 열거나 회의를 연 후 의사를 진행시키는 데 필요한 최소한의 출석의원 수를 말한다. 본회의와 위원회 모두 재적의원(위원) 5분의 1 이상의 출석으로 개의 또는 개회한다(「국회법」 제54조 및 제73조 제1항). 다만, 회의 중에는 교섭단체 대표의원 또는 간사가 의사정족수의 충족을 요청하지 않으면 의장 또는 위원장은 효율적인 의사진행을 위해 회의를 계속할 수 있다(「국회법」 제73조 제3항 및 제71조). 의결정족수는 본회의나 위원회가 의사결정을 함에 있어 필요한 의원 수이다. 헌법이나 법률에 특별한 규정이 없는 한 본회의 또는 위원회는 재적의원(위원) 과반수의 출석과 출석의원(위원) 과반수의 찬성으로 의결한다(헌법 제49조, 「국회법」 제54조 및 제109조).

넷째, 1일 1차 회의의 원칙이다. 산회를 선포해 본회의나 위원회의 회의를 마친 당일에는 회의를 다시 개의할 수 없다(「국회법」 제74조 제2항 본문). 이는 회의 운영에 예측성을 부여하기 위한 것인데, 회의가 종료됨을 선포하고 회의 장소를 옮겨 안건을 처리하는 변칙적인 회의 운영을 방지하는 효과를 가진다. 회의는 1일을 단위로 하여 개의 또는 개회하고, 의사일정은 당일에 한해 유효하므로 자정이 되면 의사를 마치지 못해도 일단 산회하고 0시 이후에 새로운 의사일정을 작성해 개의하는 것이 관례이다. 본회의에서 처리할 안건의 수가 많아 하루에 회의를 다 마치지 못하면 차수를 변경해 새로이 회의를 개의하거나, 위원회에서 회의를 열고 정당 간의 협의를 기다리다가 자정이 지날 경우 차수를 변경해 안건을 처리하는 것은 이러한 1일 1차 회의의 원칙에 따른 것이다.

4. 국회 회의 운영에 대한 평가: 잦은 국회 파행과 적은 회의 일수

우리 국회의 회의 운영에 대해 많이 제기되어 온 지적 중 하나는 파행이 잦다는 것이다. 원구성 등 정당 간에 첨예한 정치적인 이해관계가 걸린 사안이 발생한 경우 「국회법」에 따른 의사일정의 협의 자체가 정치적인 협상 수단이 되어 국회 회의가 제때 열리지 못한 때가 많았다. 폐회 중에도 위원회를 열 수는 있지만 정당 간의 극한 대립 상황이 발생하면 본회의뿐만 아니라 위원회도 파행을 면하지 못한다. 위원장

표 2-17 **국회 파행 횟수**

	13대	14대	15대	16대	17대	18대	19대
횟수	4	9	19	16	8	12	2

자료: 국회사무처(2016b: 286~304).

이 위원회의 의사일정과 개회일시를 정하려면 간사와 '협의'해야 하는데 현실적으로는 '합의'에 가깝게 운영되고 있고, 정치적인 교착 상태에서 위원장이 의사일정을 강행하는 경우 물리적인 충돌이 발생할 수 있기 때문이다. 제13대 국회부터 제19대 국회까지 국회가 파행된 현황은 〈표 2-17〉에 정리되어 있다. 이에 따르면 2012년 5월 30일 개정 「국회법」(이하 국회선진화법 병용) 시행 이후 19대 국회에는 파행 횟수가 많이 감소한 것으로 나타나고 있으나 국회 파행 현상이 사라질지는 앞으로 더 지켜봐야 할 것이다.

다음으로 지적되는 문제는 회의일 수가 적다는 것이다. 선진국의 의회는 연평균 150일 이상 본회의를 열고 있는데 〈표 2-18〉에 따르면 우리 국회의 연평균 본회의 개의일 수는 최근에도 40~50여 일에 그치고 있다. 위원회 활동이 활발하다면 본회의 개의일이 적은 이유가 될 수 있겠지만 우리 국회의 위원회당 회의일(소위원회 포함)은 17대 국회 이후 많이 늘어났음에도 연평균 45일에도 미치지 못하고 있다. 현행 헌법에는 연간 회기일 수의 제한이 없다. 따라서 임시회를 여러 차례 소집하면 장기간 회의는 열 수 있지만 연이은 임시회에서 국회가 실질적으로 활동을 활발히 하는 경우는 드물다. 그래서 상시 국회 도입을 위한 헌법 개정이나 「국회법」 개정 필요성이 계속 제기되고 있다.

표 2-18 **본회의 및 위원회 회의일 수**

	본회의		위원회(상임위+상설특위)			
	개회일	연평균	전체회의	소위원회	합계	위원회당 연평균
13대	165	41.25	1,615	773	2,388	29.85
14대	177	44.25	1,268	532	1,800	23.68
15대	226	56.50	1,489	672	2,161	30.01
16대	215	53.75	1,737	770	2,507	32.99
17대	181	45.25	2,076	1,325	3,401	44.75
18대	173	43.25	1,769	1,171	2,940	40.83
19대	183	45.75	1,667	1,156	2,823	39.21

자료:「국회경과보고서」.

제6절 국회의사당 및 경내 주요 시설

이 절에서는 국회의사당 및 국회 내 주요 시설에 대해 알아본다. 여의도에 국회가 들어서기 이전에 있었던 의사당 건물의 역사를 살펴보고, 여의도 국회의사당과 경내의 주요 건물들, 본회의장과 위원회 회의장에 대해 설명한다. 또한 정치적 이미지 창출의 장으로서 회의장이 갖는 의미도 살펴본다.

1. 국회의사당

우리나라의 제헌국회는 1948년 5월 31일 지금은 철거된 옛 중앙청 (구 조선총독부) 건물에서 첫 회의를 열고 개원했다. 이 건물에서 제헌 국회 2년을 보내고 제2대 국회가 문을 연 지 1주일 만에 6·25전쟁이 일어났다. 전쟁 기간에는 대구, 부산, 경남도청 무덕전 등으로 의사당

그림 2-1 국회의사당 건물로 이용된 중앙청과 시민회관 별관

중앙청

시민회관 별관

자료: 위키백과; 국회 홈페이지.

그림 2-2 1975년 완공 당시 여의도 국회의사당 전경

자료: 구글 검색.

그림 2-3 **현재의 국회의사당 전경**

자료: 국회 홈페이지.

을 옮기면서 회의를 열었다. 그 후 휴전이 되자 국회는 태평로에 있는 시민회관 별관(현재 서울시의회 의사당)에서 제7대 국회 때까지 20여 년을 보냈다.

국회의 공간 부족 문제는 1960년대 중반부터 제기되기 시작했고, 애초에는 사직공원 일대에 새로운 국회의사당을 세우기로 했다. 이는 당시 중앙청과 가까이 있고 넓은 대지(약 3만 6000여 평)를 확보할 수 있다는 점 때문이었다. 하지만 서울에만 행정기능이 집중된다는 반론도 있었다. 그러다 1967년 12월 당시 김종필 공화당 의장이 여의도에 국회의사당을 짓겠다고 발표를 했고, 다음 해 2월에 국회의사당건립위원회에서 건립지를 여의도로 확정했다.

1968년 4월 여의도에 부지 10만 평을 확보해 1976년까지 의사당을 준공하기로 했다. 이 당시 여의도는 허허벌판으로 미군이 사용하던 비행장과 땅콩밭이 전부였다. 1969년 7월 17일 제21주년 제헌절을 맞아 현 국회의사당 본관 건물을 기공했다. 기공 후 6년 1개월 만인 1975년 8월 15일에 준공하고 9월 1일에 준공식을 하게 되었는데, 우리 식대로 빨리빨리 공사를 진행하는 바람에 오히려 원래 계획보다 1년 4개월을 앞당겨 완공했다.

2. 국회 경내 주요 건물

의사당 부지 10만 평은 당시로서는 대단히 넓은 터였는데, 이는 의원회관과 도서관 등 기타 부속건물을 수요에 따라 단계별로 계속 지을 계획이었기 때문이다. 국회의사당은 지하 1층 지상 7층의 석조 건물로 단일 의사당 건물로는 동양 최대의 규모였다. 장차 남북이 통일되고 의회제도가 양원제로 채택되더라도 불편함이 없도록 설계되었다. 국회의사당 본회의장은 UN 총회의장과 비슷한데 당시 의사당 시공을 위한 자료 수집 과정에서 UN 빌딩을 시찰하고 그로부터 영향을 받았기 때문이다. 원래 설계에는 옥상에 돔이 없는 평지붕이었으나 정부 관계자들이 미국 의사당을 보고 와서 설계를 변경해 돔을 올렸다. 당시 설계에 참여한 건축가들은 대부분 이에 반대했지만 결국 돔을 설치하기로 했다. 밑지름 64m, 무게 1000톤에 이르는 동판 돔은 원래 붉은색이었지만 부식되면서 현재의 푸른색으로 변했고 국회의 상징이 되었다.

의사당 중앙홀 바닥은 대리석으로, 석굴암 천정을 본뜬 모자이크로 장식했고, 각층의 난간은 경복궁의 창살 무늬에서 아이디어를 따왔다. 의사당 준공 당시 건설비는 135억 원이었는데, 이는 당시 한 해 예산 1

조 3000억 원의 1%를 차지할 정도로 엄청난 금액이었다. 의사당을 둘러싸고 있는 24개의 기둥은 국민의 다양한 의견을 뜻하며, 돔 지붕은 국민의 의견이 찬반토론을 거쳐 하나의 결론을 내린다는 의회민주정치의 본질을 상징한다. 앞면의 팔각기둥 8개는 전국 8도를 상징하고, 팔각기둥 전체 24개는 1년 24절기를 의미하기도 한다. 그리고 국회의사당 1층 안내실을 들어서면 노산 이은상 선생이 글을 짓고 서예가 박태준 선생이 쓴 의사당 준공기가 있다.

의원회관은 국회의원의 의정활동 수행을 위해 의원들의 개인사무실로 활용하기 위해 건축되었다. 연건평 1만 7302평에 지하 2층 지상 8층으로 1989년 건립되었다. 2013년 12월에는 연건평 약 4만 9000평에 지하 5층 및 지상 10층의 건물로 증축되었다. 3층에서 10층까지는 의원사무실 300실과 일반사무실 등 업무공간으로 구성되어 있고, 1층과 2층에는 대·소회의실, 세미나실, 간담회의실, 전시공간, 의무실, 식당 등 공용 공간으로 배치되어 있다.

국회도서관은 연건평 8500평에 지하 1층, 지상 5층 규모의 석조건물로 1987년 완공되었다. 미국 의회도서관 건물 중 하나인 제임스 메디슨관과 유사한 외형이다. 1층에는 대출대, 석·박사학위논문실, 2층에는 사회과학자료실, 법률정보센터, 3층에는 인문·자연과학자료실, 연구데이터센터가 있으며, 5층에는 정기간행물실 등이 갖춰져 있다. 4층은 국회입법조사처가 사용하고 있다.

국회도서관 옆에는 국회의정관 건물이 있다. 국회도서관 2층과 국회의정관 3층은 연결되어 있는데 국회의정관 3층에는 도서관디지털정보센터가 있다. 국회의정관 지하에는 주차장, 도서관 서고 등이 있고, 지상층에는 국회예산정책처, 국회방송과 국회 사무처 일부 부서가 있

그림 2-4 **의원회관과 국회도서관**

의원회관

국회도서관

자료: 국회 홈페이지, 구글 검색.

다. 국회의정관은 연건평 1만 3919평에 지하 4층 지상 6층으로 2007년 건립되었다.

헌정기념관은 1998년 5월 29일 국회 개원 50주년 기념사업의 일환으로 건립되었다. 1층에는 국회방문자센터, 홍보영상관, 의회민주주의관, 국회의장관, 국회 진기록관, 국회역사관, 2층에는 의사당사람들관, 의정체험관, 대한민국 국회관, 지하에는 기획전시실 등이 갖춰져 있다. 국회 내 의원동산에 위치한 사랑재는 2011년 5월에 준공되었다. 이 한옥은 경복궁 경회루와 동일한 건축 양식으로 지어졌다. 사랑재에

그림 2-5 헌정기념관과 사랑재

헌정기념관

사랑재

자료: 구글 검색; 국회 홈페이지.

서는 국회를 찾는 세계 각국의 외빈이나 국빈을 초청해 매년 150여 차
례 이상 오·만찬을 베푼다. 이를 통해 한국 음식의 맛과 한국 건물의
멋을 알리고 있다.

3. 본회의장 및 위원회 회의실

본회의장으로 쓰이는 제1회의실은 의사당 2층의 정문을 통해 들어
가 로비 계단을 통과하면 의사당 3층 중앙홀 좌측에 있다. 본회의장에

그림 2-6 **본회의 장면**

자료: 국회 홈페이지.

는 개별 의원의 좌석이 설치되어 있는데 이를 의석이라 부른다. 의장과 부의장도 회의 진행을 위한 의장석 외에 따로 의석을 가진다. 본회의장에는 의장석을 중심으로 반원형으로 의석이 배치되어 있다. 의원의 의석은 의장이 각 교섭단체 대표의원과 협의해 이를 정하되, 협의가 이루어지지 아니할 때는 의장이 잠정적으로 정한다(「국회법」제3조). 관례적으로는 교섭단체 소속 의원 수를 기준으로 의장석을 향해 제1 교섭단체를 중앙에, 제2 교섭단체를 우측에, 제3 교섭단체 및 어느 교섭단체에도 속하지 아니하는 의원을 좌측에 배정한다. 각 교섭단체 내에서의 개별 의원의 의석은 편의상 위원회별로 배정하고, 교섭단체 대표의원이나 그 밖의 주요 당직을 맡은 의원의 의석은 뒷줄에 배정하는 것이 관례이다.

2005년 9월에 구축된 디지털 본회의장 시스템은 2013년 7~8월에 개보수 공사를 거쳐 성능을 대폭 개선했다. 이를 통해 개별의석에서 단말기를 통한 안건 열람, 심의, 전자투표가 가능하며, 회의장 내 대형 LED 전광판을 통해서는 회의 영상이나 참고자료 등을 고화질의 HD급 디지털 영상으로 제공한다.

상임위원회의 회의실은 의사당 3층에 있는 국회운영위원회 회의실을 제외하면 의사당 4층에서 6층까지에 위치하고 있다. 위원회 회의실은 정보위원회를 제외하면 본회의장과는 달리 위원석이 위원장석을 중심으로 좌우로 마주 보는 형태로 배치되어 있다. 위원장석은 위원석의 앞쪽 중간에 있고, 소속 위원은 각각의 위원석을 가지고 있다. 위원석은 위원장이 먼저 교섭단체별로 위원장석의 우측에 제1 교섭단체, 좌측에 제2 교섭단체·제3 교섭단체 순으로 위치를 정하고, 교섭단체별 소속 위원 성명의 가나다순으로 위원석을 배정하되, 교섭단체별 간사는 소속 위원들의 위원석 중에서 첫 자리에 배정하고 있다. 위원회에서는 위원장을 위한 별도의 위원석을 설치하지 않고 있어 위원장은 위원장석에서 토론에 참여한다.

우리 「국회법」에서는 표결이 끝났을 때 의장은 그 결과를 의장석에서 선포하도록 하고 있다(「국회법」 제113조). 표결결과를 의장석에서 선포하도록 한 것은 2002년 3월 7일의 「국회법」 개정에 의한 것인데, 이는 본회의장이나 위원회 회의장이 아닌 곳에서 회의를 열어 특정 안건을 통과시키는 것을 방지하기 위한 것이다. 이후 정치세력 간에 대립이 심한 안건을 처리하는 과정에서는 본회의장(의장석) 또는 위원회 회의장(위원장석)을 먼저 확보하고 반대되는 정치세력의 회의장 입장을 막는 것이 중요해졌다. 대표적인 사례로는 2004년 3월 대통령 탄핵안 의결 때 본회의장에서의 질서유지권 발동, 2008년 12월 한미 FTA

그림 2-7 **위원회 회의 장면**

자료: 국회 홈페이지.

동의안의 상임위 상정을 둘러싼 이른바 해머 국회 사태, 2009년 7월 미디어 관련 법률안들의 본회의 처리 과정을 둘러싼 본회의장 점거 사태 등이 있다.

4. 정치적 이미지 창출의 장으로서의 회의장

입법부의 회의 공간은 입법부의 물리적 일부로서 입법 및 정치 과정의 장(arena)으로서의 역할을 한다. 회의장은 정치 행위가 이루어지는 물리적인 장소적 제약을 제공함과 동시에, 정치문화 및 규범과 상호작용하면서 입법 및 정치 활동의 이미지를 산출하고 나아가 국민에게 정치적인 이미지를 제공한다. 이러한 이미지는 유권자인 국민이 정치

체제로부터 효능감(efficacy)을 얻거나 그 정당성(legitimacy)을 판단하는 데 중요하게 작용한다.

앞서 소개한 바와 같이 우리 국회의사당의 본회의장은 디지털 본회의장으로 효율적인 안건심의를 위한 물리적 기반을 제공하고 있고, 상임위원회마다 하나씩 배정된 위원회 회의실 또한 원활한 회의 진행을 위한 쾌적한 환경을 제공하고 있다. 하지만 본회의장에서 안건 처리 후 5분 자유발언을 하거나 대정부질문을 할 때 텅 빈 회의장에서 발언하는 의원만 외롭게 단상에 서 있거나 위원회 회의실에서 몇몇 의원들만 출석한 채 정부 관계자들에게 질의하는 모습을 가끔 볼 수 있다. 이 경우는 출석의원 수에 비해 회의장이 넓어서 썰렁하거나 한산한 이미지를 만들어내고, 이로 인해 이를 시청하는 국민은 국회가 일하지 않는다거나 한가하다는 인상을 받을 수 있다.

최근에는 유튜브 등의 동영상 사이트를 통해 외국 의회, 특히 영국 하원의 활발한 토론 장면이 많이 소개되고 있으며, 우리 국회도 이런 토론 문화가 있으면 좋겠다는 의견이 제시되기도 한다. 그런데 영국 하원이 이런 이미지로 각인된 데에는 하원 본회의장의 물리적 공간이 테니스장 1개 면에 불과할 정도로 좁은 데다 여야가 서로 마주 보는 구조인 것도 한몫하고 있다. 이는 영국 하원이 제2차 세계대전 때 파괴된 하원 본회의장을 재건할 때 기존의 회의장을 확장하지 않고 그대로 복원하기로 결정하면서 의도한 것이기도 하다. 당시 하원 회의장 재건에 관한 토론에서 처칠 수상은 다음과 같이 발언했다.

만약에 회의장이 모든 의원을 수용할 수 있을 정도로 크다면, 토론의 90%는 회의장이 거의 또는 반쯤 비어 있는 황량한 분위기에서 이루어질

그림 2-8 **영국 하원에서의 대총리 질문 장면**

자료: 위키피디아, Prime Minister's Questions 수록 이미지.

것이다. … 우리는 의회가 자유로운 토론에 강하고 편리하고 유연한 도
구로 인식되기를 원한다. 이런 의도를 위해서는 작은 회의장이 필수적
이다. … 의회에서의 대화 양식은 작은 공간을 요구하고, 중요한 순간에
는 북적이는 긴박감이 있어야 한다. … 우리는 건물들을 만들지만, 그
이후에는 건물들이 우리를 형성한다(Rogers and Walters, 2015: 12~13
에서 재인용).

제3장

법률안 심사 과정과
행정입법 통제

제1절 개관

이 장에서는 법률안 심사 과정과 행정입법 통제에 관해 살펴본다. 법률안 심사 과정은 통상적으로 입법 과정(legislative process)으로 불린다. 한편으로 '입법 과정'은 법률과 예산의 심사, 나아가 의회가 그 역할을 수행하는 의회 과정을 총칭하는 용어로 사용되기도 한다. 이 장에서 다루는 법률안 심사 과정은 법률안이 국회에서 발의·제출되어 심사 및 의결된 후 공포되는 일련의 과정을 의미하며, 입법의 중심적 기능을 행하는 국회에서 제·개정되는 법률을 대상으로 한다. 다만, 논의의 간결성을 위해 필요한 경우 '입법'이라는 용어를 국회에서의 법률의 제·개정이라는 의미로 같이 사용하기로 한다.

먼저 법률안 심사 과정의 기능을 설명하고, 의원 입법이 양적 측면에서 크게 증가하고 있는 현상을 살펴본 후, 법률안 심사 과정을 이해하는 데 필요한 법률안의 종류와 법률안의 구성을 설명한다. 다음에는 법률안의 심사 과정 전체를 알아본다. 즉, 법률안이 발의·제출되어 위원회 및 소위원회 심사·의결 단계를 거쳐 법제사법위원회의 체계·자구 심사와 본회의 심의를 거친 후에 정부에 이송되어 공포되는 전 과정을 소개할 것이다. 이 장의 말미에서는 행정입법, 즉 국회가 아닌 행정기관이 법 규정의 형식으로 정립하는 규범에 대한 국회의 통제에 대해 살펴본다.

법률안 심사 과정의 기능과 법률안 이해의 기초

이 절에서는 법률안 심사 과정, 즉 입법 과정의 기능을 민의 수렴, 갈등 해결과 통합, 행위자 간 상호작용, 정책 결정이라는 네 가지 측면에서 알아보고, 이어서 최근 의원 발의 법률안이 증가하는 현상을 살펴본다. 또한 법률안을 이해하는 기초로 법률안의 입안 유형 및 실제 구성을 살펴보고 법률안 심사단계에서 논의되는 수정안·대안·위원회안의 의미와 차이점을 설명한다.

1. 법률안 심사 과정의 기능[1]

법률안 심사 과정의 첫째 기능은 민의를 수렴하는 것이다. 입법은 일반적으로 일부 국민으로부터 입법에 대한 적극적인 요구가 있거나 국민 사이에서 입법의 필요성에 대한 묵시적인 공감대가 형성되는 것에서 출발한다. 또 대형사고 등 우연한 계기로 새로운 법률의 제정이나 기존 법률의 개정이 요구되기도 한다. 이러한 요구가 의원이나 정책을 담당하는 공무원들에게 전달됨으로써 법률의 제·개정 과정이 공식적으로 시작된다. 법률안을 준비하는 단계뿐만 아니라 법률안 심사의 전 과정을 통해 국민의 의사를 충실히 반영하는 것이 우리가 채택한 대의민주주의의 기본 명제이다. 따라서 법률안 심사 과정은 민의를 수렴하는 기능을 수행하는 것이라 할 수 있다. 이처럼 민의가 충실하

---

[1]   첫째부터 셋째까지의 기능에 대해서는 임종훈(2012), 5~8쪽의 내용을 참고했다.

게 반영된 입법은 성립 과정에서부터 정당성을 확보하고, 입법이 이루어진 후에는 집행하는 과정에서 실효성을 확보할 수 있다.

둘째는 갈등 해결과 통합 기능이다. 법률안의 내용은 국민 중 일부 계층의 이익을 대변하는 것일 수도 있고 국민 다수의 의사에는 반하는 것일 수도 있다. 또는 그 내용과 정면으로 배치되는 의견이 다른 국민에게서 제기될 수도 있다. 따라서 법률안을 심사하는 과정에서는 서로 상충하거나 모순되는 다양한 의견을 어떻게 조정하고 조화시킴으로써 국민 대다수가 수용할 수 있는 보편타당한 입법을 산출해 내는지가 중요하다. 다양하고 때로는 서로 어긋나는 의견들을 효과적으로 조정·조화시키기 위해서는 의원을 비롯해 법률의 제·개정에 관여하는 모든 사람 간의 타협과 설득이 필요하다. 타협과 설득이 잘 이루어져 의견을 달리하던 집단들이 서로 승복하고 따를 수 있는 법률안이 도출된다면 법률안 심사 과정은 단순히 법률을 제·개정하는 과정 이상의 의미를 지닌다. 다양하고 이질적인 국민의 의견을 입법 과정을 통해 조정·조화함으로써 우리 사회가 안고 있는 갈등을 해결하고 사회를 통합하는 기능도 수행할 수 있기 때문이다. 이러한 갈등 해결과 통합 기능은 민주적 다원주의 사회에서 국민의 대의기관인 의회가 입법 과정을 통해 담당해야 할 필수적인 기능이기도 하다.

셋째는 정치적 행위자 간의 상호 작용 기능이다. 법률안 심사 과정은 국민의 다양한 의견을 조정해 국민 다수가 수용할 수 있는 법률을 제·개정하는 과정이다. 하지만 다른 한편으로는 정치 과정에 관련된 행위자들이 상호 작용하는 과정이기도 하다. 법률안 심사 과정은 최종적인 결정권을 행사하는 의원들 상호 간 또는 다수당과 소수당이 자신들의 입장을 관철시킴으로써 향후 권력 획득 과정에서 자신들에게 더욱 유리한 상황을 조성하기 위해 노력하는 과정이기도 하다. 이러한 정치 과정으로서의 성격은 법률안 심사 과정에 참여하는 모든 이해관계인이나 집단에 영향을 미친다. 소기의 입법을 통해 자신들에게 유리한 상황을 조성하고자 한다는 점에서 법률안 심사 과정은 참여하는 이해관계인과 집단에도 행위자 간의 상호 작용 기능을 수행한다고 할 수 있다.

넷째는 정책 결정 과정의 기능이다. 의회의 정책 결정은 법률의 제·개정으로 귀결된다는 점에서 법률안 심사 과정은 정책 결정 과정의 기능을 가진다. 즉, 민주국가에서 국가의 최종 정책 결정 기관은 의회라고 할 수 있고, 따라서 국가의 중요한 정책은 대체로 의회의 의결을 거쳐 법률의 형태로 산출되는 것이 일반적이다. 정책과 법률은 그 본질이 같다는 점에서 법률안 심사 과정은 정책 결정 과정이라고 볼 수 있다. 정부는 입법 과정에서 의회가 결정한 취지를 충실하게 집행하는 것이 의회주의의 원리에 부합하는 것이다.

2. 의원 입법의 양적 성장

최근에는 법률안의 발의·제출 건수가 크게 증가하고 있다. 제14대 국회에서 전체 의안(1439건)의 62.7%(902건)에 불과하던 법률안 건수는 제17대 국회 이후 크게 증가해 제19대 국회에서는 전체 의안(1만 8735건)의 95.1%(1만 7822건)에 달하고 있다. 여기에서 의안이란 법률안을 포함해 결의안, 동의안, 승인안, 예산안 등을 모두 포함하는 개념이다.

법률안 건수가 증가한 데에는 의원 발의 법률안이 증가한 것이 큰

표 3-1 **법률안의 발의·제출 건수 변화**

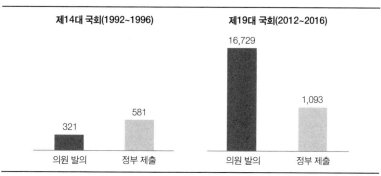

자료: 국회 의안정보시스템.

몫을 차지한다. 제17대 국회 이후 의원 발의 법률안은 정부 제출 법률안과 비교해 양적으로 괄목할 만한 성장을 보이고 있다. 제14대 국회에서는 의원 발의안 건수(321건)가 정부 제출안 건수(581건)를 밑돌았다. 하지만 제15대 국회(1996~2000년)부터 그 비율이 역전되어 의원 발의안 대 정부 제출안이 1144건 대 807건(제15대), 1912건 대 595건(제16대), 6387건 대 1102건(제17대), 1만 2220건 대 1686건(제18대) 등으로 차이가 크게 벌어지고 있다. 제19대 국회의 경우 의원 발의안(1만 6729건)이 정부 제출안(1093건)의 15.3배, 전체 법률안의 93.9%에 달했다(〈표 3-1〉 참조).

국회의원이 법안을 발의하는 데에는 여러 요인이 작용할 수 있다. 의원 개인의 정치적 신념이나 정책적인 전문성을 기반으로 법안을 발의하는 것이 첫째 요인일 것이다. 둘째로 지역구 또는 이익단체와 관련된 법안을 발의할 수 있다. 셋째로 사회적으로 크게 주목받는 사안이 발생하면 이와 관련된 법안들이 단기간에 많이 발의될 수 있다. 예

표 3-2 **법률안의 법률 반영 건수 변화**

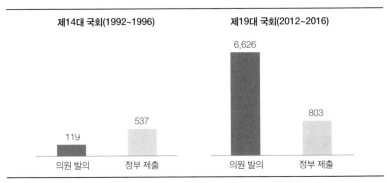

제14대 국회(1992~1996)   제19대 국회(2012~2016)

자료: 국회 의안정보시스템.

를 들어, 대형 안전사고나 재난 등이 발생한 경우이다. 넷째로 대통령
과 같은 정당에 소속해 있는 의원들의 경우 정부에서 시급한 법안을
의원 발의 형태로 제출하기를 요청받기도 한다. 마지막으로 정당에서
공천할 때 법안 발의 실적을 평가지표로 활용하거나 시민단체에서 의
원들을 평가할 때 법안 발의 실적을 지표로 활용하는 현실로부터 영향
을 받기도 한다. 이러한 요인들이 서로 복합적으로 작용해서 의원 발
의 법안이 최근 양적으로 크게 증가하고 있다.

　의원 입법은 발의 건수의 양적 성장과 더불어 법률에 최종적으로 반
영되는 비중도 증가하는 양상을 보이고 있다. 제14대 국회(1992~1996
년) 4년 동안 의결된 법률안 중 법률에 반영된 건수(가결 및 대안 반영을
합한 건수)를 살펴보면 의원 발의안이 119건, 정부 제출안이 537건으
로 의원 발의안이 차지하는 비율이 18%에 불과했다. 하지만 제19대
국회(2012~2016년)의 같은 통계를 살펴보면 의원 발의안이 6626건, 정
부 제출안이 803건으로 의원 발의안이 차지하는 비율이 89%에 이르

렀다. 법률에 반영되는 의원 발의안과 정부 제출안의 비중이 완전히 역전된 것이다(〈표 3-2〉 참조).

3. 법률안의 종류 및 법률안의 구성

법률안을 입안하는 유형에는 ① 제정법률안, ② 전부개정법률안, ③ 일부개정법률안, ④ 폐지법률안의 네 가지 유형이 있다(국회사무처, 2016c: 114). 제정법률안은 규율하려는 입법사항을 별도의 새로운 법률로 규율하는 것이고, 전부개정법률안은 기존 법률을 전부 바꾸는 것이며, 일부개정법률안은 기존 법률을 일부 바꾸는 것이고, 폐지법률안은 기존 법률을 없애는 것이다.[2]

하나의 법률안은 표지부, 본문부, 신·구조문대비표로 구성되는데, 표지부에는 법률안의 제목인 제명, 의안번호, 발의(제출)연월일, 발의(제출)자, 제안이유 및 주요 내용이 기재된다. 〈예시 3-1〉은 정부가 제출한 「국가공무원법 일부개정법률안」의 실제 표지부이다. 법률안의 제목인 제명은 제정법률안의 경우에는 '○○법안' 또는 '○○에 관한 법률안'으로, 개정법률안의 경우에는 '○○법(○○에 관한 법률) 전부(일부)개정법률안'으로, 폐지법률안의 경우에는 '○○법(○○에 관한 법률) 폐지법률안'으로 한다. 의안번호는 법률안이 의사국 의안과에 제출되는 순서대로 의안과에서 부여한다. 예시된 법률안의 경우 참고사항이 기재되어 있는데, 이는 관련되어 있는 법률안이 함께 발의·제출되거

---

2 법률을 폐지하면서 유사 또는 동일한 입법사항에 대해 법률을 새로 제정하는 경우(폐지·대체입법방식)도 있다.

국가공무원법 일부개정법률안

의 안 번 호	16870

제출연월일 : 2015. 9. 16.
제 출 자 : 정   부

제안이유

인사업무의 전문성을 강화하기 위하여 중앙행정기관의 장 등은 인사업무 담당 조직과 담당 공무원의 전문성이 확보될 수 있는 방안을 마련하도록 하고, …(중간 생략)…… 징계 처분을 받아 근무하지 아니하는 기간에도 보수의 일정 부분을 받는 문제를 해소하기 위하여 강등 또는 정직 처분을 받아 근무하지 아니하는 기간 동안 보수를 지급하지 아니하도록 하는 등 현행 제도의 운영상 나타난 일부 미비점을 개선·보완하려는 것임.

주요내용

가. 인사업무의 전문성 확보 방안에 관한 규정(안 제19조의4 신설)

 …(생   략)…

나. ~ 라. (생   략)

마. 강등 또는 정직 처분을 받은 경우 보수 미지급(안 제80조)

 …(생   략)…

- 1 -

- 2 -

참고사항

이 법률안은 이미 국회에 제출된 「공무원 교육훈련법 일부개정법률안」의 의결을 전제로 하므로, 같은 법률안이 의결되지 아니하거나 수정의결되는 경우에는 이에 맞추어 조정되어야 할 것임.

법률 제   호

국가공무원법 일부개정법률안

국가공무원법 일부를 다음과 같이 개정한다.

제6조제4항 중 "임용·교육훈련"을 "임용·인재개발"로 한다.

…(중간 생략)…

제82조제2항 전단 중 "국무총리 소속으로 설치된"을 "직근 상급기관이 없는"으로 한다.

부   칙

제1조(시행일) 이 법은 공포한 날부터 시행한다. (단서 생략)

제2조 ~ 제4조 (생   략)

제5조(징계의 효력에 관한 경과조치) 부칙 제1조 단서에 따른 시행일 전에 발생한 사유로 징계를 받는 사람에 대해서는 제80조제1항부터 제3항까지의 개정규정에도 불구하고 종전의 규정에 따른다.

나 이미 심사 중에 있는 경우에 표시한다.

본문부에는 공포번호(공포는 입법 과정 마지막에 정부에서 이루어지므로 법률안에 실제 번호는 기재되지 않음), 법률안의 제명, 조문의 형식으로 구성되거나(제정법률안과 전부개정법률안의 경우) 개정문의 형식으로 구성되는(일부개정법률안과 폐지법률안의 경우) 본칙, 그리고 시행일, 경과조치 등이 규정된 부칙이 기재된다. 전부개정법률안의 경우에는 조문 앞에 "○○법(○○에 관한 법률) 전부를 다음과 같이 개정한다"라는

<table>
<tr><td colspan="2" align="center">신 · 구 조 문 대 비 표</td></tr>
<tr><td align="center">현   행</td><td align="center">개 정 안</td></tr>
<tr><td>제6조(중앙인사관장기관) ① ~
③ (생 략)
④ 행정부 내 각급 기관은 공무
원의 임용·교육훈련·보수 등
인사 관계 법령(특정직공무원의
인사 관계 법령을 포함하되, 총
리령·부령을 제외한다)의 제정
또는 개폐 시에는 인사혁신처장
과 협의하여야 한다.
…(이하 생략)…</td><td>제6조(중앙인사관장기관) ① ~
③ (현행과 같음)
④ ----------------------
----- 임용·인재개발------

-------------.
…(이하 생략)…</td></tr>
</table>

모두(冒頭)개정문을 붙인다.

일부개정법률안의 경우에는 "○○법(○○에 관한 법률) 일부를 다음과 같이 개정한다"라는 모두개정문을 붙이고, 폐지법률안의 경우에는 "○○법(○○에 관한 법률)을 폐지한다"를 붙인다. 마지막으로 일부개정법률안에는 현행 법률의 내용과 개정법률안에 따라 바뀌는 법률의 내용을 표로 비교해 설명하는 신·구조문대비표가 첨부된다. 〈예시 3-2〉와 〈예시 3-3〉은 정부가 제출한 「국가공무원법 일부개정법률안」의 본문부와 신·구조문대비표를 보여주고 있다.

4. 수정안·대안·위원회안

법률안은 국회 심사 단계에서 그 내용이 바뀔 수 있는데 이를 '수정'

이라 하고, 수정을 위해 일정한 형식을 갖추어 서면으로 발의하는 것을 '수정안'이라고 한다. 수정안은 그 안이 마련되는 단계에 따라 위원회 수정안과 본회의 수정안으로 나뉠 수 있다. 첫째, 위원회는 안건의 심사를 마친 때에는 심사경과와 결과, 그 밖의 필요한 사항을 서면으로 의장에게 보고한다(「국회법」 제66조 제1항). 위원회에서 심사한 결과가 수정의결인 경우에는 그 수정내용을 반영한 수정안을 심사보고서에 첨부해 제출하고, 이와 같이 위원회에서 심사보고한 수정안은 찬성 없이 의제가 되는데(「국회법」 제95조 제2항), 이것이 위원회 수정안이다.[3] 둘째, 본회의에서 의안에 대한 수정동의는 그 안을 갖추고 이유를 붙여서 의원 30명 이상의 찬성자와 연서해 미리 의장에게 제출해야 하는데(「국회법」 제95조 제1항), 이것이 본회의 수정안이다. 본회의 수정안은 원안 또는 위원회에서 심사보고한 수정안의 취지 및 내용과 직접 관련성이 있어야 하지만, 의장이 각 교섭단체 대표의원과 합의를 하는 경우에는 직접 관련성이 없는 본회의 수정안도 제출이 가능하다(「국회법」 제95조 제5항).

위원회는 그 소관에 속하는 사항에 관해 법률안이나 그 밖의 의안을 제출할 수 있는데(「국회법」 제51조 제1항), 이를 근거로 위원회는 위원회 대안 또는 위원회안을 제출한다. 위원회 대안[4]은 위원회가 법률을 심사하는 과정에서 원안에 대해 목적 또는 성격이 바뀌는 사유로 그 원안을 본회의에 부의하지 아니하기로 하고 원안에 대신해 입안·제출하

---

3   전원위원회의 경우에도 심사 대상 의안에 대해 수정안을 제출할 수 있다(「국회법」 제63조의2 제2항).

4   위원회 대안과는 별도로 의원 30인 이상의 찬성자가 의장에게 제출하는 의원 발의 대안도 있다(「국회법」 제95조 제4항).

표 3-3 **위원회 수정안·대안·위원회안의 구분**

	위원회 수정안	위원회 대안	위원회안
제안자	위원회(위원장)	위원회(위원장)	위원회(위원장)
법적 근거	「국회법」 제95조 제2항	「국회법」 제51조	「국회법」 제51조
법률안 형식	원안을 일부 개정하는 방식	제정·개정(전부/일부)·폐지 법률안 방식이 모두 가능	제정·개정(전부/일부)·폐지 법률안 방식이 모두 가능
원안과의 관계	원안을 토대로 원안을 수정	원안을 폐기하고 원안을 대신	완전히 독립된 안 (원안을 전제하지 않음)
특징 (수정안 대비)	-	새로운 의안이지만, 사실상 수정안(같은 법률에 대한 여러 제·개정법률안을 수정 ·통합하는 성격)	최소 발의

자료: 국회사무처(2016c: 230) 수정.

는 법률안을 말한다. 실제 법률안을 심사하는 과정에서는 같은 법률에 대해 제출된 여러 개의 개정법률안을 위원회에서 수정·통합해 하나의 개정법률안을 만들어서 본회의에 제출하는 경우에 위원회 대안의 형식을 활용한다. 위원회안은 원안이 존재하는 것을 전제하지 않고[5] 위원회가 완전히 독립적으로 안을 제출하는 것이다(국회사무처, 2016c: 229). 위원회 수정안·대안·위원회안의 구분은 〈표 3-3〉과 같다.

위원회 대안의 처리 방식에 대해서는 부연 설명이 필요하다. 위원회 대안이 본회의에서 의결되면 대안에 수정·통합되었던 원안들은 형식적으로는 폐기된다. 이것을 과거에는 의안 통계에서 폐기로 관리했다. 그래서 많은 법률안들의 내용이 의결을 통해 반영됨에도 불구하고 폐

---

5 다만 심사 과정에서 법률안의 일부 내용이 가결될 필요가 있으나 다른 중요한 내용이 남아 있어 해당 법률안 자체는 계속 심사하도록 할 필요가 있는 경우에는 가결될 필요가 있는 내용을 위원회 대안이 아닌 위원회안으로 의결하기도 한다. 이러한 경우에는 내용적으로는 위원회안의 전제가 된 원안이 존재하는 셈이다.

기로 관리됨으로 인해 법률에 반영되지 않은 듯한 인상을 주었다. 이에 따라 통계를 접하는 일반인이나 연구자들은 국회에서 많은 법률안들이 내용적으로는 가결되었음에도 불구하고 부결된 것처럼 인식했고 나아가 이는 국회의 정책적 역할을 낮게 평가하는 원인이 되기도 했다. 이에 최근에는 법률적 용어로 대안 폐기된 법률안들은 의안 통계에서 법률에 반영된 것으로 관리하고 법률에 반영된 것으로 표시하고 있다.[6]

제3절 단계별 법률안 심사 과정

이 절에서는 국회가 법률을 제정하거나 개정할 때 따라야 하는 헌법과 법률이 정하는 일련의 과정에 대해 설명한다. 우선 그 과정을 개괄적으로 살펴보면 ① 법률안의 입안·발의(제출), ② 위원회 회부, ③ 위원회 심사(소위원회 이전 단계: 제안설명, 검토보고, 대체토론), ④ 소위원회 심사, ⑤ 위원회 심사(소위원회 이후 단계: 축조심사, 찬반토론, 표결), ⑥ 공청회 또는 청문회(필요 시), ⑦ 법제사법위원회 체계·자구심사, ⑧ 전원위원회 심사(필요 시), ⑨ 본회의 심의(심사보고·제안설명, 질의·토론, 표결), ⑩ 법률안의 정리 및 정부 이송, ⑪ 법률안의 공포, ⑫ 재의요구 및 재의(필요 시) 순이다. 이를 그림으로 나타내면 〈그림 3-1〉과 같다. 이제 각 단계별로 법률안 심사 과정을 설명할 텐데, 앞서 살펴본 정부가 제출한 「국가공무원법 일부개정법률안」(의안번호 1916870)의

---

6   법률안을 포함해 국회의 각종 의안과 심사 현황, 통계 등은 국회 의안정보시스템(likms. assembly.go.kr/bill)에서 검색할 수 있다.

그림 3-1 **법률안 심사 과정 개관**

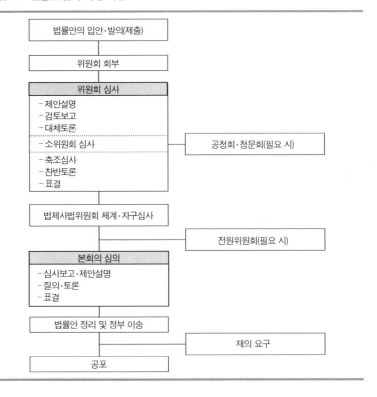

실제 심사 과정을 주된 예로 들면서 함께 설명하기로 한다. 다만, 대체토론, 공청회와 청문회, 법제사법위원회 체계·자구 심사 부분에서는 이해를 돕기 위해 다른 법률안의 사례를 들어 설명하기로 한다.

1. 법률안의 입안 및 발의(제출)

국회의원과 정부는 법률안을 제출할 수 있다(헌법 제52조). 「국회법」

은 여기에 더해 위원회는 그 소관에 속하는 사항에 관해 법률안을 제출할 수 있도록 하고, 이 경우 제출자는 위원장이 되도록 하고 있다(「국회법」 제51조). 위원회안과 위원회 대안이 여기에 해당된다는 것은 이미 살펴본 바와 같다. 이들 위원회안과 위원회 대안은 의원 발의 법률안으로 분류한다. 다음에서는 의원 발의 법률안과 정부 제출 법률안의 입안 과정 및 발의(제출)절차를 각각 살펴본다.

1) 의원 발의 법률안

개별 국회의원은 지역구 및 이익단체의 상황, 소속 정당이 중점적으로 추진하는 정책, 사회적 현안, 의원 개인의 정치적 신념 등에 따라 입법의 필요성을 인식하고 자료 수집과 공청회 등을 통해 법률안의 발의를 준비한다. 의원은 10명 이상의 찬성으로 법률안 등 의안을 발의할 수 있는데 의안을 발의하는 의원은 그 안을 갖추고 이유를 붙여 소정의 찬성자와 연서해 이를 의장에게 제출해야 한다(「국회법」 제79조 제1항 및 제2항). 의원이 법률안을 발의하는 때에는 발의의원과 찬성의원을 구분하고, 당해 법률안에 대해 그 제명의 부제로 발의의원의 성명을 기재하되, 발의의원이 2명 이상인 경우에는 대표발의의원 1명을 명시해야 한다(이른바 법안실명제, 「국회법」 제79조 제3항).

의원 발의 법률안은 제16대에 1912건에서 제17대 6387건, 제18대 1만 2220건, 제19대 1만 6729건으로 늘었다. 국회의원이 국회 법제실에 입안을 의뢰하는 건수도 늘어나 제16대 1682건, 제17대 4399건, 제18대 1만 672건, 제19대 2만 1146건으로 크게 늘었다. 의원실은 법률안을 성안하면서 국회 법제실에 입안을 의뢰할 수 있다. 의원실에서 초안을 작성한 후 법제실의 검토 및 수정·보완을 거치기도 하고 초안

그림 3-2 **의원 발의 법률안의 입안 과정**

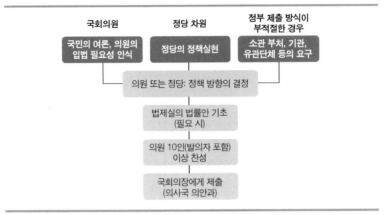

자료: 국회법률정보시스템 〉 입법 과정 개관 〉 법률안의 입안 과정 개념도를 수정.

없이 의원실의 입법 취지에 따라 법제실이 성안한 법률안을 의원이 발의하기도 한다. 또한 의원실은 법제실에서 성안된 법률안을 송부받은 후에 실제로 이를 국회에 법률안으로 발의할 수도 있고 발의하지 않을 수도 있다. 이러한 의원 발의 법률안의 입안 과정은 〈그림 3-2〉에 나타나 있다.

법률을 시행하기 위해서는 직간접적으로 예산이 소요된다. 따라서 국민의 세금을 효과적으로 사용하기 위해서는 법률안의 입안 단계부터 국가가 부담해야 할 재정 소요를 자세히 분석할 필요가 있다. 그래서 의원이 예산 또는 기금상의 조치를 수반하는 의안을 발의하는 경우에는 그 의안의 시행에 수반될 것으로 예상되는 비용에 대한 국회예산정책처의 추계서 또는 국회예산정책처에 대한 추계요구서를 아울러 제출해야 하고, 추계요구서를 제출한 경우에는 위원회의 심사 전에 국회예산정책처의 비용추계서를 제출해야 한다(「국회법」 제79조의2 제1

항). 위원회가 예산 또는 기금상의 조치를 수반하는 의안을 제안하는 경우에는 그 의안의 시행에 수반될 것으로 예상되는 비용에 대한 국회 예산정책처의 추계서를 아울러 제출해야 하지만, 긴급한 사유가 있는 경우에는 위원회의 의결로 이를 생략할 수 있다(「국회법」제79조의2 제2항).

2) 정부 제출 법률안

정부가 제출하는 법률안은 의원 발의 법률안보다 그 준비 과정이 복잡해, ① 법률안의 입안, ② 관계 기관과의 협의(필요 시), ③ 입법예고, ④ 규제심사 등(필요 시), ⑤ 법제처 심사, ⑥ 차관회의, ⑦ 국무회의, ⑧ 대통령 서명의 절차를 거친다(법제처, 2016: 2~3). 소관 기관의 장은 법률안을 입안하면 법률안의 내용을 관계 기관의 장에게 보내 그 의견을 들어야 한다(「법제업무 운영규정」 제11조 제1항). 또한 해당 법률안을 마련한 기관의 장은 특별한 사정이 없으면 이를 40일 이상 입법예고해야 한다(「행정절차법」 제41조 제1항 및 제43조). 그리고 법률안에서 규제를 신설하거나 강화하는 내용이 포함되어 있는 경우 규제개혁위원회에 심사를 요청해야 한다. 규제심사는 법률안에 대해서는 법제처 심사를 요청하기 전에 해야 한다(「행정규제기본법」 제10조 제1항). 규제심사와 유사한 법정 심사/평가에는 부패영향평가, 통계기반정책평가, 성별영향분석평가, 지역균형인재 고용영향평가 등이 있다(법제처, 2016: 20).

규제심사 등이 완료되면 법제처에서 법률안을 심사하고, 법제처 심사 후에 법률안은 차관회의에 상정되어 심의된다. 차관회의는 통상 국무회의에 앞서 매주 목요일에 정례회의가 열리고, 필요한 경우 임시회

그림 3-3 **정부 제출 법률안의 입안 과정**

자료: 법제처(2016: 3) 수정.

의가 개최되는데 국무조정실장이 의장을 맡고 각 부처의 차관이 구성 원이 된다(법제처, 2016: 57). 차관회의에서 의결된 법률안은 특별한 사 정이 없으면 자동으로 다음 국무회의에 상정된다. 국무회의는 원칙적 으로 매주 화요일에 정례회의가 열리고, 필요한 경우 임시회의가 개최 된다(법제처, 2016: 58). 헌법 제88조에 따라 대통령이 국무회의 의장을 맡고 국무총리가 부의장을 맡으며, 개별 국무위원이 구성원이 된다. 국무회의의 심의를 거친 법률안은 국무총리와 관계 국무위원의 부서 와 대통령의 서명을 받아(헌법 제82조) 국회에 제출한다. 이러한 절차 를 그림으로 나타내면 〈그림 3-3〉과 같다.

정부가 제출하는 법률안도 의원 발의 법률안과 마찬가지로 예산 또 는 기금상의 조치를 수반하면 그 비용에 대한 추계서와 이에 상응하는 재원 조달 방안에 관한 자료를 의안에 첨부해야 한다(「국회법」 제79조 의2).

표 3-4 「국가공무원법 일부개정법률안」 준비 일정

구분	일정
관계부처 협의	2015. 5. 18 ~ 5. 28
입법예고	2015. 5. 18 ~ 6. 29
규제심사 등	2015. 6. 10 ~ 7. 27
법제처 심사	2015. 8.7 ~ 8. 25
차관회의	2015. 8. 27
국무회의	2015. 9. 8
국회 제출	2015. 9. 16

자료: 인사혁신처 자료요청 회신(2018).

우리가 주로 살펴볼 「국가공무원법 일부개정법률안」은 〈표 3-4〉의 일정에 따라 정부 내에서 준비되어 국회에 제출되었다. 이 법률안은 고위공무원임용심사위원회에 민간위원의 수를 늘림에 따라 이들에게 지급하는 심사 수당 등이 늘어나는 내용을 담고 있는데, 그 비용이 연 평균 10억 원 미만으로 예상되어 비용추계서를 붙이지 않았다(〈예시 3-4〉 참조).

2. 위원회 회부

국회의장은 의안이 발의 또는 제출되면 이를 인쇄하거나 전산망에 입력하는 방법으로 의원에게 배부하고 본회의에 보고하며, 소관 상임 위원회에 회부해 그 심사가 끝난 후에 본회의에 부의한다. 폐회 또는 휴회 등으로 본회의에 보고할 수 없을 때에는 이를 생략하고 회부할 수 있다(「국회법」 제81조 제1항). 전산망에 입력하는 방법으로 의원에 게 배부할 수 있으므로 최근에는 의안정보시스템에 의안을 입력함으

국가공무원법 일부개정법률안 비용추계서 미첨부 사유서

1. 재정수반요인

○ 고위공무원임용심사위원회 민간위원 확대(안 제28조의6)

2. 미첨부 근거 규정

○ 「의안의 비용추계에 관한 규칙」 제3조제1항제1호에 해당

3. 미첨부 사유

○ 법 개정시 예상되는 비용이 연평균 10억원 미만임

> ・고위공무원임용심사위원회 민간위원 수 : 5명
> ・위원회 심사 수당 등 연평균 지급액 : 연간 1인당 9,200천원 (최근 3년 평균)
> ＊ 최근 3년 평균 개최 횟수 : 36회(연) / 1인당 참석 횟수 : 7회
> - '12년 45회, '13년 24회, '14년 38회
> ・추계기간 : 2016년 ~ 2020년 (시행일로부터 5년)

○ 비용추계 상세(단위 : 천원)

구 분	인원	평균 지급액	총 소요액
2016	2	9,200	18,400
2017	2	9,200	18,400
2018	2	9,200	18,400
2019	2	9,200	18,400
2020	2	9,200	18,400

4. 작성자 : 인사혁신처 인사정책과 ○○○사무관(0000-0000)

로써 의안 배부에 갈음한다. 폐회 또는 휴회 중 발의 또는 제출된 안건은 그다음에 개의되는 본회의에서 보고하고 있다. 보통 본회의 개의 직후 보고가 이루어지며 "○○○의원 대표발의로 ○○법 일부개정법률안 등 ○○○건의 법률안이 발의되었습니다. 정부로부터 ○○법 일부개정법률안 등 ○○○건의 법률안이 제출되었습니다"라는 형태로 한꺼번에 보고한다.

국회의장은 안건이 어느 상임위원회의 소관에 속하는지 명백하지 아니할 때에는 국회운영위원회와 협의해 상임위원회에 회부하되, 협의가 이루어지지 아니할 때에는 의장이 소관 상임위원회를 결정한다(「국회법」 제81조 제2항). 국회의장은 특히 필요하다고 인정하는 안건에 대해서는 본회의의 의결을 얻어 이를 특별위원회에 회부할 수 있고, 특별위원회에 회부된 안건과 관련이 있는 다른 안건을 그 특별위원회에 회부할 수 있다(「국회법」 제82조).

국회의장은 소관 위원회에 안건을 회부하는 경우 그 안건이 다른 위원회의 소관사항과 관련이 있다고 인정할 때에는 관련 위원회에 이를 회부한다. 안건이 소관 위원회에 회부된 후에라도 다른 위원회로부터 회부 요청이 있는 경우 필요하다고 인정하면 그 요청한 위원회를 관련 위원회로 하여 안건을 회부한다(이상 「국회법」 제83조 제1항). 국회의장이 관련 위원회에 안건을 회부할 때에는 관련 위원회가 소관 위원회에 그 의견을 제시할 기간을 정해야 하는데, 소관 위원회는 관련 위원회로부터 특별한 이유 없이 그 기간 내에 의견의 제시가 없는 경우 바로 심사보고를 할 수 있다(「국회법」 제83조 제2항 및 제3항). 통상적으로는 소관 위원회가 의결하기 전까지를 의견 제시 기간으로 한다. 소관 위원회는 관련 위원회가 제시한 의견을 존중해야 한다(「국회법」 제83조

예시 3-5 **본회의 보고 사례**

(이전 생략)

○ **의장** ○○○   의석을 정돈해 주시기 바랍니다. 성원이 되었으므로 제5차 본회의를 개의하겠습니다. 의사국으로부터 보고가 있겠습니다.

○ **의사국장** ○○○   보고사항을 말씀드리겠습니다.

(중간 생략)

○○○의원 대표발의로 근로기준법 일부개정법률안, ○○○의원 대표발의로 사회적기업 육성법 일부개정법률안 등 278건의 법률안이 발의되었습니다.

정부로부터 병역법 일부개정법률안 등 63건의 법률안이 제출되었습니다.

(중간 생략)

그 밖의 자세한 내용은 회의록에 게재하도록 하겠습니다. 이상으로 보고를 마치겠습니다.

(이후 생략)

자료: 제337회국회(정기회) 국회본회의회의록 제5호, 1쪽.

제4항).

「국가공무원법 일부개정법률안」은 제출된 다음 날인 2015년 9월 17일 소관 위원회인 안전행정위원회로 회부되었다. 이 법률안에는 징계부가금(공무원의 비위 행위로 취득하거나 제공한 금전 또는 재산상 이득의 5배 이내로 징계대상자에게 부과하는 금액)의 체납액 징수가 사실상 곤란하다고 판단되는 경우 그 징수를 관할 세무서장에게 의뢰하도록 하는 내용이 있어서(안 제78조의2 제4항), 국세청을 관할하는 기획재정위원회를 관련 위원회로 하여 법률안을 회부했다. 이 법률안은 제출된 다음에 처음으로 개의된 제337회국회(정기회) 제5차 본회의(2015. 10. 12)에서 〈예시 3-5〉와 같이 다른 법률안들과 함께 그 제출 사실이 보

고되었다. 본회의에 보고된 사항의 세부 목록은 해당 회의록 말미에 별도로 기재되어 있다.[7]

3. 위원회 심사

앞서 살펴본 것처럼 법률안은 소관 위원회에 회부해 그 심사가 끝난 후에 본회의에 부의한다. 위원회는 제안설명, 검토보고, 대체토론, 소위원회 심사, 공청회 또는 청문회(필요 시), 축조심사, 찬반토론, 표결 등의 절차를 거쳐 심사한다. 다음에서는 소위원회 심사 이전 단계, 소위원회 심사 단계, 소위원회 심사 이후 단계, 그 밖의 연석회의·공청회·청문회 등으로 나누어 살펴보기로 한다.

1) 소위원회 심사 이전 단계

위원회는 법률안을 심사함에 있어 먼저 그 취지에 대한 설명과 전문위원의 검토보고를 듣고 대체토론을 한다. 본격적인 심사를 위해서는 위원회 회의에 법률안을 상정하는 절차가 필요하다. 그런데 이 상정에는 시기의 제한이 있다. 긴급하고 불가피한 사유로 위원회의 의결이 있는 경우를 제외하고는 위원회에 회부된 날부터 일부개정법률안은 15일, 제정법률안·전부개정법률안 및 폐지법률안은 20일의 기간이 경과하지 아니한 때에는 이를 상정할 수 없다(「국회법」제59조). 이 기간을 보통 법률안의 숙려기간이라고 부른다. 이는 위원들에게 법률안

---

[7] 국회의 각종 회의록은 국회회의록시스템(likms.assembly.go.kr/record)에서 검색할 수 있다.

을 검토할 수 있는 최소한의 시간을 주어 법률안의 심사가 형식적으로 이루어지는 것을 방지하기 위한 것이다.

과거에는 쟁점 법안인 경우에 법률안이 위원회 회의에 상정되는 것 자체를 둘러싸고 정당 또는 교섭단체 간에 정치적인 다툼이 생기는 경우가 많았다. 그래서 2012년 5월부터 시행된 개정 「국회법」(법률 제11153호, 2012.5.25, 일부개정)인 이른바 국회선진화법에서는 위원회에 회부되어 상정되지 아니한 법률안들은 숙려기간이 경과한 후 30일이 지난 뒤에 처음으로 개회하는 위원회에 상정된 것으로 보는 의안 상정간주제를 도입했다(「국회법」 제59조의2 본문). 다만, 위원장이 간사와 합의하는 경우에는 그러하지 아니하다(「국회법」 제59조의2 단서).

한편 이러한 숙려기간, 상정간주제 등에도 불구하고 소위원회에 회부되어 이미 심사 중인 안건과 직접 관련된 법률안이 위원회에 새로 회부된 경우에는, 위원장이 간사와 협의를 거쳐 필요하다고 인정하는 때에 이를 바로 해당 소위원회에 회부해 함께 심사하게 할 수 있다(「국회법」 제58조 제3항 및 제4항). 이는 법률안의 효율적인 심사를 위한 취지이다.

상정된 법률안에 대해서는 그 취지의 설명을 듣는데 이를 보통 제안설명이라고 한다. 제안설명은 원칙적으로는 정부 제출 법률안의 경우에는 소관 국무위원으로부터, 의원 발의 법률안의 경우에는 대표발의 의원으로부터 법률안의 취지에 대해 설명을 듣는 것이다. 정부 제출 법률안의 경우에는 소관 국무위원 또는 차관이 제안설명을 구두로 진행하는 것이 일반적이지만 의원 발의 법률안의 경우에는 서면으로 제안설명을 대체하는 경우가 일반적이다. 아주 예외적인 경우에는 대표발의의원이 아닌 의원이 법률안에 대한 제안설명을 하기도 한다.

제안설명 후에는 전문위원의 검토보고를 듣는데 이는 우리 국회의 독특한 제도이다. 「국회법」 제42조는 위원회에 전문위원[8]과 필요한 공무원을 두도록 하고 있으며, 제58조는 안건을 심사함에 있어 전문위원의 검토보고를 듣도록 하고 있다. 이는 위원회의 심사대상이 되는 안건에 대해 전문위원이 전문적·객관적 입장에서 내용의 타당성과 문제점, 개선방안이나 그 밖에 안건 심사에 필요한 사항을 조사·연구·검토해 검토보고서로 작성하고, 이를 위원회 위원들에게 배부해 회의장에서 구두 보고하는 제도이다. 이러한 검토보고 제도는 위원회 위원들에게 안건 심사와 관련된 정보를 수집·제공해 위원회가 전문적이고 능률적으로 안건을 심사하도록 지원하는 것을 목적으로 한다. 또한 안건을 심사하면서 초점을 맞추어야 하는 쟁점이나 지나치기 쉬운 중요한 논점을 제시함으로써 안건 심사의 방향을 효율적으로 안내하는 역할도 하고 있다.

전문위원 검토보고서는 실무적으로는 위원회 공무원인 입법조사관이 초안을 작성한 후 발표자인 전문위원이 이를 검토해 완성된다. 작성 과정에서 실무책임자인 입법조사관은 법률안과 관련된 각종 정보를 수집하고 국회의원과 그 보좌진, 담당 정부 부처 공무원, 그 밖의 공익단체 또는 이익단체 등 관련자들로부터 의견을 수렴한다. 전문위원의 검토보고는 특별한 사정이 없는 한 해당 법률안의 위원회 상정일 48시간 전까지 소속 위원들에게 배부되어야 한다(「국회법」 제58조 제8항).

---

8 여기서 '전문위원'은 수석전문위원(차관보급)과 전문위원(2급)을 함께 지칭하는 표현이다(「국회사무처법」 제8조 및 이 책의 제7장 제3절 참조).

전문위원의 검토보고 후에는 대체토론을 한다. 대체토론은 안건 전체에 대한 문제점과 당부에 관해 일반적인 토론을 하는 것을 말하며, 제안자와의 질의·답변을 포함한다(「국회법」 제58조 제1항). 대체토론의 목적은 안건의 취지와 필요성, 기대 효과와 문제점 등에 대해 전반적으로 검토하고 필요한 경우 여러 가지 수정 방향을 제시하는 것이다(국회사무처, 2016a: 272). 질의는 의제가 된 안건의 범위 내에서 해야 하는데, 제안자에게 질의하는 것이 원칙이기는 하지만 의원 발의 법률안과 관련해서는 해당 국무위원에게 의견을 묻는 경우도 많다. 위원회가 법률안을 소위원회에 회부하고자 하는 때에는 대체토론이 끝난 후가 아니면 회부할 수 없다.

최근에는 위원회 회의에 상정되는 법률안의 수가 많아졌기 때문에 개별 법률안에 대해 상정 → 제안설명 → 검토보고 → 대체토론의 심사절차를 따로따로 거치지 않고 일괄 상정한 후 관련 절차를 진행하는 것이 일반적이다. 따라서 구두 검토보고는 회부되는 여러 개의 법률안 중 일부 중요한 법률안에 대해서만 요약해 보고하는 것이 일반적이고 대체토론도 미리 정해진 위원별 순서에 따라 여러 개의 법률안에 대해 일괄적으로 진행된다(예를 들어 A의원이 의사일정의 다수 법률안 중 관심 있는 일부 법률안에 대해 일괄적으로 대체토론을 진행한 후, B의원이 관심 있는 일부 법률안에 대해 일괄적으로 대체토론을 진행하는 식이다).

「국가공무원법 일부개정법률안」(의안번호 1916870)은 2015년 11월 23일 제337회국회(정기회) 제5차 안전행정위원회에서 다른 법률안들과 함께 일괄해서 상정되었다. 이 법률안에 대해서는 인사혁신처장이 〈예시 3-6〉과 같이 제안설명을 했다. 전문위원의 검토보고서는 작성·배부되었지만 실제 회의장에서는 구두 검토보고가 생략되었다. 같이

예시 3-6 제안설명 사례

○ **인사혁신처장** ○○○   인사혁신처장입니다.

존경하는 ○○ 위원장님, 그리고 위원님 여러분!

의정활동에 헌신하시는 위원님들의 노고에 깊이 감사드리면서 정부가 제출한 총 2건의 법률안에 대하여 제안설명을 드리겠습니다.

국가공무원법 일부개정법률안은 엄격한 공직기강을 확립하기 위해 성범죄·폭력에 대해 임용 결격 및 당연퇴직 요건을 강화하고, 강등 또는 정직처분 시 보수를 전액 감액하는 한편 공직사회 전문성을 제고하기 위해 부처 인사기능의 전문성 확보 방안을 마련하고 장기 재직한 공무원의 자기개발 및 정책연구를 위한 휴직제도를 신설하는 등의 내용입니다.

(중간 생략)

(정부안대로) 심사 의결해 주시기 바랍니다.

감사합니다.

자료: 제337회국회(정기회) 안전행정위원회회의록 제5호, 62쪽.

상정된 법률안이 많아서 일괄적으로 진행된 대체토론에서도 이 법률안에 대한 질의·토론은 없었다. 대체토론이 종료된 후에 이 법률안은 그 날 회의에 상정되었던 다른 법률안들과 함께 법안심사소위원회로 회부되었다.

〈예시 3-7〉에는 다른 법률안의 대체토론 사례가 제시되어 있다. 이는 정부가 제출한 「지방재정법 일부개정법률안」의 주요 내용 중 하나인 긴급재정관리인을 도입하는 규정에 대한 것으로, 한 위원이 지방자치단체의 자치재정권을 침해할 수 있다는 취지로 질의했고, 이에 대해 장관은 지적한 내용을 유의해 살펴보겠다는 취지로 답변했다.

예시 3-7 대체토론 사례

○○○○ **위원** 정부에서 제출한 지방재정법 개정안의 제60조4, 정부에서 파견하는 긴급재정관리인의 역할을 보면 중앙정부가 직접적이고 전면적으로 지자체의 자치행정을 통제·간섭하는 것으로 헌법에서 보장하는 지자체의 자치재정권을 침해할 가능성이 있다고 보여집니다. 장관의 견해는 어떻습니까?

○**행정자치부 장관** ○○○ 위원님이 아시다시피 중앙이 지방자치단체를 통제하려고 하는 그런 생각은 전혀 없고요.

(중간 생략)

그런데 이 제도상에 방금 위원님 말씀하신 대로 혹시라도 그 권한이 남용되어서 원래 취지와는 다르게 지방자치권을 침해할 요소가 있는지는 저희들이 다시 한번 세밀하게 들여다봐서 그런 일이 안 생기도록 하겠습니다.

자료: 제337회국회(정기회) 안전행정위원회회의록 제5호, 67쪽.

2) 소위원회 심사 단계

우리 국회에서는 위원회에 법률안이 회부되면 위원회 전체회의의 대체토론 과정에서 곧바로 구체적이고 자세하게 논의하는 경우가 많지 않다. 실제 조문에 대한 자세한 심사는 법안심사소위원회에서 이루어지는 것이 보통이다. 위원회 전체회의는 일부 중요한 법률안이나 쟁점이 되는 정책 현안에 대한 질의·답변이 중심을 이룬다.

소위원회에서는 개별 법률안 단위로 심사하거나 성격이 유사한 법률안을 묶어서 함께 심사한다. 일단 법률안이 상정되면 소위원장은 전문위원에게 법안의 주요 내용과 심사경과를 보고하게 한다. 전문위원은 이 과정에서 법률안의 세부 내용과 쟁점 사항 및 문제점 등을 보고하고 필요한 경우 조문에 대한 수정의견을 함께 보고한다. 전문위원의 보고가 끝나면 해당 부처 관계자(일반적으로 부처 차관)가 법안에 대한 정부의 의견을 설명한다. 이 과정이 끝난 후에 위원들의 질의·토론을 거쳐 세부 조문을 심사하고 법안에 대한 의결이 이루어진다. 소위원회에서는 법률안에 대한 구체적·실질적 심사를 통해 최종적으로 수정안을 작성하거나 대안 또는 위원회안을 기초한다.

우리가 살펴보고 있는 「국가공무원법 일부개정법률안」은 2015년 11월 24일 제337회국회(정기회) 제1차 안전행정위원회 법안심사소위원회에서 다른 104건의 법률안과 함께 일괄해서 상정되었다(의사일정 제2항). 이 법률안은 유사한 내용의 「지방공무원법 일부개정법률안」과 함께 심사되었는데, 우선 소위원장이 수석전문위원에게 법안 내용에 대한 간략한 설명을 하도록 했다. 수석전문위원은 「국가공무원법 일부개정법률안」에 들어 있는 내용 중 자기개발 및 정책연구를 위한 휴직 신설 내용과 징계부가금 체납액 징수의 세무서장 의뢰 및 징수 의뢰 후 체납일부터 5년이 지난 후에도 징계부가금의 징수가 불가능하다고 인정될 때에는 관할 징계위원회에 징계부가금의 감면 의결을 요청할 수 있도록 한 내용이 「지방공무원법 일부개정법률안」에는 빠져 있는데, 이를 지방공무원법에 추가할 필요가 있는지 검토할 필요가 있다고 보고했다. 이에 대해 정부 측에서는 지방공무원의 경우는 일부 지방자치단체별로 조례 등을 통해서 자기개발 할 수 있는 여러 가지 조치가 있으므로 자기개발 및 정책연구를 위한 휴직 사유를 지방공무원법에 추가할 필요가 없으며, 징계부가금 부분도 지방자치단체가 징계부가금을 부과도 하고 징수도 하게 되어 있고 다른 국가 기관에 위탁할 수는 없으므로 현행대로 유지하겠다고 했다(〈예시 3-8〉 참조).

이후에 위원들의 질의와 토론이 이어졌는데, 중요한 의견으로는 ① 개정안에서는 업무상 위력 등에 의한 성폭력범죄를 범한 자로서 300

○ **소위원장** ○○○   그러면 안건 심사에 들어가도록 하겠습니다.

소위 심사자료로 심사를 시작하도록 하겠습니다.

안건 내용에 대해서 소위원장 또는 수석전문위원이 설명하도록 되어 있는데 수석전
문위원의 간략한 설명으로부터 시작하도록 하겠습니다.

(중간 생략)

○ **수석전문위원** ○○○   알겠습니다.

두 개정안 모두 정부 제출 법률안이 되겠습니다.

(중간 생략)

다만 위원님들께서 결정을 해주셔야 될 사항은 (중간 생략) 두 안 모두 정부에서 제
출을 했는데 (중간 생략) 국가공무원법에 규정되어 있는 휴직 사유와 징계부가금 감
면과 관련된 부분이 지방공무원법 부분에서는 없기 때문에 이 부분에 대해서 추가
를 할 필요성이 있는지 그 부분을 결정해 주시는 이외에 특별한 쟁점은 없다고 생각
을 합니다.

(중간 생략)

○ **인사혁신처인사관리국장** ○○○   예, 저희 지방공무원은 중앙공무원하고 다른 환
경에 있기 때문에, 또 일부 지금 지자체별로 조례나 이런 걸 통해서 자기개발 할 수
있는 여러 가지 조치들이 되어 있기 때문에 별도의 저기는 없어도 되겠습니다.

(중간 생략)

○ **인사혁신처인사관리국장** ○○○   지방공무원 경우는 지방자치단체가 징계부가금
을 부과도 하고 징수도 하게 되어 있습니다. 그런데 국가공무원법에서는 별도로 국
세청에 이렇게 위탁하겠다는 건데 저희는 자체 부과하고 자체적으로 가기 때문에
다른 기관에 위탁할 수 없어서 현행대로 유지를 하겠습니다.

자료: 제337회국회(정기회) 안전행정위원회회의록(법안심사소위원회) 제1호, 10~12쪽.

○○○○ **위원**   제가 물어볼게요.

1쪽에 (중간 생략) '업무상 위력 등에 의한 간음 또는 추행죄로 300만 원 이상의 벌금형 확정 후 2년 미경과', 2년 미경과라는 게 뭘 의미해요?

(중간 생략)

○○○○ **위원**   2년이 미경과됐다는 것은 그러면 2년이 경과한 후에는 될 수 있다는 것 아니에요?

○ **인사혁신처차장** ○○○   예, 임용을 할 수 있도록 돼 있습니다.

○○○○ **위원**   그러면 2년만 지나면 되는 것 아니에요?

(중간 생략)

○○○○ **위원**   그런데 이게 적절해요?

(중간 생략)

○○○○ **위원**   그러면 300만 원이 나오는 경우가 대체 어떤 경우예요? (이하 생략)

(중간 생략)

○○○○ **위원**   아니지, (중간 생략) 또 하나는 지방공무원법은 있고 국가공무원법은 없고, 국가공무원법은 있고 또 지방공무원법은 없고 있잖아요? 이게 정말 문제가 없는 건지 그것도 지금 판단하기가 애매해요, 아까 얘기하신 것.

(중간 생략)

○△△△ **위원**   저는 5페이지 관련해서, (중간 생략) 문제는 민간기관에 파견되어서 근무하게 되면 그게 어떤 유착이나 이런 것에 대한 우려가 있기 때문에 저는 이 부분에서 우리가 상정할 수 있는 민간기관의 범위 자체를 구체적으로 제시해 주셨으면 좋겠다는 생각이 들거든요. (이하 생략)

(중간 생략)

○ **소위원장** ○○○   (이전 생략)

그러면 이 부분은 보류해서 오후에 처리하는 것으로 하겠습니다.

자료: 제337회국회(정기회) 안전행정위원회회의록(법안심사소위원회) 제1호, 12~14쪽.

만 원 이상의 벌금형을 선고받고 그 형이 확정된 후 2년이 지나지 아니한 경우 공무원에 임용되지 못하도록 임용 결격사유 및 당연퇴직 사유에 추가했는데, 성폭력에 대한 경각심을 높이기 위해 이를 더욱 강화할 필요가 있다는 의견, ② 기존에 행정기관과 인사교류를 할 수 있는 기관이 교육기관·연구기관·공공기관으로 한정되어 있던 것을 개정안에서는 그 밖의 민간기관과도 인사교류를 할 수 있도록 하고 있는데 민간과의 유착 우려가 있으므로 민간기관의 범위를 구체적으로 제시할 필요가 있다는 의견, ③ 「지방공무원법 일부개정법률안」에 자기개발 및 정책연구 휴직 신설과 징계부가금 관련 부분을 추가하는 것을 정부 의견과 달리 적극적으로 검토해야 한다는 의견이 있었다. 이들 쟁점에 대해서 소위원회에서는 결론을 바로 내리지 못하고 오후에 다시 논의를 거쳐 처리하는 것으로 했다(〈예시 3-9〉 참조).

오후에 속개된 회의에서 정부 측은 ①에 대해서는 임용 결격사유 추가와 관련해 법원에서 유죄로 선고된 성폭력 범죄 위반 사범은 300만 원 이하의 벌금형을 받는 경우가 극히 적으므로 300만 원 이상의 벌금형으로 하면 대부분의 사람이 포괄되고 다른 임용 결격사유와의 형평성을 고려할 때 그 기간은 2년으로 하는 것이 타당하므로 원안을 유지했으면 좋겠고, ②에 대해서는 개정안에서 민간기관과의 인사교류를 할 수 있도록 하는 내용은 이번에는 삭제하고 조금 더 연구해서 차후에 가도록 하는 방법도 있으며, ③에 대해서는 「지방공무원법 일부개정법률안」에 「국가공무원법 일부개정법률안」에 규정되어 있는 자기개발 및 정책연구 휴직 신설과 징계부가금 감면에 관한 사항을 반영하겠다는 의견을 개진했다. 이에 따라 소위원회에서는 ① 임용 결격사유 추가는 원안을 유지하되, ② 민간기관과의 인사교류를 할

○**소위원장** ○○○   (이전 생략)

연번 2번 국가공무원법 일부개정법률안부터 (중간 생략) 아까 오전에 논의하다가 (중간 생략) 정부 측에서 간략하게 어떤 부분을 반영하면 좋겠다는 의견을 제시해 주시기 바랍니다.

○**인사혁신처차장** ○○○   먼저 자기개발 휴직하고 징계부과금 징수 관련해서 (중간 생략) 그것을 담는 것으로, (중간 생략) 그렇게 협의되었습니다.

(중간 생략)

두 번째, 성폭력범죄 관련해서 (중간 생략) 기본적으로 300만 원 미만은 6.1%에 불과합니다. (중간 생략) 사실 300만 원 정도 이상의 벌금형을 받게 되면 대부분의 사람들이 포괄되게 되는 그런 상황이 되는 것 같습니다.

(이하 생략)

(중간 생략)

○**인사혁신처차장** ○○○   그리고 인사교류 관련해서 (중간 생략) 민관유착의 문제가 굉장히 강하게 나타날 수 있다면 (중간 생략) 그것은 또 차후에 가는 방법도 있을 수 있다는 말씀을 드리겠습니다.

○○○○ **위원**   이거 제가 말씀드릴게요. (중간 생략) 그런데 그것을 2년으로 하지 말고 3년으로 하면 어때요? 못 하는 기간을?

(중간 생략)

○**인사혁신처인사관리국장** ○○○   관련해서 한 가지 말씀드릴 것은 지금 현재 국가공무원법상의 임용 결격사유를 다른 것하고도 형평성을 생각해 보셔야 되는데…….

○○○○ **위원**   다른 게 2년이에요?

(중간 생략)

○**소위원장** ○○○   그러면 (중간 생략) 국가공무원법에는 담겨 있는데 지방공무원법에는 담겨져 있지 않은 것을 행자부하고 논의해서 하기로 했으니까 그것을 그대로 하고, 그다음에 인사교류에 있어서 (중간 생략) 이 부분은 차후에 하는 것으로, 빼도 되는 것으로 하고, (중간 생략) 법체계상 300만 원에 2년 경과 규정을 두는 게 여러 가지로 맞는 것 같아요. (중간 생략)

그러면 의사일정 제2항 및 3항 국가공무원법 및 지방공무원법은 수정한 부분은 수정한 대로, 기타 부분은 원안대로 의결하고자 하는데 이의 없으시지요?

("없습니다" 하는 위원 있음)

이의가 없으므로 가결되었음을 선포합니다.

(이하 생략)

자료: 제337회국회(정기회) 안전행정위원회회의록(법안심사소위원회) 제1호, 36~37쪽.

수 있도록 하는 내용은 개정안에서 삭제하고, ③「지방공무원법 일부개정법률안」은 「국가공무원법 일부개정법률안」의 자기개발 및 정책연구 휴직 신설과 징계부가금 감면에 관한 사항을 반영해 수정하는 것으로 의결했다(〈예시 3-10〉 참조).

3) 소위원회 심사 이후 단계

소위원회에서 심도 있는 심사를 거쳐 법안을 의결하면 전체회의에 다시 회부한다. 그러면 전체회의에서는 소위원회의 심사결과를 소위원장으로부터 보고받고 축조심사와 찬반토론을 거쳐 의결한다. 소위원장의 심사보고 및 제안설명은 소위원회에서 의결한 모든 법률안에 대해 일괄해서 이루어지는 것이 일반적이다. 축조심사는 법률안을 한 조항씩 차례차례 심사하는 방식이다. 축조심사는 위원회의 의결로 이를 생략할 수 있는데, 제정법률안 및 전부개정법률안의 경우에는 생략할 수 없다(「국회법」 제58조 제5항). 축조심사를 마치면 찬반토론을 한다. 찬반토론은 의제에 대해 찬반의 의견을 표명하는 것으로, 어떠한 이유로 찬성 또는 반대한다는 것을 표명하거나 수정의견을 명백히 해야 한다(국회사무처, 2016a: 276).

예시 3-11 소위원장 심사보고 사례

○**위원장 ○○**　의사일정 제1항부터 의사일정 제218항을 일괄하여 상정합니다.
먼저 심사한 결과를 보고받도록 하겠습니다.
이 안건을 심사한 법안심사소위원회를 대표하여 ○○○ 소위원장님 나오셔서 심사
한 결과를 보고해 주시기 바랍니다.
○**소위원장 ○○○**　법안심사소위원장 ○○○입니다.
우리 소위원회에서 심사한 공무원 교육훈련법 일부개정법률안 등 218건의 법률안
에 대하여 주요 사항 위주로 심사결과를 말씀드리겠습니다.
먼저 정부가 제출한 (중간 생략) 국가공무원법 일부개정법률안 (중간 생략) 에 대하
여 심사한 결과를 말씀드리면 (중간 생략) 국가공무원과 지방공무원에 대한 규율 체
계를 통일화하는 등 법문의 표현을 보완하여 각각 수정의결하였습니다. (이하 생략)

자료: 제337회국회(정기회) 안전행정위원회회의록 제6호, 25쪽.

　　찬반토론이 종결되면 법률안을 표결에 부친다. 위원회의 표결은 위
원장의 요구에 따라 위원이 의제에 대한 찬성 또는 반대의 의사를 표
명하고 그 수를 집계하는 것이다(국회사무처, 2016a: 277). 위원회에서
의 표결은 본회의의 표결에 관한 규정이 준용되지만, 표결의 방법에서
는 거수로도 표결할 수 있다(「국회법」 제71조). 대부분의 경우에는 위
원장이 법률안에 대한 이의의 유무를 물어 이의가 없다고 인정되면 가
결되었음을 선포한다(「국회법」 제112조 제3항 준용). 간혹 이의가 있을
때에는 위원장이 위원으로 하여금 기립하게 하여 가부를 결정하는 것
이 일반적이다(「국회법」 제112조 제1항 단서 준용).

　　표결의 내용은 원안의결, 수정의결, 위원회안 또는 위원회 대안 의
결, 폐기 등으로 구분된다. 원안의결은 원안의 내용을 전혀 변경하지
않고 그대로 의결하는 것이다. 수정의결은 위원회에서 수정안을 의결

○**위원장** ○○　더 이상 의견이 없으시면 이상으로 토론을 마무리하겠습니다.

그러면 의결에 들어가도록 하겠습니다.

상정된 안건들은 소위원회에서 심도 있게 심사하였으므로 축조심사는 생략하고 의

결하도록 하겠습니다.

의사일정 제1항부터 제4항, (중간 생략) 등 18건의 법률안은 법안심사소위에서 심

사보고한 대로 수정한 부분은 수정한 대로, 기타 부분은 원안대로 의결하되, (중간

생략) 의결하고자 하는데 이의 없으십니까?

("예" 하는 위원 있음)

없으시면 가결되었음을 선포합니다. (이하 생략)

자료: 제337회국회(정기회) 안전행정위원회회의록 제6호, 36쪽.

하는 것으로, 위원회 수정안, 위원회안, 위원회 대안에 대해서는 이미
앞에서 살펴본 바 있다. 폐기는 법률안을 본회의에 부의하지 아니하기
로 결정하는 것이다. 그런데 위원회에서 법률안을 본회의에 부의하지
아니하기로 한 결정이 본회의에 보고된 날로부터 폐회 또는 휴회 중의
기간을 제외한 7일 이내에 의원 30명 이상의 요구가 있을 때에는 그
법률안을 본회의에 부의해야 한다(「국회법」 제87조 제1항 단서).

　위원회에서 부결된 후 본회의에 부의되어 표결한 최근 사례는 제18
대 국회에서 심의된 「신행정수도 후속대책을 위한 연기·공주지역 행
정중심복합도시 건설을 위한 특별법 전부개정법률안」(2010년 3월 23일
정부 제출)이다. 이 개정안은 2010년 6월 22일 국토해양위원회에서 부
결되었으나 2010년 6월 29일 임동규 의원 등 66인이 본회의에 부의 요
구하고 본회의에서 표결해 부결된 바 있다.

　우리가 살펴보고 있는 「국가공무원법 일부개정법률안」은 소위원회

의 심사가 끝난 후 2015년 11월 27일 제337회국회(정기회) 제6차 안전행정위원회에 다른 217건의 법률안들과 함께 상정되었다. 소위원장의 심사보고는 〈예시 3-11〉과 같이 이루어졌다. 이 법률안의 심사보고에 대한 위원들의 질의·토론은 없었다. 축조심사와 찬반토론은 생략되었고, 표결은 이의에 대한 유무를 물어 이의가 없는 것으로 인정해 법안심사소위원회에서 수정한 대로 수정의결을 선포했다(〈예시 3-12〉 참조).

4) 위원회 심사와 관련된 그 밖의 사항

이제까지 위원회에서 법률안을 심사하는 데 필요한 전형적이고 필수적인 절차들에 대해 살펴보았다. 다음에서는 위원회 심사와 관련된 그 밖의 절차들에 대해 알아본다. 첫째는 연석회의이다. 소관 위원회는 다른 위원회와 협의해 연석회의를 열고 의견을 교환할 수 있지만, 표결은 할 수 없다(「국회법」 제63조 제1항). 연석회의는 해당 안건의 소관 위원회의 회의로 한다(「국회법」 제63조 제3항). 세입예산안과 관련 있는 법안을 회부받은 위원회는 예산결산특별위원회 위원장의 요청이 있을 때에는 연석회의를 열어야 한다(「국회법」 제63조 제4항). 제11대 국회부터 제19대 국회까지 모두 19차례의 연석회의가 개최되었다(국회사무처, 2016b: 808~809).

둘째, 위원회(소위원회를 포함한다)는 중요한 안건 또는 전문지식을 요하는 안건을 심사하기 위해 그 의결 또는 재적위원 3분의 1 이상의 요구로 공청회를 열고 이해관계자 또는 학식·경험이 있는 자 등으로부터 의견을 들을 수 있다(「국회법」 제64조 제1항 본문). 공청회에서 진술하는 진술인의 선정과 진술인 및 위원의 발언시간은 위원회에서 정하며, 진술인의 발언은 그 의견을 들고자 하는 안건의 범위를 넘어서는 안 된다

(「국회법」 제64조 제3항). 위원회가 주관하는 공청회는 그 위원회의 회의로 한다(「국회법」 제64조 제4항). 공청회는 법안심사에 관한 일반 국민의 관심을 높이고 이해관계자 또는 학식·경험이 있는 자로부터 전문적인 의견을 청취해 안건을 심도 있게 심사할 수 있도록 하며, 다양한 이해관계를 조정하는 데 그 의의가 있다(국회사무처, 2016a: 296).

셋째, 위원회(소위원회를 포함한다)는 중요한 안건의 심사와 국정감사 및 국정조사에 필요한 경우 증인·감정인·참고인으로부터 증언·진술을 청취하고 증거를 채택하기 위해 그 의결로 청문회를 열 수 있다(「국회법」 제65조 제1항). 법률안의 심사를 위한 청문회의 경우 재적위원 3분의 1 이상의 요구로 개회할 수 있다(「국회법」 제65조 제2항). 공청회가 전문가나 이해관계인의 의견 청취를 주목적으로 한다면, 청문회는 증인 등으로부터 쟁점인 사실관계에 관한 증언과 진술을 청취하는 것을 주목적으로 한다(임종훈, 2012: 200).

위원회는 제정법률안 및 전부개정법률안에 대해서는 공청회 또는 청문회를 개최해야 하지만, 위원회의 의결로 이를 생략할 수 있다(「국회법」 제58조 제6항). 실제 법률안의 심사 과정에서 이해관계자 또는 전문가의 의견을 듣거나 정보·자료를 수집하기 위한 절차로 청문회보다는 공청회가 더 많이 개최되고 있다. 청문회는 법률안 심사 과정에서 자료를 수집하는 목적보다는 특정 현안에 대한 국정조사 또는 국정감사 과정에서 자료를 수집하거나 증언을 청취하는 목적으로 많이 활용되고 있다. 공청회는 제16대 국회 이후 폭발적으로 개최 횟수가 늘어나고 있다(〈표 3-5〉 참조). 제13대 국회부터 제19대 국회까지 법률안 심사를 위한 공청회는 모두 730건의 법률안에 대해 630회가 개최되었다. 이에 반해 입법청문회는 제19대 국회 들어 개인정보 유출 및 피해 확산

표 3-5 **법률안 심사를 위한 공청회와 입법청문회 개최 현황**

	제13대	제14대	제15대	제16대	제17대	제18대	제19대	계
공청회	10	10	33	107	216	128	126	630
청문회	-	-	-	-	-	-	2	2

자료: 국회사무처(2016b: 696, 753~769).

방지를 위한 목적으로 2회만 개최되었다. 〈예시 3-13〉과 〈예시 3-14〉에는 각각 공청회와 입법청문회의 실제 공고문이 예시되어 있다.

넷째, 법률안의 철회 또는 수정이다. 의원은 자신이 발의한 법률안을 철회할 수 있는데, 2명 이상의 의원이 공동으로 발의한 법률안에 대해서는 발의의원 2분의 1 이상이 철회의 의사를 표시하는 때에 철회할 수 있다. 하지만 의원이 본회의 또는 위원회에서 의제가 된 법률안을 철회할 때에는 본회의 또는 위원회의 동의를 얻어야 한다. 정부 제출 법률안을 수정 또는 철회할 때에도 본회의 또는 위원회의 의제가 되기 전에는 정부의 청구만으로 수정 또는 철회가 가능하지만 의제가 된 후에는 본회의 또는 위원회의 동의를 얻어야 한다(국회사무처, 2016a: 438~439; 「국회법」 제90조 제3항). 철회된 의안을 같은 회기에 다시 제출하는 것은 일사부재의의 원칙에 저촉되지 않는다(국회사무처, 2016a: 439). 제13대 국회 이후 법률안의 철회 현황은 〈표 3-6〉과 같다.

마지막으로, 「국회법」은 이미 가결된 법률안에 대해 그 의결을 무효로 하고 전과 다른 내용으로 번복해 다시 의결하는 번안 제도를 두고 있는데 이는 의결 후에 사정 변경 또는 의사결정의 명백한 착오가 인정되는 경우 이를 다시 심의해 시정할 수 있도록 하기 위한 취지이다(국회사무처, 2016a: 440). 위원회에서의 번안 동의(動議)는(위원회가 가결한 법률안을 번복해 다시 의결하는 경우) 위원이 그 안을 갖춘 서면으

공 고

「국회법」제64조의 규정에 따라 『정부조직법 일부개정
법률안』에 대한 공청회를 아래와 같이 공고합니다.

1. 공청회명 : 『정부조직법 일부개정법률안』
2. 일 　 시 : 2017. 7. 11(화) 10:00
3. 장 　 소 : 국회 안전행정위원회 회의실 (본관 445호)
4. 진 술 인

▶ ○○○(○○대학교 ○○학과 교수)
▶ ○○○(○○대학교 ○○학과 교수)
▶ ○○○(○○대학교 ○○학과 교수)
▶ ○○○(○○대학교 ○○학과 교수)
▶ ○○○(○○대학교 ○○학과 교수)
▶ ○○○(○○대학교 ○○학과 교수)

2017. 7. 5.

국회 안전행정위원장 ○ ○ ○

[붙임 2]

공 고

국회법 제65조제3항의 규정에 따라 다음과 같이 청문회를 개회함을 공고합니다.

o 안 　건 : 개인정보유출 재발방지를 위한 입법청문회

o 일 　시 : 2014년 2월 19일(수) 오후 2시

o 장 　소 : 국회 안전행정위원회 전체회의장(본청 제445호실)

2014년 2월 7일

국회안전행정위원장 ○ ○ ○

- 4 -

표 3-6 **법률안 철회 현황**

	제13대	제14대	제15대	제16대	제17대	제18대	제19대	계
발의·제출	938	902	1,951	2,507	7,489	13,913	17,822	45,522
철회	49 (5.2%)	18 (2.0%)	47 (2.4%)	41 (1.6%)	89 (1.2%)	508 (3.7%)	172 (1.0%)	924 (2.0%)

자료: 국회 의안정보시스템 〉 처리의안통계.

로 제출하되 재적위원 과반수의 출석과 출석위원 3분의 2 이상의 찬성으로 의결한다(「국회법」 제91조 제2항 본문). 본회의에 의제가 된 후에는 위원회에서 번안할 수 없다(「국회법」 제91조 제2항 단서). 본회의에서의 번안 동의는 의안을 발의한 의원이 그 의안을 발의할 때의 발의의원 및 찬성의원 3분의 2 이상의 동의로, 정부 또는 위원회가 제출한 의안은 소관 위원회의 의결로 각각 그 안을 갖춘 서면으로 제출하되, 재적의원 과반수의 출석과 출석의원 3분의 2 이상의 찬성으로 의결한다(「국회법」 제91조 제1항 본문). 그러나 의안이 정부에 이송된 후에는 본회의에서도 번안할 수 없다(「국회법」 제91조 제1항 단서).

4. 법제사법위원회 체계·자구 심사

위원회에서 법률안의 심사를 마치거나 입안한 때에는 법제사법위원회에 회부해 체계와 자구에 대한 심사를 거쳐야 한다(「국회법」 제86조 제1항 전단). 체계·자구 심사는 국회에서 제정하거나 개정하는 법률이 국가의 최고 법규범인 헌법에 위배되는지 여부를 심사해 위헌 가능성을 차단하고, 법률 상호간의 충돌이나 모순을 시정해 법체계상 조화를 도모할 뿐만 아니라, 법률안의 조문 구성이나 배열 등 법 형식의 통일을 유지하며 불명확하거나 잘못 표기된 자구를 수정·보완하는 것을 목적으로 한다(임종훈, 2012: 209). 여기서 체계의 심사란 법률안 내용의 위헌 여부, 관련 법률과의 저촉 여부, 균형 유지 여부, 자체 조항 간의 모순 유무 등을 심사하는 동시에 법률 형식을 정비하는 것이며, 자구 심사란 용어의 적합성과 각 법률 사이에 용어의 통일성 등을 심사해 법률 용어를 정비하는 것이다(국회사무처, 2016a: 422).

체계·자구 심사를 위해 법제사법위원회에 회부된 법률안은 긴급하고 불가피한 사유로 위원회의 의결이 있는 경우를 제외하고는 5일의 기간이 경과하지 아니한 때에는 이를 상정할 수 없다(「국회법」제59조). 법제사법위원회의 체계·자구 심사는 원칙적으로는 위원회에서의 법률안 심사절차와 큰 차이가 없다. 따라서 제안자의 취지 설명과 전문위원의 검토보고를 듣고 대체토론과 축조심사 및 찬반토론을 거쳐 표결한다. 법제사법위원회의 체계·자구심사에서는 위원회 심사와 달리 제정법률안과 전부개정법률안에 대한 축조심사를 생략할 수 있다(「국회법」제58조 제9항).

최근에는 한 번의 회의에 상정되는 법률안의 수가 많기 때문에 보통 법률안을 심사한 소관 위원회 단위로 법률안을 묶어서 일괄해서 상정해 제안설명, 검토보고, 대체토론 및 찬반토론을 진행한다. 실제 제안설명에서는 의원 발의 법률안이나 위원회 제출 법률안의 경우는 서면으로 제안설명을 대체할 때가 많으며, 전문위원의 검토보고는 법률안의 정책 내용을 심사하기보다는 법률적 체계와 자구를 검토하는 데 초점을 둔다. 우리가 살펴보고 있는 「국가공무원법 일부개정법률안」은 2015년 12월 8일 제337회국회(정기회) 제10차 법제사법위원회에 의사일정 제61항으로 다른 247건의 법률안과 함께 상정되었다. 이 법률안

예시 3-15 **법제사법위원회 체계·자구 심사 사례**

○**위원장** ○○○   61항 정부 제출 국가공무원법 일부개정법률안, (중간 생략) 63항
정부 제출 공직자윤리법 일부개정법률안, 이상 3건의 법률안을 일괄 상정합니다.
처장께서 세 가지 제안설명해 주시기 바랍니다.

○**인사혁신처장** ○○○   존경하는 ○○○ 위원장님, 그리고 위원님 여러분!
(중간 생략)

공직자윤리법 일부개정법률안은 금융 및 부동산 정보의 미제공으로 발생하는 착오
신고를 방지하고 불편 및 비용을 줄이기 위해 최초 및 수시재산 신고자에게도 관련
정보를 제공하는 한편, 공직자가 직무관련성 있는 주식을 백지신탁했음에도 불구하
고 발생할 수 있는 이해 충돌을 방지하기 위해 해당 주식의 처분 완료 시까지 관련된
직무에 관여할 수 없도록 하는 등의 내용입니다.
(중간 생략)

심사 의결해 주시기 바랍니다.

감사합니다.

○**위원장** ○○○   수고하셨습니다.

수석전문위원 검토보고해 주십시오.

○**수석전문위원** ○○○   수석전문위원입니다.
(중간 생략)

의사일정 제63항 공직자윤리법 일부개정법률안은 백지신탁한 주식이 처분되기 전
의 기간 또는 주식보유를 위하여 직위 변경을 신청한 상태에 있는 기간 동안 그 주식
과 관련하여 그 직무에 관여할 수 없도록 하는 등의 내용으로 안 제14조의8 제2항
제2호는 신탁재산의 가액이 대통령령으로 정하는 금액 이하가 되면 그 사실을 관할
공직자윤리위원회에 통보하도록 규정하고 있으나 이는 포괄위임의 소지가 있으므
로 그 범위를 명시하도록 하는 수정의견을 마련하였습니다.
(중간 생략)

이상으로 보고를 마치겠습니다.

○**위원장** ○○○   수고하셨습니다.

대체토론의 순서입니다.

질의하시거나 토론할 위원님들 계신가요?

("없습니다" 하는 위원 있음)

없으십니까?

("예" 하는 위원 있음)

○○○ 인사혁신처장께서 출석하고 계시고요.

그러면 질의를 종결하고 의결토록 하겠습니다.

(중간 생략)

의사일정 제63항 법률안은 전문위원이 수정한 부분은 수정한 대로, 기타 부분은 원안대로 의결하고자 합니다.

이의 없으시지요?

("예" 하는 위원 있음)

그와 같이 가결되었음을 선포합니다.

자료: 제337회국회(정기회) 법제사법위원회회의록 제10호, 18~19쪽.

은 인사혁신처 소관인 다른 2개의 법률안과 같이 심사되었고, 인사혁신처장의 제안설명과 수석전문위원의 검토보고 후 위원들 간의 특별한 토론 없이 원안의결되었다. 그러나 같이 상정된 정부 제출의 「공직자윤리법 일부개정법률안」에 대해서는 법제사법위원회 수석전문위원이 포괄위임의 소지가 있는 내용을 수정해야 한다는 내용의 검토의견을 보고했고, 이를 법제사법위원회에서 받아들여 수정의결했다(〈예시 3-15〉 참조).

체계·자구심사 제도는 제2대 국회에서 도입되었는데 크게 두 가지의 비판이 제기되고 있다. 첫째, '체계·자구심사'의 범위가 모호해 법사위가 법률안의 정책적 내용을 수정하는 경우가 있는데, 이로 인해 법사위와 법률안의 소관 상임위원회가 법률안 심사 과정에서 서로 충돌할

표 3-7 **법사위와 상임위 또는 관련 단체 간 충돌 사례**

구분	내용
「사립학교법」 일부개정법률안	• 교비회계 예산의 편성 및 결산을 등록금심사위원회의 심사·의결을 거치 도록 체계·자구 수정 • 일부 사학법인이 대학 기본권을 침해당했다며 헌법소원 청구
「유해화학물질 관리법」 일부개정법률안	• 유해물질 배출 기업에 대한 규제를 환경노동위원회의 안보다 대폭 완화 • 환경노동위원회 반발
「국민건강증진법」 일부개정법률안	• 담뱃갑에 경고 그림을 의무적으로 도입하는 내용이 위헌 소지가 있다는 이유로 법시위 소위 회부 • 보건복지위원회 반발

여지가 있다는 것이다. 원칙적으로 법제사법위원회는 다른 위원회에서 회부된 법률안의 실질적·정책적 내용은 심사할 수 없다. 다만, 헌법에 위반되는 내용 등 법체계에 반하는 법률안의 내용은 그것이 실질적·정책적 내용이라 하더라도 심사범위에 포함된다고 볼 수 있다. 그런데 법률의 내용·체계·형식·자구는 서로 밀접하게 관련되어 있으므로 체계·자구심사 범위를 명확하게 규정하기 쉽지 않다. 그래서 〈표 3-7〉에서 나타나는 바와 같이 실제로는 법사위가 법률의 정책적 내용을 수정해 상임위 또는 관련 단체와 충돌하는 경우가 간혹 발생하고 있다.

둘째, 법사위의 체계·자구 심사가 법안의 문지기(gatekeeper) 역할을 하고 있다 보니 정당 간에 정치적으로 갈등이 있는 상황이거나 체계·자구 심사의 대상인 법률안이 쟁점 법률안인 경우에는 법사위의 체계·자구 심사가 지연되어 입법이 늦어지는 원인이 되고 있다. 법률안의 실질적인 내용에 큰 문제가 없음에도 불구하고 상대 정당에서 절실하게 통과를 원하는 법안이라는 사실을 알기 때문에 정치적인 이유로 법사위 체계·자구 심사에 묶어두는 것이다. 이러면 반대 정당에

표 3-8 **헌법재판소 위헌법률 결정 현황(2018년 7월 말까지)**

	위헌성 결정	합헌	각하	취하 등	계
위헌법률	377	339	72	123	911
헌법소원	358	2,160	3,814	121	6,453
계	735	2,499	3,886	244	7,364

자료: 헌법재판소 홈페이지(2018년 8월 28일 검색).

표 3-9 **헌법재판소 위헌성 결정 세부 현황(2018년 7월 말까지)**

	위헌	헌법불합치	한정위헌	한정합헌	계
위헌법률	276	76	18	7	377
헌법소원	204	101	32	21	358
계	480	177	50	28	735

자료: 헌법재판소 홈페이지(2018년 8월 28일 검색).

서는 나중에 있을 협상에 대비해 상대 정당이 중점적으로 챙기는 다른 법안을 적당한 이유를 붙여 법사위 체계·지구 심사 단계에 잡아두고 싶은 유혹을 느끼게 된다.

참고로, 법사위에서 심도 있게 체계·자구심사를 거치고 있음에도 불구하고 국회에서 통과된 법률에 위헌성이 있다고 결정되는 경우도 발생하고 있다. 2018년 7월 현재 헌법재판소의 사건통계(법원이 위헌법률제청신청을 받아들인 경우와 위헌법률제청신청이 기각되어 당사자가 헌법재판소에 헌법소원을 청구한 경우)를 살펴보면 법률에 대해 위헌성 결정[9]이 내려진 건수가 735건에 이르고 있다. 특히 법원을 거쳐 헌법재

---

9 헌법재판소에 따르면 '위헌성 결정'이란 '위헌, 헌법불합치, 한정위헌, 인용'으로 결정된 사건으로 헌법재판청구가 받아들여진 경우를 의미한다.

판소에 제기되는 위헌법률심판의 경우 처리된 911건의 약 41.4%인 377건이 위헌성 결정을 받았다(〈표 3-8〉 및 〈표 3-9〉 참조).

5. 전원위원회 심사

국회는 위원회의 심사를 거치거나 위원회가 제안한 의안 중 정부조 직에 관한 법률안, 조세 또는 국민에게 부담을 주는 법률안 등 주요 의 안의 경우에 그 심사를 위해 의원 전원으로 구성되는 전원위원회를 개 회할 수 있다(「국회법」 제63조의2 제1항 본문). 전원위원회 제도를 도입 한 이유는 우리 국회가 위원회 중심주의로 운영되다 보니 ① 본회의에 서의 법률안 심의절차가 형식적으로 이루어지는 경향이 있고, ② 법률 안의 심사가 소관 위원회와 관련이 있는 이익집단이나 부처의 영향을 강하게 받을 수 있으며, ③ 소관 위원회 소속이 아닌 위원들의 법률안 심사에 대한 참여가 제한된다는 문제점을 해결하기 위한 것이다(임종 훈, 2012: 214~215).

전원위원회는 심사의 대상이 되는 의안의 본회의 상정 전이나 상정 후에 재적의원 4분의 1 이상의 요구가 있는 때에 개회할 수 있지만, 의장은 주요 의안의 심의 등 필요하다고 인정하는 경우 각 교섭단체 대표의원의 동의를 얻어 전원위원회를 개회하지 아니할 수 있다(「국 회법」 제63조의2 제1항). 전원위원회에 위원장 1명을 두는데 이는 의장 이 지명하는 부의장으로 한다(「국회법」 제63조의2 제3항). 전원위원회 는 의장이 전원위원장을 지명한 때에 구성된 것으로 본다(「전원위원회 운영에 관한 규칙」 제3조). 전원위원회에 각 교섭단체별로 간사 1인을 두며, 국회운영위원회의 간사가 전원위원회의 간사가 되지만, 국회운

표 3-10 **전원위원회 개회 현황**

	개회일	안건	심사결과
제헌	1948. 9. 16. 1948. 9. 17.	대한민국정부와미국정부간의재정과재산에관한 최초협정동의안	원안 가결
	1949. 4. 28. 1949. 4. 29.	1949년도세입세출예산안	수정의결
제2대	1951. 11. 29.	1951년도내무부소관제3회추가경정예산안	수정의결
	1952. 4. 8. 1952. 4.	1952년도예산안	수정의결
	1952. 7. 3. 1952. 7. 4.	헌법개정안	수정의결
	1953. 6. 13.	휴전대책에관한건	-
제16대	2003. 3. 28. 2003. 3. 29.	국군부대의이라크전쟁파견동의안	-
제17대	2004. 12. 9.	국군부대의이라크파견연장동의안	-

자료: 국회사무처(2016b: 947).

영위원회의 간사가 사고로 직무를 수행할 수 없는 때에는 전원위원장이 교섭단체 대표의원으로부터 그 교섭단체 소속의 국회운영위원회의 위원 중에서 추천받아 지명한다(「전원위원회 운영에 관한 규칙」제4조 제1항). 전원위원장이 사고가 있을 때에는 전원위원장이 지정하는 간사가 전원위원장의 직무를 대리한다(「전원위원회 운영에 관한 규칙」제4조 제2항).

전원위원회는 심사하는 의안에 대한 수정안을 제출할 수 있다(「국회법」제63조의2 제2항 전단). 전원위원회는 재적위원 5분의 1 이상의 출석으로 개회하고(의사정족수), 재적위원 4분의 1 이상의 출석과 출석위원 과반수의 찬성으로 의결한다(의결정족수)(「국회법」제63조의2 제4항). 전원위원회의 표결방법에 대한 명시적인 규정은 없지만, 의원 전원으로 구성되고 회의가 본회의장에서 진행된다는 점에서 본회의의 표결방법을 준용해 전자투표가 원칙이라 할 수 있다(국회사무처, 2016a: 295). 전원위원회는 본회의의 예비적 회의체로서 본회의나 위원회와는 구별되는 제3의 회의체라 할 수 있다(국회사무처, 2016a: 291~292).

우리 국회는 전원위원회 제도를 「국회법」 제정(1948. 10. 2) 당시부터 도입했고 제헌국회에서 2회, 제2대 국회에서 4회의 전원위원회 회의를 열었다. 이후 1960년 9월 26일 「국회법」 개정으로 관련 규정이 삭제되었다가 제15대 국회 말인 2000년 2월 16일 다시 도입되었다. 제16대 국회와 제17대 국회에서는 국군부대의 이라크 전쟁 파견 동의안과 파견 연장 동의안을 심의하기 위해 각각 1회의 전원위원회가 열렸으나 제18대 국회 이후에는 열린 적이 없다(〈표 3-10〉 참조).

6. 본회의 심의

1) 심사보고, 질의·토론, 표결

위원회가 안건의 심사를 마친 때에는 심사경과와 결과, 그 밖의 필요한 사항을 서면으로 의장에게 보고해야 한다(「국회법」 제66조 제1항). 법률안의 경우 실제로는 법제사법위원회의 체계·자구 심사가 끝난 후에 심사보고서가 작성되어 제출된다. 의장은 보고서가 제출된 때에는 본회의에서 의제가 되기 전에 인쇄하거나 전산망에 입력하는 방법으로 의원에게 배부한다(「국회법」 제66조 제4항 본문). 의장은 의안에 대한 위원회의 심사가 끝나면 이를 본회의에 부의한다(「국회법」 제81조 제1항 본문). 하지만 의장이 특별한 사유로 각 교섭단체 대표의원과의 협의를 거쳐 따로 정한 경우를 제외하고는 위원회가 법률안에 대한 심사를 마치고 의장에게 그 보고서를 제출한 후 1일을 경과하지 아니한 때에는 이를 의사일정으로 상정할 수 없다(「국회법」 제93조의2). 이는 위원회에서의 상정기간 제한(15~20일), 법사위에서의 상정기간 제한(5일)과 같이 본회의에서도 일종의 숙려기간을 두기 위해서이다. 본회의는 안건을 심의함에 있어 그 안건을 심사한 위원장의 심사보고를 듣고 질의·토론을 거쳐 표결한다(「국회법」 제93조 본문). 하지만 위원회의 심사를 거친 안건에 대해서는 표결로 질의나 토론을 하거나 그중의 하나를 생략할 수 있다(「국회법」 제93조 단서).

위원장은 위원회의 심사경과 및 결과와 소수의견 및 관련 위원회의 의견 등 필요한 사항을 본회의에 보고한다(「국회법」 제67조 제1항). 위원장은 다른 위원으로 하여금 심사보고를 하게 할 수 있는데(「국회법」 제67조 제2항), 실제로는 거의 대부분 위원장이 아닌 다른 위원(주로 간사 중 한 명)이 심사보고를 한다. 심사보고자는 심사보고를 할 때에 자기의 의견을 덧붙일 수 없다(「국회법」 제67조 제4항). 일반적으로는 같은 위원회에서 심사한 여러 개의 법률안을 일괄해서 상정하고, 위원장의 심사보고도 일괄해 실시하며, 위원회에서 제출한 대안이 의제가 된 때에는 이에 대한 제안설명을 하면서 원안에 대한 심사 과정도 동시에 설명한다.

질의는 의원이 심사보고자나 제안설명자를 상대로 법률안의 내용과 관련해 궁금한 점을 물어보거나 자기의 견해를 피력하고 그에 대한 답변을 듣는 과정이다(임종훈, 2012: 225). 하지만 본회의의 법률안 심의에서는 질의가 거의 활용되지 않는다. 토론은 법률안에 대한 표결 전에 법률안에 대해 특별히 찬성 또는 반대토론을 희망하는 의원이 있을 때에 하게 되는데, 대부분의 법률안은 여야 합의로 통과되기 때문에 본회의에서 토론이 신청되는 경우는 거의 없다. 그러나 간혹 개별

표 3-11 **표결방법 및 요건**

요건	표결방법
중요한 안건으로서 의장의 제의 또는 의원의 동의(動議)로 본회의의 의결이 있거나 재적의원 5분의 1 이상의 요구가 있을 때	기명투표·호명투표 또는 무기명투표
헌법개정안	기명투표
- 대통령으로부터 환부된 법률안 - 그 밖의 인사에 관한 안건 - 국회에서 실시하는 각종 선거 - 국무총리 또는 국무위원의 해임건의안	무기명투표

- 기명투표: 투표용지에 안건에 대한 가·부의 의사표시와 함께 의원의 성명을 기재
- 호명투표: 표결하고자 하는 안건에 대해 의장이 각 의원의 성명을 호명하면 호명된 의원이 찬성과 반대의 의사를 구두로 표시
- 무기명투표: 안건에 대한 가·부를 기재하거나 선출하고자 하는 사람의 성명을 기재하고 투표하는 의원의 성명은 기재하지 아니함

자료: 「국회법」 제112조 제2항부터 제7항까지; 국회사무처(2016a: 527~528).

의원이 반대토론을 하는 경우가 있고 실제로 본회의에서 법률안이 부결되는 경우도 발생한다.[10]

표결은 안건에 대한 회의체의 의사를 결정하는 것인데, 본회의에서는 의장의 표결 선포에 따라 출석의원이 의제에 대해 찬성과 반대의 의사를 일정한 표결방법으로 표명한 후 그 수를 집계한다(국회사무처, 2016a: 512). 표결할 때에는 전자투표에 의한 기록투표로 가부를 결정하는데, 투표기기의 고장 등 특별한 사정이 있을 때에는 기립표결로 가부를 결정할 수 있다(「국회법」 제112조 제1항). 기립표결은 안건에 대해 찬성하는 의원들과 반대하는 의원들을 각각 일어서게 하여 찬성 또는 반대의 수를 계산해 가부의 결과를 선포하는 것이다(국회사무처,

---

10 제13대 국회부터 제15대 국회까지는 본회의 부결 사례가 없으나 제16대 5건, 제17대 6건, 제18대 7건, 제19대 3건의 법률안이 본회의에서 부결되었다.

2016a: 527). 또한 의장은 안건에 대해 의의가 있는지 물어서 이의가 없다고 인정할 때에는 가결되었음을 선포할 수 있다(「국회법」 제112조 제3항 본문). 그 밖의 표결방법과 그 실시 요건은 〈표 3-11〉과 같다. 표결이 끝났을 때에는 의장은 그 결과를 의장석에서 선포한다(「국회법」 제113조).

우리가 살펴보고 있는 「국가공무원법 일부개정법률안」은 2015년 12월 9일 제337회국회(정기회) 제15차 본회의에 의사일정 제26항으로 다른 116건의 안건과 함께 심의되었다. 이 법률안은 안전행정위원회에서 심사한 다른 7건의 법률안과 함께 상정되었다. 안전행정위원회의 법안심사소위원장이 위원회의 위원장을 대리해 심사보고했고, 질의와 토론은 생략되었으며, 전자투표로 재석 213인 중 찬성 213인으로 안전행정위원회의 수정안대로 가결되었다(〈예시 3-16〉 참조).

2) 심사 기간 지정

소관 위원회의 심사나 법제사법위원회의 체계·자구 심사가 지체될 경우에는 법률안 심사의 효율성을 위해 바로 본회의에서 법률안을 심의해야 할 필요가 있다. 이를 위해 1973년 제9대 국회에서 심사 기간의 지정 제도가 도입되었다. 통상 언론 등에서는 이를 의장의 '직권상정' 제도라고 표현해 왔다. 이에 따르면 국회의장이 위원회나 법제사법위원회에 의안 또는 법률안의 심사 기간을 지정하고(1988년 6월 15일 「국회법」 개정 이후에는 교섭단체 대표의원과의 협의가 필요함), 위원회가 이유 없이 그 기간 안에 심사를 마치지 아니하는 때에는 법률안을 다른 위원회에 회부하거나 바로 본회의에 부의할 수 있도록 했다.

이 제도가 처음 도입된 뒤 제19대 국회까지 국회의장이 심사 기간을

○**부의장** ○○○   의사일정 제25항 공무원 교육훈련법 일부개정법률안, 의사일정 제26항 국가공무원법 일부개정법률안, (중간 생략), 의사일정 제32항 지방재정법 일부개정법률안(대안), 이상 8건을 일괄하여 상정합니다. 안전행정위원회의 ○○○ 의원 나오셔서 8건에 대하여 심사보고와 제안설명해 주시기 바랍니다.

○**안전행정위원장대리** ○○○   존경하는 ○○○ 부의장님, 그리고 선배·동료 의원 여러분!

(중간 생략)

우리 안전행정위원회에서 공무원 교육훈련법 일부개정법률안 등 8건의 법률안에 대해서 열띤 토론 속에 심도 있게 논의하였습니다.

(중간 생략)

감사합니다.

○**부의장** ○○○   그러면 먼저 공무원 교육훈련법 일부개정법률안을 의결하도록 하겠습니다.

(중간 생략)

다음은 국가공무원법 일부개정법률안을 의결하도록 하겠습니다.

투표해 주시기 바랍니다.

(전자투표)

투표를 다 하셨습니까? 그러면 투표를 마치겠습니다.

투표 결과를 말씀드리겠습니다.

재석 213인 중 찬성 213인으로서 국가공무원법 일부개정법률안은 안전행정위원회의 수정안대로 가결되었음을 선포합니다.

(이하 생략)

자료: 제337회국회(정기회) 국회본회의의록 제15호, 15~16쪽.

지정했으나 심사 기간 내에 심사가 끝나지 않아 의장이 안건을 바로 본회의에 상정한 현황은 〈표 3-12〉와 같다. 제17대 국회에서는 개방

표 3-12 **심사 기간 지정 및 본회의 직접 상정 현황**

	제12대	제13대	제14대	제15대	제16대	제17대	제18대	제19대
상임위	13 / 2	4 / 4	0 / 0	19 / 16	2 / 2	20 / 19	39 / 28	3 / 3
법사위	19 / 19	38 / 38	21 / 21	72 / 71	4 / 2	9 / 8	60 / 55	4 / 4

주: 사선 앞은 심사 기간이 지정된 안건의 수, 사선 뒤는 지정된 심사 기간이 만료된 후 본회의에 직접 상정
된 안건의 수를 뜻한다.
자료: 국회사무처(2016b: 810~851).

형 이사제 도입을 주요 내용으로 한 「사립학교법」을 당시 여당이 직권
상정한 후 강행 통과시킨 데 대해 야당이 크게 반발, 국회가 파행을 겪
기도 했다. 제18대 국회 전반기에는 소득세법 및 법인세 개정안, 주택
공사와 토지공사의 통합법안, 미디어 관련 법안 등을 국회의장이 본회
의에 직접 상정했다. 이때마다 정국이 경색되었고, 여야 관계는 급격
하게 냉랭해졌다. 특히 2009년 7월 22일 직권상정으로 처리한 이른바
미디어법은 헌법재판소의 권한쟁의심판까지 청구될 정도로 많은 갈
등을 빚었다(헌법재판소는 재판관들 사이에 팽팽하게 의견이 갈린 가운데
야당 의원들의 법안 심의권과 표결권이 침해되었음을 인정하면서도 법률에
대한 무효확인청구는 기각함). 제18대 후반기 역시 예산 부수 법안 등을
이런 방식으로 처리해서 야당의 큰 반발을 불러왔다.

하지만 2012년 5월 30일 개정된 「국회법」(이른바 국회선진화법)으로
이제 의장은 ① 천재지변의 경우, ② 전시·사변 또는 이에 준하는 국
가비상사태의 경우, ③ 의장이 각 교섭단체 대표의원과 합의하는 경우
중 어느 하나에 해당하는 경우에만 위원회에 회부하는 안건 또는 회부
된 안건에 대해 심사 기간을 지정할 수 있게 되었다(「국회법」 제85조 제
1항 본문). 이 경우 ① 또는 ②에 해당하는 때에는 의장이 각 교섭단체
대표의원과 협의해 해당 사항과 관련된 안건에 대해서만 심사 기간을

지정할 수 있다(「국회법」 제85조 제1항 단서). 이는 법제사법위원회의 체계·자구 심사에 대해서도 마찬가지이다(「국회법」 제86조 제2항). 심사 기간을 지정한 경우 위원회가 이유 없이 그 기간 안에 심사를 마치지 아니한 때에는 의장은 중간보고를 들은 후 다른 위원회에 회부하거나 바로 본회의에 부의할 수 있다(「국회법」 제85조 제2항).

한편 국회선진화법에서는 법사위 체계·자구 심사가 지연되는 것을 방지할 수 있는 절차를 신설했는데, 그 내용은 다음과 같다. 법제사법위원회의 체계·자구 심사에 있어 법제사법위원회가 이유 없이 회부된 날부터 120일 안에 심사를 마치지 아니한 때에는 심사 대상 법률안의 소관 위원회 위원장은 간사와 협의해 이의가 없는 경우 의장에게 해당 법률안의 본회의 부의를 서면으로 요구한다(「국회법」 제86조 제3항 본문).

이의가 있는 경우에는 해당 법률안에 대한 본회의 부의 요구 여부를 무기명투표로 표결하되 해당 위원회의 재적위원 5분의 3 이상의 찬성으로 의결한다(「국회법」 제86조 제3항 단서). 의장은 소관 위원회 위원장의 본회의 부의 요구가 있는 때에는 해당 법률안을 각 교섭단체 대표의원과 합의해 바로 본회의에 부의한다(「국회법」 제86조 제4항 본문). 다만, 본회의 부의 요구가 있은 날부터 30일 이내에 합의가 이루어지지 아니한 때에는 그 기간이 경과한 후에 처음으로 개의되는 본회의에서 해당 법률안에 대한 본회의 부의 여부를 무기명투표로 표결한다(「국회법」 제86조 제4항 단서).

3) 안건 신속처리 및 예산안 등 본회의 자동부의

국회선진화법에서는 심사 기간의 지정 요건을 강화하는 한편, 이로 인해 법률안의 처리가 지연되는 것을 막기 위해 안건 신속처리 제도(일명 패스트 트랙)를 도입했다. 위원회에 회부된 안건에 대해서 의원은 재적의원 과반수가 서명한 신속처리안건지정동의(動議)를 의장에게, 해당 안건의 소관 위원회에 소속된 위원은 소관 위원회의 재적위원 과반수가 서명한 신속처리안건지정동의를 소관 위원회의 위원장에게 제출하고, 의장 또는 위원장은 지체 없이 이를 무기명투표로 표결하되 재적의원 5분의 3 이상 또는 안건의 소관 위원회 재적위원 5분의 3 이상이 찬성하면 해당 안건은 신속처리대상 안건으로 지정된다(「국회법」 제85조의2 제1항 및 제2항). 신속처리대상 안건 지정을 위한 의결은 가중다수결로 규정되어 지정요건이 까다로운 편이다. 이로 인해 제19대 국회까지 신속처리대상 안건으로 지정되어 실제로 처리된 법안은, 2016년 12월 26일 신속처리대상 안건으로 지정되어 2017년 11월 24일 본회의에서 수정의결된 「사회적 참사의 진상규명 및 안전사회 건설 등을 위한 특별법안」(일명 사회적 참사법) 단 1건에 불과했다. 제20대 국회에서는 2018년에 한 번,[11] 2019년에 두 번[12] 등 총 세 번의 신속처리대상 안건 지정이 있었다.

신속처리대상 안건은 소관 위원회에서는 180일 이내, 법사위에서는

---

11 2018년 12월 27일 국회 교육위원회는 사립 유치원 비리 근절을 위한 '유치원 3법'(「사립학교법」, 「유아교육법」, 「학교급식법」)에 대한 신속처리안건 지정동의를 전체회의에서 재적위원 15명 중 찬성 9표로 통과시켰다.

12 2019년 4월 30일 국회 사법개혁특별위원회는 이른바 '공수처' 설치 관련 법안 4건(「검찰청법」 및 「형사소송법」 개정안 각 1건, 「고위공직자부패수사처 설치 및 운영에 관한 법(률)안」 2건)을 재적위원 12명 중 찬성 11표로 통과시켰다. 같은 날 국회 정치개혁특별위원회는 연동형 비례대표제 등 도입에 관한 「공직선거법」 개정안 1건을 재적위원 18명 중 찬성 12표로 통과시켰다.

90일 이내에 심사를 마쳐야 하고, 그 기간 안에 심사를 마치지 아니한 때에는 각각 법제사법위원회 또는 본회의에 부의된 것으로 본다(「국회법」 제85조의2 제3항부터 제5항까지). 본회의에서는 신속처리대상 안건을 부의된 것으로 보는 날부터 60일 이내에 본회의에 상정해야 하고 그렇지 아니한 경우에는 그 기간이 경과한 후 처음으로 개의되는 본회의에 상정한다(「국회법」 제85조의2 제6항 및 제7항). 다만, 의장이 각 교섭단체 대표의원과 합의한 경우에는 신속처리대상 안건에 대해 신속처리 제도를 적용하지 않는다(「국회법」 제85조의2 제8항). 이를 모두 합하면 안건의 신속처리에 최대 330일 이상이 걸릴 수도 있다. 보통 통과되는 법안의 평균 처리 기간은 제18대 국회 224.8일, 제19대 국회 256.9일인 점(한국정치학회, 2016: 31~34)을 고려할 때 신속처리에 걸리는 시간이 다소 긴 편이다. 참고로 앞서 소개한 사회적 참사법은 패스트트랙 지정 후 국회 통과까지 336일이 걸렸다.

또한 국회선진화법에서는 예산안 등에 대한 본회의 자동부의 제도를 마련했는데, 이에 따르면 위원회는 예산안, 기금운용계획안, 임대형 민자사업 한도액안과 세입예산 부수법률안으로 지정된 법률안의 심사를 매년 11월 30일까지 마쳐야 한다(「국회법」 제85조의3 제1항). 위원회가 이들 안건에 대한 심사를 기한 내에 마치지 아니한 때에는 그다음 날에 위원회에서 심사를 마치고 바로 본회의에 부의된 것으로 본다(「국회법」 제85조의3 제2항 본문). 다만, 의장이 각 교섭단체 대표의원과 합의한 경우에는 그러하지 아니하다(「국회법」 제85조의3 제2항 단서). 이 제도는 2014년 5월 30일부터 시행되어 2015 회계연도 예산안부터 적용되었는데, 제도 시행 이전보다 예산안의 국회 처리시기를 많이 앞당긴 것으로 평가할 수 있다(〈표 3-13〉 참조).

표 3-13 **예산안 정부 제출 및 국회 의결 일자**

회계연도	법정 기한	정부 제출	국회 의결
2011	2010. 12. 2.	2010. 10. 1.	2010. 12. 8.
2012	2011. 12. 2.	2011. 9. 30.	2011. 12. 31.
2013	2012. 12. 2.	2012. 9. 28.	2013. 1. 1.
2014	2013. 12. 2.	2013. 10. 2.	2014. 1. 1.
2015	2014. 12. 2.	2014. 9. 22.	2014. 12. 2.
2016	2015. 12. 2.	2015. 9. 11.	2015. 12. 3.
2017	2016. 12. 2.	2016. 9. 2.	2016. 12. 3.
2018	2017. 12. 2.	2017. 9. 1.	2017. 12. 6.
2019	2018. 12. 2.	2018. 9. 3.	2018. 12. 8.

자료: 국회사무처(2016b); 국회 의안정보시스템.

4) 무제한토론(일명 필리버스터)

국회선진화법에서 마련된 또 다른 제도는 본회의 무제한토론, 일명 필리버스터이다. 이는 본회의에서 안건을 최종적으로 의결하기 전에 소수의견을 개진할 수 있는 기회를 주고, 다수당과 소수당이 타협하도록 하여 안건이 합의를 통해 처리될 수 있도록 하려는 것이다(국회사무처, 2016a: 504). 이미 제정「국회법」(법률 제5호, 1948. 10. 2 제정)에서도 의원의 질의, 토론, 그 밖의 발언에 대해서는 국회의 결의가 있는 때 외에는 시간을 제한할 수 없도록 했다(제46조 전단). 1964년 4월 20일 당시 의원이었던 고 김대중 전 대통령이 동료 의원인 김준연 의원의 구속동의안 통과를 저지하기 위해 5시간 19분 동안 쉬지 않고 의사진행 발언을 했고 그 결과 안건 처리를 무산시켰다. 1969년 8월 29일 법제사법위원회 회의에서는 신민당의 박한상 의원이 3선 개헌안을 저지하기 위해 10시간 15분 동안 반대토론을 한 사례도 있다. 그런데 1973년에 발언 시간이 30분으로 제한되었고, 몇 번의 「국회법」 개정을 거쳐 1994

년 개정「국회법」에서는 정부에 대한 질문 외의 의원의 발언 시간은 15분을 초과하지 아니하는 범위 내에서 의장이 정하도록 하고 있는데, 이 규정이 현재까지 유지되고 있다(「국회법」 제104조 제1항 본문). 무제한토론 제도는 이러한 발언 시간의 제한 원칙에 대한 예외이다.

무제한토론 제도에 따르면 의원이 본회의에 부의된 안건에 대해 시간의 제한을 받지 아니하는 토론(무제한토론)을 하려는 경우 재적의원 3분의 1 이상이 서명한 요구서를 의장에게 제출해야 하고, 이 경우 의장은 해당 안건에 대해 무제한토론을 실시해야 한다(「국회법」 제106조의2 제1항). 무제한토론은 의원 한 명당 한 번에 한정해 할 수 있다(「국회법」 제106조의2 제3항). 무제한토론이라 하더라도 의제 외의 발언은 금지되고, 질의를 하거나 의장의 의사진행 방법을 비난하는 것은 허용되지 않는다(「국회법」 제102조 및 국회사무처, 2016a: 488). 무제한토론을 실시하는 본회의는 무제한토론 종결 선포 전까지 산회하지 아니하고 회의를 계속하며(1일 1차 회의 원칙의 예외), 회의 중 재적의원 5분의 1 이상이 출석하지 아니한 때에도 회의를 계속한다(의사정족수 불필요)(「국회법」 제106조의2 제4항).

의원은 무제한토론을 실시하는 안건에 대해 재적의원 3분의 1 이상의 서명으로 무제한토론의 종결 동의(動議)를 의장에게 제출할 수 있고, 이는 제출된 때부터 24시간이 경과한 후에 무기명투표로 토론 없이 표결하되 재적의원 5분의 3 이상의 찬성으로 의결한다(「국회법」 제106조의2 제5항 및 제6항). 무제한토론을 실시하는 안건에 대해 무제한토론을 할 의원이 더 이상 없거나 무제한토론의 종결 동의가 가결되는 경우 의장은 무제한토론의 종결 선포 후 해당 안건을 지체 없이 표결해야 한다(「국회법」 제106조의2 제7항). 무제한토론을 실시하는 중에 해당 회기가 종료되는 때에는 무제한토론은 종결 선포된 것으로 보고, 이 경우 해당 안건은 바로 다음 회기에서 지체 없이 표결해야 한다(「국회법」 제106조의2 제8항).

이 제도가 도입된 후 처음으로 제340회국회(임시회) 제7차 본회의에서 「국민보호와 공공안전을 위한 테러방지법안」에 대해 무제한토론이 실시되었다. 2016년 2월 23일부터 3월 2일까지 9일 동안 모두 38명의 국회의원이 무제한토론에 참가했다. 이 과정에서 이종걸 의원은 12시간 31분 동안 반대토론을 하여 가장 긴 발언 시간으로 기록된 상태이다.

5) 재회부

본회의는 위원장의 보고를 받은 후에 필요하다고 인정할 때에는 그 의결로 다시 그 안건을 같은 위원회 또는 다른 위원회에 회부할 수 있다(「국회법」 제94조). 이를 재회부라고 하는데, 이는 위원회에 회부되어 심사가 끝난 안건에 대해 본회의에서 해당 안건의 심사가 충분하지 않았다고 보는 경우 또는 위원회의 의결 후 본회의의 의제가 될 때까지 중대한 사정 변경이 있을 경우 이를 다시 심사할 기회를 제공하기 위한 것이다(국회사무처, 2016a: 453; 임종훈, 2012: 227). 2006년 8월 21일 제17대 국회 제261회 제1차 본회의에 상정된 「임대주택법 일부개정법률안」에 대해 소관 위원회인 건설교통위원회의 심사가 충분하지 않았다는 등의 이유로 교섭단체 사이의 합의에 따라 다시 같은 위원회에 회부한 사례가 있다(국회사무처, 2016d: 452).

7. 법률안의 정리 및 이송, 법률안 공포와 재의 요구

본회의는 의안이 의결된 후 서로 저촉되는 조항·자구·숫자, 그 밖의 정리를 필요로 할 때에는 이를 의장 또는 위원회에 위임할 수 있다(「국회법」 제97조). 법률안 중 어느 조항을 삭제 또는 추가해서 의결했을 때에 조항의 번호를 수정한다든지 명백한 오류가 있는 용어·자구·숫자를 수정하는 것이다(국회사무처, 2016a: 468, 〈예시 3-17〉 참조). 이를 의안의 정리라고 하는데 실제로는 의장의 감독 아래 국회사무처 의사국 의안과가 의안을 정리하고 있다. 정리가 끝난 법률안은 의안과에서 정부로 이송한다.

이송된 법률안은 15일 이내에 대통령이 공포한다(헌법 제53조 제1항). 국회에서 정부로 법률안이 이송되면 법제처에서 이를 접수하고 해당 부처에 이송 사실을 통지하며 재의 요구 여부 및 명백한 오류 여부를 파악한다(법제처, 2016: 70). 문제가 없는 경우 법률공포안은 국무회의에 상정되며 국무회의 의결과 대통령 결재를 거쳐 공포된다. 정부는 대통령이 법률안을 공포한 경우에는 이를 지체 없이 국회에 통지해야 한다(「국회법」 제98조 제2항). 법령의 공포일은 그 법령을 실은 관보가 발행된 날이다(「법령 등 공포에 관한 법률」 제12조). 대통령이 국회에서 이송되어 온 법률안을 15일 이내에 공포하지 않거나 재의의 요구를 하지 않은 때에는 그 법률안은 법률로 확정된다(헌법 제53조 제5항).

대통령은 법률안에 이의가 있을 때에는 15일 이내에 이의서를 붙여 국회로 환부하고, 그 재의를 요구할 수 있다(헌법 제53조 제2항). 대통령은 법률안의 일부에 대해 또는 법률안을 수정해 재의를 요구할 수 없다(헌법 제53조 제3항). 재의 요구를 하는 경우 소관 부처에서는 법제

내용확인필 수정

㊀ 전남목지

字句修正필
㊞

법률 제   호

국가공무원법 일부개정법률안

14p

국가공무원법 일부를 다음과 같이 개정한다.

제6조제4항 중 "임용·교육훈련"을 "임용·인재개발"로 한다.

제19조의4를 다음과 같이 신설한다.

제19조의4(인사업무의 전문성 확보) ① 소속 장관은 각 기관의 직무 및 인력 특성을 반영한 전략적 인사운영을 위하여 인사업무 담당 조직의 전문성이 확보될 수 있는 방안을 마련하여야 한다.

② 소속 장관은 인사혁신처장이 정하는 바에 따라 인사 담당 공무원의 보직기준 등 필요한 인사관리기준을 정하여 인사업무에 대한 전문성 및 자격을 갖춘 사람을 인사 담당 공무원으로 임용하여야 한다.

제28조의6제1항 중 "승진임용 및 고위공무원으로서 적격한지 여부를"을 "승진임용, 고위공무원으로서 적격한지 여부 및 그 밖에 고위공무원 임용 제도와 관련하여 대통령령으로 정하는 사항을"로 하고, 같은 조 제2항 중 "5인 내지 7인"을 "5명 이상 9명 이하"로 한다.

제33조에 제6호의3을 다음과 같이 신설한다.

6의3. 「형법」 제303조 또는 「성폭력범죄의 처벌 등에 관한 특례

11670

련 등을 통하여 계속적으로 소속 직원의 능력을 발전시킬"을 "지속적인 인재개발을 통하여 소속 직원의 공직가치를 확립하고 미래지향적 역량과 전문성을 향상시킬"로 한다.

제69조제1호 단서 중 "「형법」 제129조부터 제132조까지"를 "「형법」 제129조부터 제132조까지, 제303조 또는 「성폭력범죄의 처벌 등에 관한 특례법」 제10조"로, "같은 법 제355조"를 "「형법」 제355조"로 한다.

제71조제2항에 제7호를 다음과 같이 신설한다.

  7. 대통령령등으로 정하는 기간 동안 재직한 공무원이 직무 관련 연구과제 수행 또는 자기개발을 위하여 학습·연구 등을 하게 된 때

제72조에 제10호를 다음과 같이 신설한다.

  10. 제71조제2항제7호에 따른 휴직 기간은 1년 이내로 한다.

제78조의2제4항의 개정규정 단서를 다음과 같이 신설하고, 같은 조에 제5항을 다음과 같이 신설한다.

  다만, 체납액 징수가 사실상 곤란하다고 판단되는 경우에는 징수를 관할 세무서장에게 의뢰하여야 한다.

  ⑤ 처분권자(대통령이 처분권자인 경우에는 처분 제청권자)는 제4항 단서에 따라 관할 세무서장에게 징계부가금 징수를 의뢰한 후 체납일부터 5년이 지난 후에도 징수가 불가능하다고 인정될 때에는 관할 징계위원회에 징계부가금 감면의결을 요청할 수 있다.

의 개정규정은 공포 후 6개월이 경과한 날부터 시행하고, 제6조제4
항 및 제50조제1항부터 제3항까지의 개정규정은 2016년 1월 1일부
터 시행한다.

제2조(결격사유 및 당연퇴직 등에 관한 적용례) 제33조, 제33조의2 및
제69조의 개정규정은 이 법 시행 후 발생한 범죄행위로 형벌을
받는 사람부터 적용한다.

제3조(직위해제된 사람의 결원보충에 관한 적용례) 제43조제4항의 개
정규정은 이 법 시행 당시 직위해제 중인 사람에 대해서도 적용한
다.

제4조(징계부가금 징수 의뢰에 관한 적용례) 제78조의2제4항의 개정규
정은 이 법 시행 전에 징계부가금 부과 의결이 된 경우에 대해서도
적용한다.

제5조(징계의 효력에 관한 경과조치) 부칙 제1조 단서에 따른 시행일
전에 발생한 사유로 징계를 받는 사람에 대해서는 제80조제1항부터
제3항까지의 개정규정에도 불구하고 종전의 규정에 따른다.

처의 심사를 받은 재의 요구안을 국무회의에 상정하고, 국무회의의 의결이 있으면 대통령의 결재 후에 법제처에서 재의 요구안을 국회에 제출한다(법제처, 2016: 76~78).

대통령으로부터 재의가 요구된 법률안은 바로 본회의에 부의되어 무기명투표로 표결한다(「국회법」 제112조 제5항). 본회의에서 재적의원 과반수의 출석과 출석의원 3분의 2 이상의 찬성으로 전과 같은 의결을 하면 그 법률안은 법률로서 확정된다(헌법 제53조 제4항). 재의 요구 법안에 대해서는 이렇게 가중정족수를 적용하고 있기 때문에 교섭단체 간의 원만한 협의가 없으면 사실상 재의결은 시도하기가 어렵다. 원만한 협의가 이루어지지 않아 재적의원 과반수 출석이라는 의결 조건이 먼저 충족되지 않으면 해당 재의 요구안은 임기 만료로 자동폐기된다.

국회의 재의를 거쳐 법률로 확정된 경우와 대통령이 국회에서 이송되어 온 법률안을 15일 이내에 공포하지 않거나 재의의 요구를 하지 않아서 법률로 확정된 경우에는 대통령은 확정된 법률을 지체 없이 공포해야 한다(헌법 제53조 제6항 본문). 국회의 재의에 따른 확정 법률이 정부에 이송된 후 또는 대통령이 공포나 재의 요구를 하지 않아서 법률이 확정된 후 5일 이내에 대통령이 공포하지 않을 때에는 국회의장이 이를 공포한다(헌법 제53조 제6항 단서). 법률은 특별한 규정이 없는 한 공포한 날부터 20일이 경과하면 효력이 발생한다(헌법 제53조 제7항).

대통령이 국회에 재의를 요구한 법률안 및 처리 현황은 표 〈3-14〉 및 〈3-15〉와 같다. 제헌국회 이후 제19대 국회까지 모두 74건의 법률안에 대해 재의가 요구되었다. 미국에서 1973년부터 2016년까지 대통령이 거부권을 행사한 법안 건수가 294건에 이르는 것과 비교하면 매

표 3-14 **대통령이 재의 요구한 법률안 현황**

	제헌	제2대	제3대	제4대	제5대	제6대	제7대	제9대	제13대	제16대	제17대	제19대
건수	14	25	3	3	8	1	3	1	7	4	2	3

자료: 국회사무처(2016b: 536~538).

표 3-15 **대통령이 재의 요구한 법률안의 처리 현황**

재의 요구	법률 확정	확정 간주	수정 통과	폐기	철회	미처리
74	23	5	6	37	2	1

자료: 국회사무처(2016b: 538).

우 적은 수이다. 이는 대통령이 국회의 의결을 존중하는 측면도 있지만, 대통령이 재의를 요구할 것으로 보이는 법률안은 아예 국회에서 통과되기가 어려웠다고 보는 것이 타당하다. 권위주의 정부 시기(제6대 국회부터 제12대 국회까지)에 재의가 요구된 법률안이 5건에 불과하다는 것이 이를 뒷받침한다.

제4절 국회 법률안 심사 과정의 특징과 그 이유

이 절에서는 우리 국회가 법률안을 심사하는 과정에서 보여주는 특징을 살펴보고 그러한 특징이 나타나는 이유를 알아본다. 먼저 법률안 심사 과정의 특징으로 위원회 중심주의와 이에 대한 예외로서 교섭단체 간 협상, 합의 및 사전 조율 중시 경향, 개별 법안들에 대한 국회의원의 차별적인 관심에 대해 살펴본다. 다음으로는 그러한 특징이 나타나는 이유로서 개별적 대의기관인 국회의원이 가지는 유인 구조(incentive structure)와 상호 의존적인 정책망(interdependent policy network)의 특징을 보이는 법률안 심사 과정에서의 관련 행위자들 간의 관계를 설명한다.

1. 국회 법률안 심사 과정의 특징

우리 국회의 법률안 심사 과정에서 나타나는 가장 중요한 특징은 위원회 중심주의(committee centered)이다. 우리 국회의 법률안 심사는 제도적인 의미에서 위원회 중심주의 성격을 지니고 있을 뿐만 아니라 실질적으로도 해당 법률안의 소관 위원회가 독점적인 심사권을 행사한다. 관련 위원회 제도와 연석회의 제도는 유명무실하다. 한편 위원회 중심주의를 채택하고 있는 미국 연방의회에서는 안건 심사에서 복수위원회 회부 제도를 도입하고 있는데, 우리 국회는 이 제도를 도입하지 않고 있다. 우리 국회에서 본회의는 일부 법안을 제외하고는 위원회의 심사결과를 확정하는 의례적인 절차가 되고 있다. 나아가 위원회 내에서는 법률안심사소위원회에서 거의 실질적인 심사가 이루어지는 이른바 소위원회 중심주의까지 나타나고 있다(임종훈, 2012: 233).

그런데 정당 간에 첨예하게 대립하는 이른바 쟁점 법안에 대한 심사에서는 이와 같은 위원회 중심주의의 예외적인 현상으로 교섭단체 원내지도부 차원의 협상이 중요시되고 있다는 점이 또 다른 특징이다. 이 경우에는 법안의 처리 여부 및 그 일정에 대한 논의, 구체적인 법안 내용에 대한 심사가 교섭단체의 원내대표 또는 수석부대표 간 등의 협상 채널을 통해 이루어진다. 즉, 쟁점 법안의 경우 소관 위원회에서의 공식적인 법률안 심사는 교섭단체 차원의 협상이 타결되면 그 결과를 추인하는 형식적인 절차가 되는 경우가 많다.

국회에서의 법률안 심사에서 나타나는 셋째 특징은 합의가 중시된다는 점이다. 특히 쟁점 법안의 심사에서는 국회선진화법 도입 이후로 교섭단체 간의 합의가 제도적으로 필요해져 합의가 중시되는 경향이 강화되었다. 하지만 국회선진화법이 도입되기 이전에도 비쟁점 법안의 경우 법률안심사소위원회에서 1~2명의 의원이 강력하게 반대 의사를 표명하면 이를 의결하기가 쉽지 않았고, 현재도 그러하다. 나아가 관련되는 정부 부처가 강력하게 반대 의사를 표명하는 경우에도 법률안을 의결하기는 쉽지 않다.

넷째 특징은 이렇게 법률안 심사에서 합의가 중시되다 보니 공식적인 소위원회 심사절차에 앞서 관련 행위자들 간의 사전 조율이 중요시되고 있다는 점이다. 공식 회의에서 반대 의견이 나오면 법률안이 의결될 수 없기 때문에 의결을 목표로 하는 법률안 상정이 예정될 경우 해당 법률안의 발의의원 또는 이를 제출한 정부의 소관 부처, 위원회 전문위원 및 입법조사관, 필요하면 관련된 이익집단 등 관련자들 간에 법률안에 대한 수정내용 준비까지 포함한 실무적인 사전 조율 작업이 필요하다.

다섯째 특징은 법률안의 공식적인 심사 권한을 지닌 개별 국회의원은 각각의 법률안에 대해 차별적인 관심(differentiated attention)을 가지고 있다는 점이다. 국회의원이 주로 관심을 가지는 법률안들은 여론의 관심을 받거나 현안인 법률안, 자신의 지역구나 관계되는 집단에 영향을 미칠 수 있는 법률안, 정당 간에 첨예하게 대립하는 법률안이다. 이러한 법률안들은 법안심사소위원회 외에 위원회 전체회의나 법제사법위원회, 본회의에서도 질의·답변, 토론 등 실질적인 논의가 이루어진다. 하지만 그 밖의 법률안들은 소위원회를 제외하고는 심사가 의례적인 성격을 띠는 경우가 많다.

2. 국회의원의 유인 구조와 정책네트워크 성격

이와 같은 특징이 나타나는 이유로 여러 가지를 들 수 있겠지만 이 책에서는 개별 대의기관으로서 국회의원이 가지고 있는 유인 구조와 법률안 심사 과정이 지닌 정책네트워크로서의 성격에 주목하고자 한다.

1) 우리 국회의 특징과 국회의원의 유인 구조

제1장에서 살펴보았듯이 국회의원은 선거구 일꾼, 정당 정치인, 정책감시자 및 정책기업가라는 세 가지 역할을 동시에 수행하고 있고 이러한 역할들은 국회의원의 시간과 관심이라는 자원을 동시에 요구한다. 그런데 우리의 경우 국회라는 기관에 대한 국민의 신뢰도가 높지 않고 현역의원의 재선율은 50% 내외인 상황이며 소선거구 중심의 선거 제도와 정당 기율이 강한 정치 문화를 지니고 있으므로 개별 국회의원이 재선이라는 현실적인 목표를 위해서는 선거구 일꾼과 정당 정치인이라는 역할에 우선순위를 부여하지 않을 수 없다.

정책감시자 및 정책기업가로서의 역할은 자연히 후순위일 수밖에 없는데, 이 중에서도 법률안을 발의하거나 심사하기보다는 국정감사 또는 국정조사 등을 통해 정부의 잘못된 점을 밝혀내는 것이 언론의 주목을 더 크게 받을 수 있다. 법률안 관련 활동에서도 법률안의 발의는 정당이나 시민단체가 개별 국회의원을 평가하는 양적 지표로 활용하고 있으며, 나아가 그 법률안이 통과되어 법률에 반영되는 경우에는 발의의원으로서의 배타적인 업적 쌓기가 가능하다.[13] 하지만 위원회에서 공동 작업으로 이루어지는 법률안의 심사 작업을 통해서는 이와 같은 배타적인 혜택을 얻기가 어렵다.[14]

국회의원의 역할을 수행하는 데 기반이 되는 유인 구조가 이렇게 형성되어 있다 보니 합리적 행위자로서의 국회의원은 법률안 심사에서 개별 법률안들에 대해 차별적인 관심을 가질 수밖에 없다. 시간과 노력이라는 자원이 제한되어 있고 발의·제출되는 법률안의 수는 폭증하는 상황에서 모든 법률안에 대해 개별 국회의원이 관심을 쏟기를 기대하는 것 자체가 어렵다고 할 수 있다. 따라서 법률안 심사는 개별 국회의원의 시간과 노력을 가능하면 절약할 수 있는 방향으로 효율성을 중시해 이루어진다.

법률안 심사 과정에서 효율성이 중시되다 보면 가장 중요한 심사절차를 제외한 나머지 심사절차는 의례적으로 이루어질 가능성이 있다. 법률안 심사에서 소위원회를 제외한 나머지 절차들은 해당 법률안에 특별히 관심을 가지고 있는 의원들의 질의·답변 외에는 실질적인 토론이 이루어지기가 어려운 환경이다. 우리 입법 과정이 위원회 중심주의나 더 나아가 소위원회 중심주의로 흐르고 있는 데에는 제도적으로 보장되어 있는 위원회의 문지기 권한(gatekeeping power)과 현실적인

---

13 예를 들어 사회적 의미를 가지는 A법률안이 국회를 통과해서 시행된다고 하면 그 법률 안을 심사한 위원회의 국회의원보다 그 법률안을 발의한 국회의원이 자신이 입법 과정 에서 더 중요한 역할을 했다고 주장할 수 있다.

14 미국 연방의회의 경우 위원장, 소위원장, 간사의 직위를 결정하는 데 해당 위원회에서 의 경력이 중요하다. 그래서 해당 위원회의 입법 활동에 활발히 참여하는 것이 국회 내 의 중요한 직위를 노리는 의원들에게 유인 기제가 된다(Wawro, 2000). 하지만 현직 의 원의 재선율이 낮고 위원회 간 이동이 많은 우리 국회에서는 이러한 유인 기제를 활용 하기가 어려운 상황이다.

정보 우위에서 비롯되는 유리함(Deering and Smith, 1997: 6~10; Smith, Roberts and Vander Wielen, 2015: 182~188)도 작용하지만 방금 살펴본 현실적인 제약도 한몫하고 있다.

나아가 쟁점 법안에서 교섭단체 차원의 협상 중심으로 심사가 이루어지는 것도 법률안 심사 과정에서 효율성을 확보하기 위한 것으로 생각할 수 있다. 위원회, 특히 법안심사소위원회의 위원들은 공식석인 법률안의 심사 권한은 가지지만 쟁점 법안의 심사에 수반되는 정치적 책임을 감당하기 위한 현실적인 권위나 영향력은 가지고 있지 못한 경우가 많다. 이런 상황에서 해당 위원회에서 법률안의 심사가 진행되면 위원들 각자가 입장을 고수해 교착이 이루어질 가능성이 높은데, 여기에 소요되는 의원들 각자의 시간과 노력을 절약하고 교착을 풀기 위해서는 협상 결과에 따른 정치적 책임을 감당할 수 있는 교섭단체 차원의 협상이 필요하다.

2) 우리 국회에서의 정책네트워크의 성격

다음으로 우리 국회에서 법률안 심사 과정에 참여하는 정책행위자들 사이의 관계는 상호의존적인 정책망의 성격을 가지고 있다. 이 점이 법률안 심사 과정의 특징을 형성하는 데 또 다른 중요한 영향을 끼치고 있다.

미국 연방의회에서 압력집단, 행정부의 관련 부처, 위원회의 위원들이 서로 필요한 자원을 의존하면서 이른바 철의 삼각(iron triangle)을 형성하고 있는 점은 관련 연구(Peters, 2016: 31)에서 잘 기술되어 있다. 그런데 미국 의회처럼 정책네트워크 내에서 정책행위자 간에 자원을 의존하는 관계는 우리 국회의 법률안 심사 과정에도 어느 정도 차용할 수 있다. 법률안의 심사·의결에는 공식적인 법률안 심사 권한, 법률안 의결을 위한 정치적 능력, 관련 정책 분야에 대한 전문성, 법률 집행을 위한 수단과 자원, 집행 현장에서의 정책 대상자들의 순응, 지지 여론, 입법 과정에 대한 지식과 법제기술에 대한 전문성 등 여러 정책 자원이 필요한데, 이러한 정책 자원들은 어느 하나의 정책행위자가 독점하는 것이 아니라 여러 행위자에게 차별적으로 분산되어 있다.

예를 들어 공식적인 심사 권한은 위원회의 위원에게, 관련 정책 분야에 대한 전문성과 법률 집행을 위한 수단과 자원은 관련 정부 부처에, 집행 현장에서의 정책 대상자들의 순응은 관련 이익 집단에 분산되어 있는데, 개별 정책행위자들은 법률안 심사 과정에서 이러한 자원들을 다른 행위자들에게 의존한다. 따라서 이러한 자원들 중 하나를 관장하는 행위자가 해당 자원의 부재 또는 확보의 어려움을 내세워 법률안을 반대하면 법률안의 통과는 어려워진다. 예를 들어 의원 발의 법률안이 취지는 좋더라도 정책 현장에서 집행될 수 있는 수단과 자원을 확보하기 어렵다면 관련 정부 부처는 이에 반대하기 마련이고, 이 경우 해당 법률안은 바로 통과되기가 어렵다. 따라서 일반적으로 정치적 함의가 적은 비쟁점 법안의 경우에도 관련되는 정책행위자들 간에 합의를 형성하는 것이 법률안을 의결하는 데 중요한 조건이다.

사실 정책행위자들 간에는 법률안 심사에 직접 관련되는 정책자원 말고도 다른 자원들의 상호 의존 관계가 형성된다. 정부 부처는 개별 의원들의 지역구에 집행할 수 있는 사업에 대한 결정권이나 예산에 대한 편성권을 가지고 있다. 이익집단들은 개별 의원이나 정당으로부터 정치적 지지를 동원해 자신들이 원하는 방향으로 정책이 수립되도록 시도한다. 개별 의원들은 공식적인 법률안이나 예산안 심사권을 통해 이들 부처나 이익집단들의 이해관계에 영향을 미칠 수 있는 권한이 있다. 이러한 자원의 분산은 방금 설명한 정책 자원의 분산에 더해 서로 간의 상호 의존 관계를 심화시킨다. 즉, 특정 법률안을 강하게 반대하는 정책행위자가 있을 경우 이를 무시하고 법률안을 의결하면 향후 정책 과정에서 그 행위자로부터 호의를 기대하기 어렵다는 점에서 합의를 중시하는 경향이 더 강해진다.

이처럼 합의를 중시하는 경향 때문에 공식적인 소위원회 심사 전에 실무적인 사전 조율이 중요하다는 것은 이미 살펴본 바 있다. 그런데 이러한 합의 및 사전 조율을 중시하는 경향과 효율성을 중시하는 경향이 결합하면 소위원회에 공식 상정하기 전에 합의를 형성하기 위한 사전 조율 기간이 길어지는 결과가 생길 수 있다. 특히 법률안의 내용에 문제가 있다거나 그 밖의 다른 이유로 관련 정책행위자 간의 사전 조율이 어려운 경우에는 법률안이 계속 상정되지 못하는 사례도 발견할 수 있다. 법률안을 소위원회에 상정했다가 성공적으로 의결하지 못할 경우에는 소위원회의 소중한 심사 시간을 아무 결과 없이 소비한 것이 되고 나아가 그 법률안의 향후 심사에도 부정적인 영향을 미칠 수 있으므로 아예 상정을 포기하기 때문이다.

제5절 행정입법과 이에 대한 국회의 통제

이 절에서는 법률에서 위임한 사항이나 법률을 집행하기 위해 필요한 사항을 규정한 대통령령 등 행정입법의 의의와 제·개정 절차 등을 설명한다. 그리고 「국회법」 제98조의2에 따라 국회가 이를 제출받고 법률 위반 여부 등을 검토해 법률의 취지 또는 내용에 합치되지 아니한다고 판단되는 경우 중앙행정기관의 장에게 통보하는 국회의 행정입법 통제제도에 대해서도 살펴본다.

1. 행정입법의 의의

행정입법은 행정기관이 법 규정의 형식으로 일반적·추상적인 규정을 정립하는 작용 또는 그에 따라 정립된 규범을 말한다. 이것을 '행정권에 의한 입법'이라고도 한다. 여기에서 '일반적'이라 함은 적용대상이 특정되지 아니함을 뜻하고 '추상적'이라 함은 적용사건이 특정되지 아니함을 의미한다. 현대행정이 복잡화·전문화됨에 따라 전문적·기술적 사항에 대해서는 행정입법의 필요성이 점차 인정되고 있다. 행정권이 법률과 정책의 세부 내용을 더욱 적절히 정할 수 있기 때문이다. 또한 사회의 급속한 변화에 기민하게 대응하기 위해서는 심의에 많은 시간이 소요되는 법률보다 행정입법이 더 편리한 측면이 있다.

행정입법은 법규성을 가지는지 아닌지에 따라 법규명령과 행정규칙으로 구분된다. 법규명령은 행정주체와 국민 간의 관계를 규율하는 법규범으로, 대외적으로 일반적 구속력을 가진다. 이에 반해 행정규칙은 원칙적으로 행정기관 내부에서만 행정기관을 구속하는 것으로, 내부적 구속력을 가진다. 법규명령은 국민의 권리·의무에 관계될 뿐만 아니라 일반적·추상적 법규로서의 성질을 가지기 때문에 일정한 형식과 일반적인 고시(공포) 절차가 필요하다.

헌법상 인정되는 법규명령에는 대통령의 긴급명령·경제명령(헌법 제76조), 대통령령(헌법 제75조), 총리령·부령(헌법 제95조)이 있다. 일반적으로 대통령령은 시행령이라 불리고 총리령과 부령은 시행규칙이라 불린다. 법규명령은 내용에 따라 위임명령과 집행명령으로 구분된다. 위임명령은 법률 또는 상위명령의 위임에 따라 법률이 위임한 사항에 대해 실질적으로 법률의 내용을 보충하는 법규명령을 의미한다. 위임명령은 법률이나 상위명령에서 구체적으로 범위를 정한 개별적인 위임이 있을 때 가능하다(대법원 2004. 7. 22. 선고 2003두7606). 반면, 집행명령은 법률 또는 상위명령의 시행에 필요한 사항, 즉 필요한 절차 및 형식에 관한 사항을 규정하는 법규명령을 의미한다. 집행명령은 상위 법률에 종속하며 그 범위 내에서 모법을 현실적으로 집행하는 데 필요한 세칙을 규정할 수 있을 뿐이므로 위임명령과 달리 새로운 권리, 의무에 관한 사항을 규정할 수 없다(헌법재판소 2001. 2. 22. 결정 2000헌마604).

법규명령에는 이 외에도 헌법에 직접 근거를 둔 규칙 등이 있는데 대법원, 중앙선거관리위원회, 헌법재판소, 국회 등 독립기관의 규칙이 여기에 해당한다.

행정규칙은 행정기관의 설치나 내부적 권한 분배에 관한 사무분장 또는 사무처리규정으로, 상급기관이 하급기관에 관한 사항을 계속적으로 규율하기 위해 발하는 훈령, 예규, 지침 등을 말한다. 이 가운데 학설과 판례(헌법재판소 1992. 6. 26. 선고 91헌바25)는 행정규칙이 예외적으로 상위 법령과 결합해 대외적인 구속력을 갖는 법령보충적 행정규칙을 인정하고 있다. 법령보충적 행정규칙이란 법령의 직접적인 위임에 따라 행정기관이 그 법령을 시행하는 데 필요한 구체적인 사항을 정한 경우, 그 제정형식이 고시, 훈령, 예규, 지침 등이라도 상위 법령의 위임한계를 벗어나지 아니하는 한, 상위 법령과 결합해 대외적인 구속력을 갖는 법규명령으로서 기능하는 경우를 말한다.[15]

2. 행정입법의 제·개정 절차

대통령령은 법제처 심사를 거친 후 국무회의의 심의를 거쳐야 하지만 총리령과 부령은 법제처 심사만 거치면 되고 국무회의 심사는 받지 않는다(헌법 제89조 제3호; 법제처, 2016: 4~5). 일반적으로 법규명령이 아닌 행정규칙에 해당하는 훈령, 예규, 고시 등은 부처 내의 내부결재를 거치면 되지만, 대통령훈령안과 국무총리훈령안은 법제처의 심사를 거쳐야 한다(「법제업무 운영규정」 제23조). 대통령령과 총리령 및 부령의 제·개정 절차는 〈그림 3-4〉 및 〈그림 3-5〉와 같다. 법령의 시행과 직접 관련해 발령하는 규정, 규칙, 지시, 지침, 통첩 등은 그 명칭에 상관없이 그 내용이 적법하고 현실에 적합하게 발령, 유지, 관리되어야 한다(「법제업무 운영규정」 제25조 제1항). 따라서 법제처는 법령이 발령된 후 사후에 검토해 문제가 있는 경우 해당 중앙행정기관에 의견서를 보낸다(「법제업무 운영규정」 제25조 제3항).

3. 행정입법의 한계

성질상 대외적 구속력을 가지는 법규명령의 제정은 원칙적으로 입법기능에 속하는 것으로, 행정기능이라고 볼 수 없다. 우리 헌법은 국회의 고유하고 본래적인 입법권을 확인하면서(제40조), 행정부가 대통령령,

---

15 다만, 상위 법령과 결합해 일체가 되는 한도 내에서 상위 법령의 일부가 됨으로써 대외적 구속력이 발생되는 것일 뿐, 그 행정규칙 자체는 대외적 구속력을 갖는 것은 아니라 할 것이다(헌법재판소 2004.10.28. 선고 99헌바91).

그림 3-4 **대통령령의 제·개정 절차**

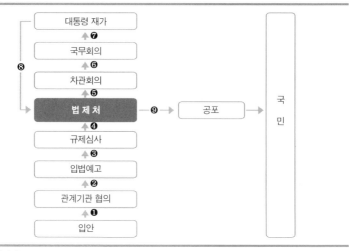

자료: 법제처(2016: 4).

그림 3-5 **총리령 및 부령의 제·개정 절차**

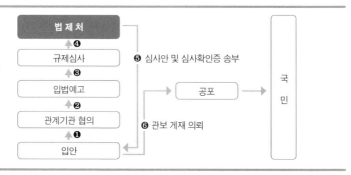

자료: 법제처(2016: 5).

총리령 또는 부령 등을 제정할 수 있도록 규정하고 있다(제75조, 제95
조). 또한 헌법은 법률을 통해서만 국민의 자유와 권리를 제한할 수 있
도록 하고 있다(제37조 제2항). 따라서 국민의 권리와 의무, 특히 기본권

침해영역에 관계되는 법규사항은 행정부가 스스로 결정할 수 없고, 단지 위임법률에서 구체적으로 범위를 정한 한도 내에서만 결정할 수 있다(헌법재판소 1994. 6. 30. 결정 93헌가15). 다만, 법률을 현실적으로 집행하기 위해 필요한 절차적·기술적 사항을 규정하는 집행명령의 경우는 상위 법률의 위임 없이도 규정할 수 있다. 그러나 이 경우에도 국민의 권리와 의무에 새로이 영향을 미치는 내용을 규정할 수는 없다.

행정규칙은 행정기관 내부 규칙이지만, 법령과 상급 감독기관의 행정규칙에 위반되지 않는 범위 내에서 규정되어야 하고 특정한 행정목적을 달성하기 위해 필요한 한도 내에서만 규정되어야 한다. 행정규칙이 상위 법령과 결합해 대외적 구속력을 갖는 경우에는 상위 법령의 위임범위 내에서 규정되어야 한다. 이러한 경우에도 그 대상은 전문적·기술적 사항이나 경미한 사항으로서 업무의 성질상 위임이 불가피한 사항에 한정된다 할 것이다(헌법재판소 2004. 10. 28. 결정 99헌바91).

4. 국회의 행정입법 통제

1) 의회에 의한 행정입법 통제 필요성

우리 헌법은 입법권을 국회에 부여하고 있다(헌법 제40조). 국민의 권리·의무의 형성에 관한 사항과 국가의 통치조직·작용에 관한 기본적이고 본질적인 사항은 반드시 국회가 정하도록 하는 헌법의 이념에 충실해야 한다. 행정부가 법률의 내용을 보충하거나 집행 기준을 마련하기 위해 일반적·추상적 법규를 정립하는 행정입법권한은 국회의 입법권으로부터 파생된 권한이다.

그런데 행정부가 행정입법의 형식으로 사실상 실질적인 법규를 창조하는 추세가 심화되면서 기본권을 부당하게 침해하는 것은 물론이고 헌법상 기본원칙인 의회민주주의와 권력분립 원리까지 위협하고 있다. 이에 따라 행정입법이 그 한계를 지키도록 적절하게 통제할 필요성이 더욱 커지고 있다. 특히 국민의 대표기관인 국회는 입법권에 근거해 행정입법이 상위 법률의 내용과 목적에 적합하게 제·개정되었는지 여부를 심사하고 통제할 필요가 있다.

의회에 의한 행정입법의 통제에는 직접적 통제방법과 간접적 통제방법이 있다. 직접적 통제에는 동의나 승인을 받도록 하거나 일단 유효하게 성립된 행정입법의 효력을 후에 소멸시킬 수 있는 권한을 의회에 유보하는 방법이 포함된다. 하지만 미국, 독일 등과 달리 우리나라에서는 이러한 제도를 일반적으로 채택하고 있지 않다. 다만, 우리 헌법에 따르면 대통령의 긴급재정·경제명령이나 긴급명령에 대해 의회가 사후적으로 승인하거나(헌법 제76조 제3항 및 제4항) 상위 법률을 제·개정해 위법한 법규명령의 효력을 제거할 수 있다. 또한 「국회법」 제98조2에 따르면 국회 상임위원회는 소관 중앙행정기관이 제출한 대통령령·총리령 및 부령의 법률 위반 여부 등을 검토해 법률의 취지 또는 내용에 합치되지 아니한다고 판단되는 경우에는 소관 중앙행정기관의 장에게 그 내용을 통보할 수 있다.

간접적 통제는 의회의 행정부에 대한 감독 권한을 활용해 행정입법의 성립이나 발효 자체에 관해 통제하는 것을 뜻한다. 예컨대 국정감사 또는 조사권, 국무총리 등에 대한 질문권, 국무총리 또는 국무위원의 해임건의권, 대통령에 대한 탄핵소추권 등 행정권에 대한 감독 권한 행사로 위법한 법규명령을 간접적으로 통제하는 방식이다.

물론 법원이나 헌법재판소가 행정입법을 통제하는 것도 가능하다.

헌법 제107조 제2항은 "명령·규칙 또는 처분이 헌법이나 법률에 위반되는 여부가 재판의 전제가 된 경우에는 대법원은 이를 최종적으로 심사할 권한을 가진다"라고 규정하고 있다. 헌법재판소에서도 시행령이나 시행규칙 등이 별도의 집행행위를 기다리지 않고 직접 기본권을 침해할 때에는 모두 헌법소원심판의 대상이 될 수 있는 것으로 보고 있다(89헌마178).

그러나 행정입법에 대한 사법적 통제는, 구체적인 사건에서 행정입법이 헌법이나 법률에 위반되는 여부가 재판의 전제가 된 경우에만 사후적으로 가능하며 국민이 위헌·위법한 행정입법 자체를 대상으로 제소하는 것은 불가능하다. 또한 권리침해가 발생한 후에는 이를 구제하기 위한 재판 과정에 장기간이 소요된다.

반면 국회는 「국회법」상 행정입법 검토제도뿐만 아니라 행정입법의 모법인 상위 법률의 개정·폐지, 국정감사, 질의권 활용 등 다양한 방식으로 행정입법을 통제할 수 있다. 국회의 이러한 통제권 행사는 행정입법의 위헌·위법성을 신속하게 제거할 수 있어 국민의 자유와 기본권을 보장하는 데 보다 실효적이다. 또한 적법성 판단에 한정되는 사법적 통제와 달리 국회는 행정입법에 대한 공정성, 효율성, 합목적성 등 적정성 판단도 가능하다는 점에서 판단범위가 더 광범위하다.

2) 행정입법 검토제도(「국회법」 제98조의2)

우리 국회는 행정입법에 대한 직접적 통제를 강화하기 위해 1997년 「국회법」을 개정해 행정입법의 국회 송부절차를 신설했다. 이에 따르면 정부는 대통령령·총리령·부령 및 훈령·예규·고시 등 행정규칙이 제·개정된 경우 7일 이내에 국회에 송부해야 한다. 2000년에는 행정입법 검토제도를 신설해 소관 상임위가 대통령령·총리령 및 부령을 검토해 법률의 취지 또는 내용에 합치되지 않는 경우 소관 중앙행정기관의 장에게 그 내용을 통보하도록 했다.

현행 「국회법」에 따르면 중앙행정기관의 장은 법률에서 위임한 사항이나 법률을 집행하기 위해 필요한 사항을 규정한 대통령령·총리령·부령·훈령·예규·고시 등이 제정·개정 또는 폐지된 때에는 10일 이내에 이를 국회 소관 상임위원회에 제출해야 하되, 대통령령의 경우에는 입법예고를 하는 때에도 그 입법예고안을 10일 이내에 제출해야 한다(「국회법」 제98조의2 제1항). 상임위원회는 위원회 또는 상설소위원회를 정기적으로 개회해 그 소관 중앙행정기관이 제출한 대통령령·총리령 및 부령에 대해 법률에의 위반 여부 등을 검토하고, 당해 대통령령 등이 법률의 취지 또는 내용에 합치하지 아니하다고 판단되는 경우에는 소관 중앙행정기관의 장에게 그 내용을 통보할 수 있다. 이 경우 중앙행정기관의 장은 통보받은 내용에 대한 처리 계획과 그 결과를 지체 없이 소관 상임위원회에 보고해야 한다(「국회법」 제98조의2 제3항). 제98조의2 제1항의 행정입법 제출제도는 행정입법 전체를 대상으로 하지만 제3항의 행정입법 검토제도는 대통령령, 총리령, 부령이 그 대상이라는 점에서 차이가 있다. 또한 「국회법」 제98조의2 제4항은 상임위원회 전문위원이 행정입법에 대한 검토결과를 해당 위원회 위원에게 제공하도록 규정하고 있다.

이와 같은 국회의 행정입법 통제시스템은 법률에서 위임한 사항이나 법률의 집행을 위해 필요한 사항을 규정한 행정입법(대통령령·총리령·부령·훈령·예규·고시 등)이 제정·개정 또는 폐지된 경우에 중앙행정기관의 장이 이를 국회에 제출하도록 하고 국회는 행정입법의 법률 위반 여부 등을 검토할 수 있도록 함으로써 궁극적으로는 정부의 자의적인 행정입법을 방지하기 위해 도입된 제도이다.

「국회법」에 따라 실시하는 행정입법 검토 업무를 지원하기 위해 국회사무처는 「행정입법 분석·평가 업무 처리에 관한 규정」을 제정했다. 이 규정에 따라 국회 법제실은 상임위원회가 의뢰한 행정입법에 대해 분석 평가한 후 그 결과를 해당 상임위원회로 송부하고 있다. 〈예시 3-18〉은 법제실에서 행정입법에 대해 분석·평가한 결과서이다.

3) 행정입법 평가기준[16]

여기서는 국회의 행정입법 검토 시 실무적으로 활용하고 있는 평가기준을 소개한다. 이 기준은 행정입법을 평가하는 기준이기도 하지만 정부가 행정입법을 할 때에 입법자의 의도와 법령체계를 조화시키기 위해 준수해야 하는 기준이기도 하다.

(1) 위임근거 없는 국민의 권리 제한 또는 의무 부과

법치국가원칙으로서 법률유보원칙에 따르면 행정권의 발동은 법률에 근거가 필요하다. 더 나아가 국가와 국민에게 중요한 의미가 있는 영역에 관해서는 본질적 사항에 대해 국민의 대표기관인 의회가 스스로 결정해야 한다. 이를 위반한 행정입법은 위헌 위법하다. 위임근거 없이 국민의 권리를 제한하거나 국민에게 의무를 부과하는 행정입법이 되지 않기 위해서는 첫째, 행정입법은 위임입법사항이어야 한다.

---

16 국회 법제실, 「행정입법 분석·연구사례(중소기업 및 공정거래 분야)」(2017.11) 참조.

서민의 금융생활 지원에 관한 법률 시행령

(대통령령 제27511호, 2016. 9. 23. 시행)

I. 주요 내용

「서민의 금융생활 지원에 관한 법률 시행령」에서는 사업수행기관에 교부된 지원금의 감독 및 반환, 자료제줄 등에 필요한 사항을 서민금융진흥원(이하 "진흥원")의 업무방법서로 정하도록 규정하고 있음.

「서민의 금융생활 지원에 관한 법률」 (법률 제14095호, 2016. 9. 23. 시행)	「서민의 금융생활 지원에 관한 법률 시행령」 (대통령령 제27511호, 2016. 9. 23. 시행)
제28조(지원금의 반환 등) ① 진흥원 원장은 사업수행기관이 제27조 제1항을 위반하여 지원금을 다른 용도에 사용하거나 거짓 신청으로 지원금을 교부받은 경우에는 지원금 교부결정의 전부 또는 일부를 취소하여야 한다. ② 지원금 교부결정이 취소된 경우에는 사업수행기관은 지원금을 반환하여야 한다. ③ 제1항 및 제2항에서 규정한 사항 외에 <u>지원금의 감독 및 반환 등에 필요한 사항은 대통령령으로 정한다.</u>	제21조(지원금의 감독 등) ① 진흥원 원장은 사업수행기관에 교부된 지원금이 제19조 제2호에 따른 사업에 사용되고 있는지와 사업수행기관이 거짓으로 신청하여 지원금을 교부받았는지를 사업수행기관의 자료 등을 통하여 확인하여야 한다. ② <u>제1항에서 규정한 사항 외에 지원금의 감독 및 반환, 자료제출 등에 필요한 사항은 진흥원이 업무방법서로 정한다.</u>

> 「서민의 금융생활 지원에 관한 법률 시행령」에서 법률에서 시행령에 위임한 내용인 지원금의 감독 및 반환, 자료제출 등에 필요한 사항을 진흥원이 업무방법서로 정하도록 재위임한 것은 대통령령으로 해당 내용을 정하도록 한 모법의 취지를 위반한 포괄적인 재위임으로 볼 수 있음.

II. 검토의견

「서민의 금융생활 지원에 관한 법률」제28조 제1항에서는 사업수행기관이 지원금을 다른 용도에 사용하거나 거짓 신청으로 지원금을 교부받은 경우에는 지원금 교부결정의 전부 또는 일부를 취소하도록 하면서, 같은 조 제3항에서 대통령령으로 지원금의 감독 및 반환 등에 필요한 사항을 정하도록 하고 있음.

그러나 이를 위임받은 「서민의 금융생활 지원에 관한 법률 시행령」 제21조는 지원금에 대한 진흥원 원장의 자료확인 의무 이외에 감독 및 반환에 관한 사항을 전혀 정하지 않고 해당 내용을 다시 진흥원이 업무방법서로 정하도록 규정하고 있음.

교부받은 지원금의 반환은 지원금을 받은 사업수행기관의 권익을 침해하는 내용이므로 업무방법서가 아닌 법령에서 그 기준과 방법, 절차 등의 내용을 정하는 것이 해당 기관의 예측가능성 확보를 위해 필요하다고 보임.

따라서 진흥원이 지원금의 감독 및 반환에 관한 사항을 업무방법서로 정하도록 규정한 시행령은 모법에서 위임한 내용을 규정하지 않고 포괄적으로 재위임한 것이므로 시행령에서 지원금 감독에 관한 방식과 반환 기준, 절차 등의 내용을 명시하고, 추가적으로 세부적인 사항은 업무방법서에서 정하도록 규정할 필요가 있음.

즉, 행정입법에서 전속적 법률사항의 본질적인 내용을 정하지 않아야 한다. 또한 행정입법에서 기본권의 본질적 사항을 규정하지 않아야 한다. 둘째, 위임근거가 존재해야 한다. 즉, 수권법률이 존재해야 한다. 수권법률에 위임의 근거가 되는 수권 규정이 직접 존재하거나 수권법률의 입법 취지 및 관련 조항 전체를 유기적·체계적으로 보아 행정입법에 규정될 사항을 예측할 수 있어야 한다.

(2) 위임범위 일탈

헌법 제75조는 대통령은 법률에서 구체적으로 범위를 정해 위임받은 사항에 관해 대통령령을 발할 수 있다고 규정하고 있다. 따라서 위임명령의 내용은 수권 범위 내에서 정해져야 한다. 또한 수권 범위를 확대·초과해 규정해도 위임범위를 일탈하는 것이다. 위임범위의 일탈에 해당하지 않기 위해서는 먼저, 수권법률에서 범위를 정해 위임해야 한다. 이때 행정입법에서 위임된 범위 내에 해당하지 않는 사항을 추가 규정할 경우 국민에 대한 유불리를 불문하고 위임범위 일탈로 판단된다. 둘째, 수권법률에서 예시 방법으로 위임해야 한다. 이 경우에는 예시사항과 본질적 동일성이 인정되는 범위까지만 행정입법에서 구체화해야 한다. 본질적 동일성은 법률의 입법 목적과 입법 취지에 비추어 판단된다. 셋째, 수권법률에서 직접 범위 또는 예시를 적시하지 않은 때에는 수권법률의 입법 취지 및 관련 조항 전체를 유기적·체계적으로 보아 행정입법 내용이 해석상 가능한 것을 명시한 것이거나 수권법률 조항의 취지에 근거해 법률 조항을 구체화하기 위한 것일 때에는 모법의 규율 범위를 벗어난 것이 아닌 것으로 판단된다. 행정입법의 내용이 법률의 목적 또는 취지를 위반하거나 상위 법률의 내용을 변경하는 경우에는 위임범위를 벗어난 것으로 판단된다.

(3) 포괄적 재위임

포괄적 재위임이란 법률에서 위임받은 사항을 대통령령 등에서 전혀 규정하지 않고 총리령·부령 등 하위 법령에 그대로 재위임하는 것을 의미한다. 이는 위임사항을 제·개정 절차가 간편한 하위 법령으로 규정함으로써 행정 편의적인 법 집행을 조장할 우려가 있다. 포괄적 재위임에 해당하지 않기 위한 요건으로는 첫째, 재위임 근거가 존재해야 한다. 법률에서 위임한 사항 중 일부를 부령, 조례, 또는 중앙행정기관의 장 등이 정하도록 하는 하위 법령에 재위임할 수 있는 근거 자체가 존재해야 한다. 둘째, 위임받은 사항에 관해 대강을 정해야 한다. 즉, 하위 법령에서 세부적인 사항을 정할 수 있도록 위임받은 사항의 기본적인 틀 또는 기본적인 일부 사항을 정하거나 그 위임받은 사항에 대한 구체적인 예시를 두어야 한다. 또한 특정 사항을 범위를 정해 재위임해야 한다. 재위임하는 내용에 대해서는 국민의 예측가능성이 보장되어야 한다.

(4) 행정입법 부작위

행정권에 행정입법을 제정·개정 또는 폐지할 법적 의무가 있음에도 합리적인 이유 없이 지체해 행정입법을 제정·개정 또는 폐지하지 않는 경우를 행정입법 부작위라고 표현한다. 행정입법 부작위가 되려면 첫째, 행정기관에 행정입법을 제정 또는 개정할 법적 의무가 있어야 한다. 상위 법령에서 위임한 사항이나 상위 법령의 집행을 위해 필요한 사항이 있어야 한다. 또한 법률의 시행 여부나 시행 시기를 행정기관의 재량에 맡긴 경우가 아니어야 한다. 끝으로 상위 법령의 규정만으로는 집행이 이루어질 수 없어야 한다. 둘째, 행정입법의 제정 또는 개정에 필요한 상당한 기간이 지나야 한다. 법률상 정해진 시행일이 지나거나 행정기관의 지체에 합리적인 이유가 없어야 한다. 끝으로 행정입법의 제·개정이 이루어지지 않았어야 한다.

(5) 내용의 불합리성

대통령령 등 하위 법령의 내용을 규정함에 있어서는 모법의 입법 취지와 규정 내용 등을 균형 있게 고려함으로써 해당 법령의 타당성 및 합리성을 확보해야 한다. 내용의 불합리성 여부를 판단하는 요건으로는 첫째, 행정 편의적인 규정이 아니어야 한다. 행정입법의 내용이 국민의 이익보다는 행정편의를 추구해 국민의 이익을 필요 이상으로 침

해한다면 타당성이나 합리성이 없는 행정입법이다. 둘째, 중요한 고려
사항을 빠뜨리지 않았어야 한다. 재량행위의 기준이 설정되어야 함에
도 그 기준이 전혀 설정되어 있지 않거나, 기준이 설정되어 있더라도
해당 규정의 목적 및 적용 상황에 비추어 반드시 고려해야 하는 내용
을 빠뜨린 경우 등이 여기에 해당한다. 셋째, 헌법상의 기본원칙에 부
합하는 규정이어야 한다. 행정입법 규정 내용이 비례원칙(과잉금지원
칙), 평등원칙, 신뢰보호원칙, 적법절차의 원칙 등 헌법상 기본원칙을
위반했는지 여부와 법률의 위임이 있더라도 국민의 기본권을 필요 이
상으로 제한하고 있는지 여부가 판단 기준이다. 그 밖에 모법의 입법
취지 등을 고려할 때 정책적 타당성이 결여된 경우 등이 있을 수 있다.

(6) 법령체계의 부적합

규범 상호 간에는 구조와 내용 등이 모순됨이 없이 체계와 균형을
유지해야 한다. 그렇지 않으면 규범의 명확성·예측가능성 및 규범에
대한 신뢰와 법적 안정성이 훼손될 수 있다. 법령체계 적합의 판단요
건으로는 첫째, 동일한 법질서체계 내에 있는 법령 상호간에 용어가
일관성 있게 통일적으로 사용되었는지, 상호 조화될 수 없는 개념들이
사용된 것은 아닌지, 동일한 구성요건하에 상이한 법적 효과를 규정한
것은 아닌지, 또는 상위 법령에서 규정한 개념과 구성요건에 부합하고
있는지 등을 판단해야 한다. 둘째, 법률에서 위임받은 형식에 맞게 규
정해야 한다. 행정입법에 규정된 내용이 법령별 소관사항을 준수하고
있는지 등이 문제가 될 수 있으며, 대통령령으로 위임한 사항을 총리
령·부령에서 규정하는 경우도 여기에 해당된다.

제4장

예산안·결산 심사 과정

제1절 개관

이 장에서는 예산안·결산 심사 과정에 관해 살펴본다. 국민의 대표 기관으로서 의회의 가장 대표적이고 본질적인 권한은 입법권과 재정 권이다. 국회의 재정권은 국민이 납부한 세금 등을 기초로 하는 국가 의 재정작용이 자의적으로 이루어지지 않도록 국민의 대표기관인 의 회의 통제를 받도록 하려는 것이다.

국가의 재정작용에서 핵심을 차지하는 것이 예산이다. 대부분의 주 요 선진국은 예산을 법률의 형식으로 의결한다. 그러나 우리 헌법은 예산에 관해 법률과 구분된 별도의 형식과 절차로 규정하고 있다(헌법 제53조 및 제54조). 이에 따라 예산안에서 세입 부분은 세법 심의결과와 연계해 처리하지만, 중요한 재정사업이나 법률에 근거하고 있는 주요 정책사업에서 지출할 내용은 예산안 심의로 확정하게 된다. 이와 같이 국회의 심의로 확정된 예산을 실제로 집행한 결과가 결산인데, 국회는 결산 심사를 통해 집행 과정의 위법·부당함이 없는지, 국회가 예산안 을 심의·확정한 취지대로 집행했는지를 최종 확인한다.

이 장에서는 예산과 예산 과정에 관해 각각 절을 구분해 차례대로 설명한다. 국가재정이나 예산항목 등은 그 자체로 복잡다기하기 때문 에 이 책에서는 국회의 예산안·결산 심사 과정을 이해하는 데 필요한 기초적인 내용을 위주로 소개한다. 이어서 이를 바탕으로 국회의 예산안 심사 과정과 실제 현실에 대해 설명한다. 결산 심사는 예산안 심사 과정과 절차상으로는 사실상 동일하므로 마지막 절에서 간략히 알아 본다. 결산 심사의 조치사항과 관련해서는 감사원에 대한 감사요구제 도를 함께 소개한다.

이 절에서는 국가 예산을 기본적으로 이해하기 위해 예산의 개념과 일반회계, 특별회계, 기금의 범위에 대해 살펴본다. 또한 법률과는 다른 예산의 형식과 특징에 대해 알아보고 본예산, 수정예산, 추가경정 예산 등 예산과 예산안의 종류를 개관해 본다. 또한 예산의 구조를 세 입예산과 세출예산으로 구별해 주요 내용을 간략히 설명한다.

1. 예산의 개념과 범위

예산이란 국회의 의결을 통해 확정된, 중앙정부의 한 회계연도에 걸 친 수입·지출 계획이다(김춘순, 2014: 183). 형식적 의미로 보자면 헌법 또는 「국가재정법」에 의거해 정부가 일정한 형식에 따라 편성하고 국 회의 심의·의결을 거쳐 확정된, 다음 회계연도 국가재정의 일반적인 계획표이다. 실질적 의미로 보자면 국가의 재정수요와 이를 충당하는 재원을 추정해 작성한, 회계연도 내 세입·세출의 '예정적인' 계산서이 다(신해룡, 2012: 4).

즉, 예산이란 정부의 정책 중 재정수입과 지출이 필요한 사항을 일정

그림 4-1 **2018년 기준 중앙정부 재정체계**

일반회계	기업특별회계(5개)	기타특별회계(14개)	기금(67개)
세입 · 내국세 · 관세 · 목적세 ※ 부족 시 국채 발행 **세출** · 보건/복지/고용 · 교육 · 문화/체육/관광 · 환경 · R&D · 산업/중소기업/에너지 · SOC · 농림/수산/식품 · 국방 · 외교/통일 · 공공질서/안전 · 일반/지방행정	· 우편사업 · 우체국예금 · 양곡관리 · 조달 · 책임운영기관	· 교도작업 · 지역발전 · 농어촌구조개선 · 등기 · 행정중심복합도시건설 · 아시아문화중심도시조성 · 에너지 및 자원사업 · 우체국보험 · 주한미군기지이전 · 환경개선 · 국방·군사시설이전 · 혁신도시건설 · 교통시설 · 유아교육지원	· 사업성기금 48개 · 사회보험성기금 6개 · 금융성기금 8개 · 계정성기금 5개

자료: 국회예산정책처(2018: 15).

한 금액으로 표시한 것이자, 정부가 국가의 정책목표를 달성할 수 있도록 재원을 어떻게 조달하고 어떻게 지출할 것인지를 표현한 것이다. 국회는 이러한 수입과 지출의 항목이 제대로 편성되어 있는지, 어떻게 하면 보다 효율적으로 예산을 편성·집행할 수 있는지를 심의한다.

예산은 일반회계와 특별회계로 나뉜다. 일반회계는 국가의 일반적인 지출, 즉 통상적인 국가활동·행정작용·재정사업에 사용하기 위해 설치된 회계이다. 특별회계는 특정 사업이나 특정 자금을 위해, 또는 특정 세입과 특정 세출을 연계하기 위해 일반회계와 구분할 필요가 있을 때 설치하는 회계이다. 예산은 조세수입을 기초로 한다. 이와 달리

기금은 법률이 정책목표를 달성하기 위해 특정한 사업자 등에게 부과한 출연금·부담금 등을 주요 재원으로 하여 특정한 목적을 위해 특정 자금을 신축적으로 운영할 필요가 있을 때 설치한다.

2018년도 기준으로 일반회계 총계는 301.4조 원이다. 특별회계는 기업특별회계 5개와 기타특별회계 14개가 있는데 19개 특별회계의 총계는 67.2조 원이다. 총 67개인 기금의 총계는 594.9조 원이다(국회예산정책처, 2018: 17~22).

법적인 의미에서 엄밀하게 보면 예산은 일반회계와 특별회계로 구분되고 예산과 기금도 형식적인 측면에서 서로 다르다. 그러나 일반회계와 특별회계, 기금에 대한 실제 편성 과정이나 집행, 국회의 심의절차 등은 사실상 동일하다. 특히 헌법에서 국민의 대표기관인 국회의 예산심의권을 보장하려는 취지를 고려하면 예산과 기금을 엄격히 구분하는 것은 실익이 크지 않다(김춘순, 2014: 182~183). 즉, 헌법 제54조 이하에서 사용하고 있는 예산안, 예산, 지출예산 등의 용어는 일반회계와 특별회계는 물론 기금까지 모두 포함하는 중앙정부의 예산을 의미한다고 볼 수 있다.

예산(public buget)과 재정(public finance)은 혼동될 수 있어 범위를 구분할 필요가 있다. 재정은 예산보다 넓은 국가기능으로, 조세, 공과금, 화폐·통화, 재정조정 등까지 포괄한다(박기영, 2014: 4). 헌법을 보면 정부가 국채를 모집하거나 국가에 부담이 될 계약을 체결할 때에는 미리 국회의 의결을 얻어야 하고(헌법 제58조), 국가나 국민에게 중대한 재정적 부담을 지우는 조약을 체결·비준하려면 국회의 동의를 얻어야 한다(헌법 제60조). 국회의 대표적인 권한인 재정권은 이러한 측면을 모두 포함하는 것이다. 다만, 국회 운영이나 정치적·행정적 현실에서 가장 중요하고 쟁점이 되는 것은 예산심의권이다.

2. 예산의 형식과 법률과의 관계

우리나라에서 예산은 법률이 아니다. 우리나라 국민은 대부분 이 사실을 자연스럽게 받아들이고 있다. 그러나 대부분의 주요국은 예산법률주의를 채택하고 있으며, 예산과 법률이 별개의 형식으로 의회를 통과하는 나라는 한국, 일본, 스웨덴 정도이다. 예산법률주의를 채택할 경우 예산의 목적, 내용, 한계가 법률 조문으로 명확하게 기술되기 때문에 예산 내용을 쉽게 이해할 수 있고 법률로 규정하기 때문에 법적 규범력도 높아진다.

예산법률주의는 국회의 재정권한을 높이는 측면도 있다. 현재 우리 국회는 항목별 금액이 정리된 통계표 형식의 예산안을 의결하면서 법적 구속력이 없는 부대의견만 덧붙일 수 있다. 이에 비해 예산법률주의를 채택하면 예산법률의 심의결과에 따라 국회의 의견이 구체적인 법률 조문으로 법적인 구속력을 가질 수 있어 예산집행에 대한 통제도 강화될 수 있다. 하지만 반대로 예산운용이 경직화될 수 있고 예산안의 심의에 투입되는 시간과 노력은 그만큼 더 필요해진다.

우리나라에서 예산과 법률은 서로 형식이 다를 뿐만 아니라 양자의 효력관계도 명시되어 있지 않다. 즉, 예산을 집행할 때 법률에서 지출의 근거가 반드시 필요한 것은 아니며, 반대로 법률은 있는데 이를 집행할 예산이 없는 경우가 발생할 수도 있다. 이 경우 정부는 추가경정예산안을 제출해 예산 자체를 국회의 심의를 거쳐 변경할 수도 있고, 예비비를 이용할 수도 있으며, 이용·전용 등 법적 절차에 따라 다른 항목의 예산을 활용할 수도 있다. 예산집행이 현저히 곤란한 법률안에 대해서는 재의 요구 조치, 즉 대통령이 거부권을 행사할 수도 있다. 상황에 따라서는 국회가 해당 법률을 개정해 예산과 법률의 불일치를 조정할 수도 있다(박기영, 2014: 122).

한편 「국회법」 제79조의2는 예산 또는 기금상의 조치를 수반하는 의안에 대해 그 시행에 필요한 비용에 대한 추계서(이하 '비용추계서')를 함께 첨부하도록 하고 있다. 이는 해당 법률안이 국가의 수입·지출 등 재정에 미치는 영향과 함께 실제 예산이 뒷받침되고 있는지 여부를 사전에 검토하는 절차를 의무화하기 위함이다. 국회의원 또는 위원회의 법률안은 국회예산정책처가, 정부의 법률안은 정부가 각각 추계서를 작성한다.

또 우리 헌법은 조세에 대해 그 종목과 세율을 법률로 정하도록 하는 조세법률주의를 규정하고 있지만 지출에 대해서는 지출법률주의를 채택하고 있지 않다. 지출법률주의를 도입하면 국회는 각 사업의 구체적인 집행 방법에 관한 사항을 개별 법률에 규정할 수 있다. 정부는 이를 준수해 예산을 집행할 것이므로 예산집행에서 국회의 의사가 존중되는 효과도 거둘 수 있다. 또 각 개별 법률의 예산 근거 규정을 심의함으로써 연중 내내 예산을 심의하는 효과를 확보할 수 있으므로 예산에 대한 장기적이고 체계적인 심의가 가능하다. 제20대 국회 헌법개정특별위원회에서도 예산의 법규범성을 확보하고 재정의 책임성을 강화하기 위해 지출법률주의를 도입할 필요가 있다는 의견이 다수 개진된 바 있다. 그러나 행정부 중심의 예산 과정이 지속되어 온 현실에서 지출법률주의를 도입하는 것은 쉽지 않은 과제이다.

3. 예산과 예산안의 종류

국회가 심의·확정하는 예산안의 종류는 통상 본예산안, 수정예산안 및 추가경정예산안으로 구분된다(정호영, 2012: 459~461).

첫째, 본예산안은 헌법 제54조 제2항에서 정부가 회계연도 개시 90 일 전까지 국회에 제출하고 국회는 회계연도 개시 30일 전까지 의결하도록 규정하고 있는 예산안이다. 일반적으로 말하는 예산안은 이 본예산안을 의미한다.

둘째, 수정예산안은 국회가 예산안을 의결하기 전에 정부가 그 내용의 일부를 수정해 제출하는 예산안이다. 헌법에는 명문의 근거가 없으나 「국가재정법」 제35조(국회 제출 중인 예산안의 수정)에서 부득이한 사유로 국회에 제출된 예산안을 수정하고자 할 때에는 국무회의 심의를 거쳐 대통령의 승인을 얻은 수정예산안을 국회에 제출할 수 있다고 규정하고 있다.

헌법상 명문의 규정은 없으나 「국가재정법」에 수정예산안의 근거를 마련해 둔 것은 여러 부처에 걸친 사업을 복잡하게 수정하거나 수정의 규모가 큰 경우 등에는 정부가 수정예산안을 제출하는 것이 체계적인 예산안 심사의 측면에서 편리한 면이 있기 때문이다(국회예산정책처, 2018: 67~68). 수정의 범위에 대해서는 명문으로 제한하고 있지 않으나 「국가재정법」 근거조문에서 '부득이한 사유'와 '그 내용의 일부'라고 표현하고 있으므로 이러한 취지에 부합하는 범위여야 할 것이다. 수정예산안이 제출되면 당초 제출된 예산안에 흡수되어 심의·의결된다.

수정예산안은 지금까지 모두 4회 제출되었다. 본예산안에 대한 수정예산안으로는 1970년도, 1981년도, 2009년도 예산안에 대해 제출되었다. 1980년도의 경우는 추가경정예산안이 제출된 후 이에 대한 수정예산안이 제출되었다. 최근 사례인 2009년도 예산안에 대한 수정예산안을 보면 미국 금융위기 등 경제여건 변화를 반영하기 위해 총수입은 당초 대비 1.8조 원 감소한 293.2조 원, 총지출은 당초 대비 10조 원 증가한 283.8조 원으로 편성해 국회에 제출했다(국회예산정책처, 2018: 68).

셋째, 추가경정예산안은 예산이 성립된 후, 즉 국회가 심의·확정한 후 예산에 추가할 사항이 있거나 변경할 사항이 있을 때 정부가 국회에 제출하는 예산안으로, 헌법 제56조에서 명문으로 규정하고 있다. 「국가재정법」 제89조 제1항은 추가경정예산안을 편성할 수 있는 경우로 ① 전쟁이나 대규모 재해, ② 경기침체·대량실업·남북관계 등 대내외 중대변화가 발생했거나 발생할 우려, ③ 법령에 따른 긴급한 지출 등을 규정하고 있다.

제헌국회 이래 제19대 국회까지 추가경정예산안은 총 77회 제출되었다(국회사무처, 2016b: 1009~1012). 1년에 2~3회 제출된 경우도 있으니 사실상 거의 매년 제출된 셈이다. 추가경정예산안에 대해서는 여야 간에 입장 차이가 발생하는 경우가 많다. 정부와 여당은 「국가재정법」의 요건에 따라 경기침체 등에 대응하려는 필요성을 강조하게 마련이다. 그러나 추가경정예산안이 제출되면 야당은 재정지출 확대나 선심성 예산 등을 통해 정부와 여당의 지지율을 높이려는 의도라고 비판하는데, 특히 선거가 있을 때에는 그 순수성을 의심하면서 반대하는 경우가 많다.

4. 예산의 구조

예산에서 세입과목은 관 - 항 - 목의 체계로 구분되어 있다. 크게 보면 소득세, 법인세, 상속세 등의 국세수입과 국세수입 외의 세외수입으로 나뉜다. '관'은 내국세(01), 관세(02), 방위세(03) 등의 순서로 나열되어 정부내부수입 및 기타(40)가 마지막이다. 이러한 각 '관'은 '항'과 '목'의 순서로 다시 나뉜다. 예를 들어, 내국세(01) 관은 소득세(11), 법인세(12), 부당이득세(13) 등의 항으로 구성되어 있고, 소득세(11) 항은 신고분(111)과 원천분(112) 2개의 목으로 구성되어 있다.

세출예산은 크게 소관별 분류, 회계별 분류, 기능별 분류, 성질별 분류로 나뉜다. 소관은 소관 부처를 구분한 것이고 회계는 일반회계이거나 특정 특별회계 중 무엇인지를 명시하는 것이다. 기능별 분류는 정책구조의 체계에 따라 분야(장) - 부문(관) - 프로그램(항) - 단위사업(세항) - 세부사업(세세항)으로 나뉜다. 사업의 명칭과 예산 항목을 구분하기 위해 분야(장) - 부문(관) - 프로그램(항) - 단위사업(세항) - 세부사업(세세항) 각각의 체계에는 사업명을 부여하고 일련의 숫자로 사업코드를 표시한다. 예를 들어, 「재난안전통신망 구축 운용」 사업은 행정안전부 소관 일반회계 사업으로, 공공질서및안전(020) 분야 - 재난관리(025) 부문 - 재난안전정보화(3000) 프로그램 - 재난정보통신관리(3031) 단위사업의 세부사업(502)이다. 이 경우 실무적으로는 통상 "「재난안전통신망 구축 운용」(3031-502)" 식으로 단위사업 또는 세부사업의 사업명(사업코드)을 표시한다.

이와 같이 소관, 회계, 기능으로 구분된 모든 경비는 실제 지출하는 성질에 따라서 다시 비목별 분류로 나뉜다. 비목별 분류는 목과 세목의 체계로 구성된다. '목'은 인건비(100), 물건비(200), 이전지출(300), 자산취득 및 운용(400), 상환지출(500), 전출금 등(600), 예비비 및 기타(700)와 같이 일곱 가지 성질로 구분된 후 총 26개의 목으로 분류된다. 예를 들어, 일반적인 행정·사무비용이 포함되는 물건비(200)에는 운영비(210), 여비(220), 특수활동비(230), 업무추진비(240), 직무수행경비(250), 연구용역비(260)의 목이 있다. '목' 아래에는 '세목'이 있다. 예를 들어, 전술한 물건비(200) 가운데 운영비(210)에는 일반수용비(210-01), 공공요금 및 제세(210-02), 임차료(210-07) 등 16개의 세목이 있다.

제3절 예산 과정의 이해

이 절에서는 예산의 편성에서부터 결산에 이르기까지 전체 예산 과정을 개관하고, 정부 우위의 예산 과정에 대해 간략히 언급한다. 각 예산 과정의 세부적인 내용, 국회 예산안·결산 심사절차의 실제에 대해서는 다음 절에서 설명한다.

1. 예산 과정의 개요

예산 과정(budget cycle)이란 예산의 편성에서부터 심의·확정, 집행, 결산으로 연결·반복되는 과정을 가리킨다. 예산 과정은 3년의 기간이 하나의 주기로 구성된다. 이는 당해 연도를 기준으로 할 때 예산주기가 전년도 결산, 당해 연도 예산의 집행, 다음연도 예산편성 및 심의의 순서로 3년에 걸친 과정을 필요로 하기 때문이다(신해룡, 2012: 85). 다음연도 예산안을 기준으로 할 때, 예산 과정은 정부의 예산안 편성에서부터 시작된다고 볼 수 있다. 우리 헌법과 「국가재정법」에 따르면 정부가 회계연도 개시 120일 전(9월 3일)까지 예산안을 편성해 국회에 제출하면 국회는 회계연도 개시 30일 전(12월 2일)까지 이를 의결한다(헌법 제54조).

1) 정부의 예산안 편성

우리 헌법은 예산안 편성권을 정부에 부여하고 있다(헌법 제54조 제2항). 정부의 예산안 편성은 ① 각 부처의 중기사업계획서 제출(~1/31), ② 기획재정부의 예산안편성지침 통보(~3/31), ③ 각 부처의 예산요구서 제출(~5/31), ④ 기획재정부의 예산안 편성, ⑤ 국무회의 심의 및 대통령 승인, ⑥ 국회 제출(~9/3)로 이루어진다(「국가재정법」 제28조~제33조).

각 중앙관서는 매년 1월 31일까지 향후 5년 이상 기간 동안의 신규사업 및 주요 계속사업에 대한 중기사업계획서를 기획재정부에 제출한다. 중기사업계획서는 향후 5년간의 국가재정운용계획 수립과 예산안 편성을 위한 지출한도 설정의 기초자료로 활용된다(국회예산정책처, 2018: 80). 먼저, 기획재정부는 각 부처에서 제출한 중기사업계획서를 중심으로 전년도에 작성한 국가재정운용계획과 비교·검토한다. 이 과정에서 전문가 견해를 청취하면서 거시지표 전망에 대해 재정규모의 윤곽을 설정하고, 국무위원 재정전략회의에서 분야별·부처별 지출한도 및 국가재정운용계획 수립을 논의하기 위한 준비를 진행한다.

기획재정부는 국무회의 심의와 대통령의 승인을 거쳐 다음 연도의

표 4-1 **예산안 편성 및 확정 절차**

기간	사항	비고
매년 1월 31일까지	• 당해부터 5회계연도 이상의 중기사업계획서 제출	• 「국가재정법」§28 - 연도별 투자 소요 및 대상 사업 선정
매년 3월 31일까지	• 예산안 편성지침 통보 (기획재정부 → 각 부처) • 국회 예결위 보고 (기획재정부 → 예결위)	• 「국가재정법」§29·30 - 예산편성의 기본 방향 - 주요 비목의 기준단가
매년 5월 31일까지	• 예산요구서 제출 (각 부처 → 기획재정부)	• 「국가재정법」§31 - 예산조정 작업 착수 - 기획재정부안 마련 후 관계기관 협의 및 국무회의 의결
매년 9월 3일까지	• 예산안 국회 제출	• 회계연도 개시 120일 전까지 국회 제출 (헌법 §54 및 「국가재정법」§33)
매년 12월 2일까지	• 예산안 국회심의·의결	• 회계연도 개시 30일 전(12.2)까지 의결 (헌법 §54)
매년 12월 중	• 예산공고	• 확정된 예산의 정부 이송 • 국무회의 의결·대통령 재가 후 공고

자료: 예산결산특별위원회(2017: 97).

예산안편성지침을 매년 3월 31일까지 각 중앙관서에 통보하고 같은 내용을 국회 예결위에 보고한다. 또한 국가재정운용계획을 근간으로 하여 분야별·부처별 지출한도를 설정하는데, 각 부처는 부처별 지출한도 내에서 기존 사업의 구조조정 및 신규사업 발굴 등을 통해 자율적으로 세부사업을 편성한다.[1] 이를 통해 작성된 부처별 예산요구서는 5월 31일까지 기획재정부에 제출한다. 기획재정부가 각 부처의 예산요구서를 조정해 편성한 전체 예산안은 국무회의를 거쳐 대통령이

---

[1] 이를 예산의 '총액배분·자율편성(top-down)' 제도라고 하는데 과거 '부처요구·중앙편성(bottom-up)' 방식을 대신해 2005년부터 도입되었다.

승인해 회계연도가 개시되기 120일 전(9월 3일)까지 국회에 제출된다.

2) 국회의 심의·확정

정부가 제출한 예산안은 국회가 심의·확정한다(헌법 제54조 제1항). 국회의 예산안 심의는 ① 정부의 시정연설, ② 상임위의 예비심사, ③ 예결위의 종합심사, ④ 본회의 의결 순서로 이루어진다(헌법 제54조 및 「국회법」 제84조 등). 다만, 정보위원회의 국가정보원 등에 대한 예산안 심사는 예결위와 별도로 이루어지고 있어 예결위에서 수정하지 못한다. 예산 심의 과정 세부 절차는 다음 절에서 다시 상술한다.

국회의 예산안 심의는 정부가 예산안을 제출하는 시점부터 공식적으로 시작된다. 현행 헌법은 예산안을 회계연도 90일 전(10월 2일)까지 국회에 제출하도록 규정하고 있다(헌법 제54조 제2항). 1972년 제7차 개정헌법, 즉 유신헌법 이전에는 예산안을 회계연도 개시 120일(9월 3일) 전까지 국회에 제출하도록 되어 있었다. 하지만 유신헌법은 예산안의 국회 제출 시한을 회계연도 개시 90일 전으로 바꿔 국회에서 예산안을 심사하는 기간을 줄여버렸다.

이로 인해 예산안 제출(10월 2일)에서 헌법상 의결 시한(12월 2일)까지 심의기한이 촉박하다는 비판이 지속되었다. 그리고 헌법 개정이 어렵다면 법률 개정을 통해서라도 국회 예산 심의 기간을 확보할 필요성이 꾸준히 제기되어 왔다. 이에 국회는 2012년 국회선진화법 개정 당시 예산안 자동부의 제도를 도입하면서 예산 심의 기간 확보를 위한 「국가재정법」 개정을 부대의견으로 채택했다. 이후 2013년에 개정된 「국가재정법」은 예산안의 회계연도 90일 전 제출 규정을 120일 전 제출로 바꿔 예산 심의 기간을 30일 늘렸다. 한편 국회의 예산안 의결 법정시한의 경우 제헌헌법에서는 회계연도 개시 전까지 의결하면 되도록 하고 있었으나 1962년 제5차 개정헌법에서 회계연도 개시 30일 전(12월 2일)까지로 바뀌어 현행까지 이어지고 있다.

우리 헌법 제57조는 국회는 정부의 동의 없이 지출항목 각항의 금액을 증가하거나 새 비목을 설치할 수 없도록 하여 국회의 예산수정권을 제한하고 있다. 규정상으로는 제한되어 있으니 현실에서는 여야 협상과 합의 및 정부 동의로 예산안의 증액이 이루어지고 있다. 그러나 정부의 예산안 증액동의 권한은 국가 예산의 최종적 결정권한을 국민의 대표기관인 국회에 두도록 한 헌법정신과 충돌할 수 있고, 의회가 해야 할 예산의 실질적 조정과 결정을 선출직이 아닌 중앙예산기관의 관료가 대신한다는 문제가 있다.

3) 예산의 집행

예산이 확정되고 새로운 회계연도가 시작되면 예산집행 단계에 들어간다. 예산집행은 예산배정에서 시작되며, 배정된 예산은 지출원인행위를 바탕으로 집행 과정을 거친다(서갑수, 2012: 4). 예산집행은 단순히 예산상의 금액을 수납·지출하는 것이 아니라 수입의 조정, 예산 및 자금의 배정, 지출원인행위의 실행, 국채의 발행, 일시차입금의 차입, 세출예산의 이용·전용·이체, 계약의 체결 등까지 모두 포함하는 활동이다(국회예산정책처, 2018: 86).

예산집행의 첫 단계인 예산배정은 각 중앙관서의 예산배정요구서 작성과 기획재정부 제출, 기획재정부의 분기별 예산배정계획 작성, 국무회의 심의와 대통령 승인을 통해 결정된다(「국가재정법」 제42조·제43조). 이렇게 중앙관서에 배정된 예산은 각 부서 등 하급기관에 재배정되고 기획재정부에서 작성·통지한 월별 세부자금계획(「국고금관리법」 제30조)의 범위 내에서 예산수요부서의 예산집행요구, 재무관의 지출원인행위, 지출관의 지급 등의 절차를 거쳐 실제 집행된다(국회예산정책처, 2018: 86).

우리 헌법은 조세에 대해 종목과 세율을 법률로 정하도록 하는 조세법률주의(헌법 제59조)를 규정하고 있지만 지출에 대해서는 지출법률주의를 채택하고 있지 않다. 그리고 예산은 법률이 아닌 국회의 의결사항이며 대통령은 국회에서 의결한 예산을 법률처럼 거부할 수는 없다. 또한 법률과 예산은 별개이므로 법률의 근거가 없어도 예산만 확보되면 지출하는 데 문제가 없다. 국회에서 예산이 확정되면 항목별 금액으로 표시되어 있는 예산을 정부에 이송하고 정부는 그 예산을 「국가재정법」 등 예산 관계 법률에 입각해서 집행한다.

그러나 이러한 근거 법률이나 예산안에 기술된 내용은 추상적이고 일반적이라서 각 개별 사업에 합당한 구체적인 집행방법이 제시되어 있지는 않다. 예산 심의 과정에서 제출된 각종 사업설명서 등에서도 사업의 목적이나 내용이 설명되고 있으나 해당 기술이 법적 구속력을 가지는 것은 아니다. 예산의 세부적인 항목과 금액, 단가 등이 기재된 각목명세서는 편성·지출의 근거로서의 역할을 하지만 법적 구속력을 가지지 못하는 것은 마찬가지이다.

따라서 실제 예산집행에서는 정부 재량이 미치는 영향이 크다. 사업설명서나 각목명세서가 있지만 상황에 따라 달리 적용하는 경우가 많으며 실제로 일정 정도의 재량도 필요하다. 그리고 이와 같이 일정한 재량에 따라 집행된 결과가 관련 법령은 물론 당초의 편성취지나 내용에 부합하는지는 1차적으로는 부처별 내부 감사와 정부 내 감사원에서, 최종적으로는 국회의 결산 심사에서 점검하게 되는 것이다.

4) 정부의 결산

정부의 결산은 ① 출납사무 완결, ② 각 중앙관서결산보고서 등의 작성·제출, ③ 기획재정부의 국가결산보고서 작성, ④ 국무회의 심의와 대통령 승인, ⑤ 감사원의 결산검사, ⑥ 국가결산보고서 국회 제출 순서로 이루어진다. 우리 헌법에서는 결산에 관해 감사원의 직무사항 중 하나로 열거하면서 감사원이 결산검사 후 대통령 및 국회에 보고할 의무만 규정하고 있다(헌법 제97조·제99조).

회계연도가 연도말로 종료되면 다음연도 2월 10일까지 국고금의 출납장부 정리를 마감한다(「국고금관리법」 제4조의2). 이후 각 중앙관서에서는 중앙관서결산보고서를 작성해 2월 말까지 기획재정부에 제출하며, 이를 통합한 국가결산보고서가 국무회의 심의와 대통령 승인을 거쳐 4월 10일까지 감사원에 제출된다(「국가회계법」 제13조 및 「국가재정법」 제58조·제59조). 감사원은 국가결산보고서를 검사해 그 보고서를 5월 20일까지 기획재정부에 송부하고 정부는 감사원 검사를 거친 국가결산보고서를 5월 31일까지 국회에 제출한다(「국가재정법」 제60조·제61조).

5) 국회의 결산 심사

헌법에는 국회의 결산 심사에 관한 규정이 없다. 헌법 제99조에서는 감사원이 매년 결산을 검사해 그 결과를 대통령과 국회에 보고해야 한다고만 규정하고 있다. 국회의 결산 심사는 「국가재정법」과 「국회법」에 근거해 이루어진다. 정부는 감사원 검사를 거친 국가결산보고서를 5월 31일까지 국회에 제출해야 한다(「국가재정법」 제61조). 국회에 제출된 결산은 상임위의 예비심사와 예결위 종합심사를 거쳐 본회의에 부의한다(「국회법」 제84조 제2항 및 제3항). 시정연설이 없다는 점, 결산은 예산안과 달리 의안의 성격상 수정할 수 없다는 점 외에는 예산안의 심사절차와 동일하다.

과거에는 9월에 시작되는 정기회 중에 결산 심사까지 함께 이루어졌으나 2003년 조기결산제도가 도입됨에 따라 국회는 정부가 5월 31일까지 제출한 결산을 정기회 개회 전(8월 31일)까지 심의·의결하는 것으로 바뀌었다(「국회법」 제128조의2). 조기결산제도의 취지는 의원들의 관심이 낮았던 결산 심사를 강화하고 동시에 정기회는 예산안 심의에 집중하며 결산 심사, 국정감사, 예산안 심의를 효율적으로 연계하기 위한 것이다. 현재 상임위와 예결위에서는 조기결산제도 취지대로 결산에 대한 실질적·실무적 심사를 정기회 개회 전에 어느 정도 진행하며, 의결만 하면 되는 수준까지 내용적인 합의가 이루어지는 경우도 많다. 다만, 국회일정과 정치상황에 따라 예결위와 본회의의 의결 자체는 정기회 기간 중으로 미루어지는 경우가 자주 발생한다.

또한 국회는 결산의 심사결과 위법 또는 부당한 사항이 있는 때에는 본회의 의결 후 정부 또는 해당 기관에 변상 및 징계조치 등 그 시정을 요구하고, 정부 또는 해당 기관은 이를 지체 없이 처리해 그 결과를 국회에 보고해야 한다(「국회법」 제84조 제2항 후단). 이는 감사원이 각 기관에 대한 감사결과에 따라 변상 및 징계조치 등 시정을 요구하는 제도(「감사원법」 제31조 이하)를 국회의 결산 심사에도 차용한 것이다. 결산에 대한 이러한 시정요구제도는 2003년 조기결산제도 도입 당시 함께 도입되었다.

2. 정부 우위의 예산 과정

1) 정부의 예산안 편성권 문제

예산 심사와 통제에 관한 각종 연구에서는 예산 과정의 특징을 행정부 우위형(영국), 입법부 우위형(미국), 관료제형(개발도상국)으로 분류하고 있으며, 한국은 주로 관료제형으로 분류되어 왔다(성낙인, 2017: 496). 그런데 최근 들어 한국도 법·제도적 한계에도 불구하고 국회의 예산안 심의 과정에서 정부에 대한 비판과 통제가 확대되고 있다. 이를 근거로 우리 국회가 이른바 '경합장적 의회(arena legislatures)'(Polsby, 1975)와 가깝다는 분석도 있다(김춘순, 2018: 435~436).[2]

미국에서는 예산편성권을 정부가 아니라 연방의회가 보유한다. 그런데 현대 행정국가에서 의회가 정부의 복잡한 각종 사업을 충분히 잘 파악해 예산안을 작성한다는 것은 사실상 불가능하다. 이를 감안해 미국 연방의회는 1921년 「예산회계법」을 제정해 대통령에게 연방정부의 예산안을 작성해 의회에 제출하도록 의무를 부과했다. 이에 따라 대통령이 매년 2월 예산교서 형식으로 대통령예산안(President's Budget)을 의회에 제출한다.

우리나라도 이러한 미국의 제도를 모델로 삼아 개헌을 통해 국회가

---

2 폴스비(Polsby, 1975)는 정부의 기능이 분화되어 있고 외부에 개방성을 확보하고 있는 정치공동체의 의회를 경합장(arena) 의회와 변형(transformative) 의회로 구분한다. 경합장 의회는 정치세력 간의 상호 경쟁의 장으로서의 역할을 가지는 것에 비해, 변형 의회는 정책 제안을 법률로 바꾸는 독립적인 능력을 가진다. 따라서 경합장 의회는 행정부의 책임성 담보에 초점을 두면서 의회에서 무엇이 말해지는지가 중요하지만, 변형 의회는 실질적인 정책을 형성하는 측면에서 의회에서 무엇이 이루어지는지가 중요하다.

예산안 편성권을 보유해야 한다는 의견이 있다. 재정민주주의를 실질적으로 실현한다는 취지에서 이 의견은 타당한 측면이 있다. 그러나 예산안 편성권을 국회가 보유하는 것만으로는 인력과 정보가 집중된 행정부에 의존하는 현상이 해결되지 않는다. 미국 연방의회 역시 법적으로는 대통령예산안에 구속되지 않지만 실질적으로는 대통령예산안의 내용에 크게 의존할 수밖에 없는 것이 현실이다.

2) 기획재정부의 영향력 문제

정부 내에서도 다른 부처의 예산요구서를 조정해 예산안을 편성하고 공공기관의 인사·재정에까지 일정하게 개입할 수 있는 기획재정부의 영향력은 막강하다. 2005년에 각 부처는 부처별 지출한도 내에서 자율편성을 하는 총액배분 자율편성 제도를 도입했다. 그러나 실무에서 부처별 예산요구서를 조정하는 과정을 보면 기획재정부의 실무관료가 사업별 세부항목과 근거까지 원점에서 재검토하는 한계를 여전히 벗어나지 못하고 있다(국회예산정책처, 2018: 81).

입법권과 예산심의권을 수행하는 국회의원조차 지역구 예산 등 자신들이 필요로 하는 예산이 있으면 이를 기획재정부의 편성단계에 미리 반영될 수 있도록 노력한다. 국회에서 증액하는 것은 소관 상임위와 예결위 심사 과정에서 외부에 드러나기 쉽고 결국 여야 간 합의와 정부, 특히 기획재정부의 동의가 필요하기 때문이다.

예산 과정에서 정부의 권한, 보다 명확하게는 기획재정부라는 특정 부처의 권한이 비대하다는 비판에 대해서는 기획재정부에서 예산편성·배정 기능을 분리해 기획재정부가 경제·재정정책 수립과 같은 본연의 기능에 충실하도록 해야 한다는 주장이 제기되기도 했다. 예산을 담당할 특정 부처를 신설해도 힘의 쏠림 현상은 여전할 것이기 때문에 미국 백악관에 설치된 관리예산처처럼 청와대에서 총괄하도록 하는 방안도 검토될 수 있다.

과거 김대중 정부가 출범하면서 미국 백악관의 관리예산처와 비슷한 조직을 만들고자 시도한 적이 있다. 대선 후 발족한 정부조직개편심의위원회가 당시 재정경제원의 예산실을 장관급 기획예산처로 분리해 대통령 직속으로 두는 정부조직개편안을 마련한 것이다. 하지만 대통령 권한 강화를 우려한 야당의 반대로 기획예산위원회와 예산청으로 나눠 각각 대통령 직속과 재경부 산하에 두도록 했다. 그런데 정부 내 예산기능을 이원화한 기형적인 형태라서 결국은 두 기관을 통합해야 한다는 목소리가 높아졌고 다음 해에 국무총리 소속으로 기획예산처를 발족했다. 그러다 2008년 이명박 정부가 들어서면서 지금과 같이 기획재정부로 환원되어 현재까지 이르고 있다.

현재 우리나라 예산 과정의 현실을 고려하면 예산 권한을 정부의 특정 부처에 두는 방안으로는 정부 우위, 기획재정부 우위, 관료제 중심의 문제점을 근본적으로 해소하기 어려울 수 있다. 기능을 배분하고 절차 자체를 개선하는 것도 필요하지만 본질적으로는 예산의 편성·집행·심사의 투명성을 확대시키고 그 역할을 국민의 대표기관인 국회가 선도할 수 있어야 한다.

제4절 예산안 심사 과정

이 절에서는 국회로 제출된 예산안이 본회의에 보고되는 과정과 상임위원회의 예비심사와 예산결산특별위원회의 종합심사를 거쳐 다시 본회의에서 최종 심의·의결되는 과정을 세부적으로 살펴본다.

1. 예산안의 국회 제출

1) 본회의 보고와 시정연설

예산안 심사는 정부가 예산안을 국회에 제출함으로써 공식적으로 시작된다. 국회에 제출된 예산안은 본회의 보고와 정부 시정연설의 절차를 거친다.

정부는 헌법 제54조 제2항에 따라 회계연도 개시 90일 전까지 예산안을 편성해 국회에 제출해야 한다. 「국가재정법」 제33조는 이를 30일 당겨 120일 전까지로 규정하고 있어 현재는 매년 9월 3일까지 다음 연도 예산안이 국회에 제출되고 있다.[3] 의장은 제출된 예산안을 의원에게 배부하고 본회의에 보고한다. 본회의 보고는 법률안의 경우와 동일한 방식으로 이루어진다(〈예시 4-1〉참조).

국회는 예산안이 제출되면 본회의에서 정부로부터 국정의 각 부문별 역점 운용방향 등에 관해 시정연설을 듣는다. 정부의 예산안 시정연설은 「국회법」 제84조 제1항 후단에서 규정한 필수적인 절차이다. 정부 시정연설은 2017년까지는 대통령 명의로 이루어졌다. 대통령 명의이므로 대통령이 직접 국회에서 행하는 것이 원칙이나 임기 첫 시정연

---

3   다만, 2013년 「국가재정법」 개정 당시 부칙에서 정부의 제출기한을 단계적으로 당기도록 하여 2015년에는 회계연도 100일 전(9월 22일), 2016년에는 회계연도 110일 전(9월 12일)이 제출기한으로 적용되었다.

(10시00분 개의)

○**의장** 의석을 정돈해 주시기 바랍니다.

성원이 되었으므로 제○○차 본회를 개의하겠습니다.

보고사항은 회의록에 게재하도록 하겠습니다.

(보고사항은 끝에 실음)

오늘은 2018년도 예산안에 대한 정부의 시정연설을 대통령으로부터 직접 듣도록 하겠습니다. (중략)

1. 2018년도 예산안 및 기금운용계획안에 대한 정부의 시정연설

○**의장** 그러면 의사일정 제1항 2018년도 예산안 및 기금운용계획안에 대한 정부의 시정연설을 상정합니다.

잠시 후 대통령께서 입장하셔서 연설을 하시겠습니다. (중략)

○**대통령** 존경하는 국민 여러분!

○○○ 국회의장님과 국회의원 여러분!

정부가 편성한 내년도 예산안을 국민과 국회에 직접 설명드리고 국회의 협조를 부탁드리고자 이 자리에 섰습니다.

(이후 생략)

자료: 제354회국회(정기회) 국회본회의회의록 제11호, 1쪽.

설 이후에는 관행적으로 국무총리가 대독해 왔다. 그러다가 2013년 이후에는 매년 대통령이 시정연설을 행하고 있다. 2018년 제1회 추가경정예산안의 경우는 최초로 국무총리 명의로 시정연설이 이루어졌다.

2) 예산안의 구성요소

「국가재정법」 제19조를 보면 예산안의 구성항목으로 예산총칙, 세

입세출예산, 계속비, 명시이월비, 국고채무부담행위 등 다섯 가지를 열거하고 있다. 매년 실제로 제출되는 "○○○○년도 예산안"을 보면 첫 페이지와 목차에도 이상 다섯 가지 순서가 명시되어 있다. 기금운용계획안은 총괄과 기금별 계획안으로 구성되어 있다. 「국가재정법」에 따라 예산안에는 이 다섯 가지 법정항목에 대한 설명서나 총사업비 관리대상 사업 현황, 성과계획서, 성인지예산서, 조세지출예산서 등 총 17개의 첨부서류가, 기금운용계획안에는 7개의 첨부서류가 같이 제출된다.[4] 2010년 「국회법」 개정에서는 '임대형 민자사업(BTL) 한도액안'에 대해 종전에 국회에 사전제출·변경보고만 하던 것을 예산안과 동일한 절차로 심의받도록 했다.

이에 예산 심사절차에서는 통상 예산안, 기금운용계획안, 임대형 민자사업 한도액안이 한꺼번에 상정·심사된다. 이하 본문에서도 "예산안"이라 표현한 것은 각각 제출된 이 세 가지 의안을 한꺼번에 묶어서 지칭하는 경우가 많다. 법률 규정상으로는 「국회법」 제85조의3에서 이 세 가지 의안을 묶어서 "예산안등"으로 표현한다.

앞서 예산의 구조에서 세입과목은 관 - 항 - 목의 체계이고, 세출과목은 기능별로는 분야(장) - 부분(관) - 프로그램(항) - 단위사업(세항) - 세부사업(세세항)의 체계임을 소개했다. 그런데 실제 예산안에서 정부가 국회에 제출하는 단위는 세입과 세출 모두 '항'이다. '항' 이상은 국회 의결이 필요한 단위라는 측면에서 입법과목이라 표현하고, 항 이하는 정부의 재량이 가능한 단위라는 측면에서 행정과목이라 표현

---

4   예산안의 구성항목과 첨부서류에 대한 세부적인 설명은 국회예산정책처(2018), 72쪽 이하 또는 박기영(2014), 219쪽 이하 참조.

한다.

이에 따라 다른 항(프로그램)으로의 예산집행인 '이용'은 예산안 심의 시 국회가 의결한 범위 안에서만 가능하다. 반면 같은 항(프로그램) 내에 다른 세항(단위사업)으로의 예산집행인 '전용'은 각 기관이 기획재정부 장관의 승인을 거쳐 집행할 수 있다. '전용' 대상 이하의 단위에서 다른 항목으로의 예산집행, 즉 같은 단위사업 내의 세세항 간에 같은 목으로의 예산집행이나, 목 내에서 세목 간으로의 예산집행을 '조정'이라고 부르는데, 이는 원칙적으로는 기획재정부 장관의 승인 없이 기관 자체 지침으로 가능하다. 〈예시 4-2〉부터 〈예시 4-6〉까지는 국회에 제출된 2018년도 예산안의 실제 내용을 일부 발췌한 것이다.[5]

2. 상임위원회의 예비심사

상임위의 예비심사는 ① 소관 상임위 회부, ② 상임위 상정, ③ 위원 질의·정부답변, ④ 소위원회 심사, ⑤ 토론 및 표결, ⑥ 예비심사보고의 순서를 거친다(국회 예산결산특별위원회, 2017: 99~110). 기본적인 절차는 앞서 살펴본 법률안의 상임위원회 심사절차와 동일하다.

1) 소관 상임위 회부 및 상정, 대체토론 등
의장은 예산안이 제출되면 이를 바로 소관 상임위에 회부하고, 회부

---

5   국회의 예산안·결산 심사 내용과 관련 의안은 국회 의안정보시스템(likms.assembly.
     go.kr/bill)에서 '예산안'과 '결산'을 검색하거나 해당 시스템의 '예산정보', '결산정보' 메
     뉴에서 확인할 수 있다.

예시 4-2 **2018년도 예산안 실제 사례: 예산총칙안**

<table>
<tr><td colspan="2" align="center">2018년도 예산총칙안</td></tr>
</table>

제1조 2018년도 세입·세출예산 총액을 각각 다음과 같이 정한다.

① 일반회계   301,356,989,316,000원

② 농어촌구조개선특별회계   10,421,574,000,000원

③ 교통시설특별회계   18,278,688,000,000원

④ 등기특별회계   364,273,685,000원

⑤ 교도작업특별회계   129,925,000,000원

(중략)

제10조 ① 다음 경비 또는 비목에 부족이 생겼을 경우에는 국가재정법 제47조 제1항 단서규정에 의하여 당해 소관 내의 타 비목으로부터 이용할 수 있다.

1. 공무원의 보수, 기타직 보수, 상용임금, 일용임금
2. 공공요금 및 제세, 급식비, 임차료
3. 배상금, 국선변호금, 법정보상금
4. 국공채 및 재정차관원리금 상환금과 금리변동으로 인한 이자지출(국고금관리법 제32조 및 동법 시행령 제51조에 따른 조달자금에 대한 이자지출 포함) 경비
5. 환율변동으로 인한 원화경비 부족액
6. 국제유가 변동으로 인한 군 및 해양경찰의 유류경비 부족액
7. 기업특별회계의 양곡관리비용, 우체국예금 지급이자, 우편운송료
8. 재해대책비(전염병 예방·대책비 포함)
9. 반환금
10. 선거관련경비
11. 국민기초생활보장급여, 기초연금급여, 장애인연금급여

② 방위사업청 소관 지휘정찰사업·기동화력사업·함정사업·항공기사업·유도무기사업은 긴급 소요, 정산결과 증액 등 사전에 예측할 수 없는 사정변경이 발생한 경우에 한하여 상호간 이용할 수 있다. 다만, 연구개발 관련사항은 이용대상에서 제외한다.

자료: 2018년도 예산안, 3, 6쪽(해당 이미지는 국회 의안정보시스템 검색).

예시 4-3 **2018년도 예산안 실제 사례: 계속비**

<table>
<tr><td colspan="17" align="center">계 속 비</td></tr>
<tr><td colspan="17" align="right">(천원)</td></tr>
<tr><td rowspan="2">회계 및 소관</td><td rowspan="2">사 업 별</td><td rowspan="2">계속비총액</td><td colspan="13" align="center">계 속 비 연 부 액</td></tr>
<tr><td>2009</td><td>2010</td><td>2011</td><td>2012</td><td>2013</td><td>2014</td><td>2015</td><td>2016</td><td>2017</td><td>2018</td><td>2019</td><td>2020</td><td>2021</td></tr>
<tr><td rowspan="6">교통시설특별회계(국토교통부)</td><td>2017 예 산</td><td>18,401,694,000</td><td>1,177,724,000</td><td>1,302,067,000</td><td>1,274,494,000</td><td>1,636,472,000</td><td>1,862,957,000</td><td>1,908,223,000</td><td>3,995,968,000</td><td>3,018,225,000</td><td>1,688,206,000</td><td>1,213,898,000</td><td></td><td></td></tr>
<tr><td>2018 예 산 안</td><td>17,920,984,000</td><td>1,177,724,000</td><td>1,302,067,000</td><td>1,274,494,000</td><td>1,636,472,000</td><td>1,862,957,000</td><td>1,908,223,000</td><td>3,995,968,000</td><td>2,921,921,000</td><td>1,676,236,000</td><td>561,570,000</td><td>293,760,000</td><td>172,594,000</td></tr>
<tr><td>1. 지역간국도5차건설</td><td></td><td></td><td></td><td></td><td></td><td></td><td></td><td></td><td></td><td></td><td></td><td></td><td></td></tr>
<tr><td>- 2017 예 산</td><td>4,684,337,000</td><td>746,521,000</td><td>521,880,000</td><td>462,859,000</td><td>573,097,000</td><td>640,925,000</td><td>611,305,000</td><td>606,144,000</td><td>463,087,000</td><td>156,997,000</td><td>711,543,000</td><td></td><td></td></tr>
<tr><td>- 2018 예 산 안</td><td>4,614,966,000</td><td>765,521,000</td><td>521,880,000</td><td>462,859,000</td><td>573,097,000</td><td>640,925,000</td><td>611,305,000</td><td>606,144,000</td><td>483,442,000</td><td>156,997,000</td><td>32,717,000</td><td></td><td></td></tr>
<tr><td>2. 물류간선1차건설</td><td></td><td></td><td></td><td></td><td></td><td></td><td></td><td></td><td></td><td></td><td></td><td></td><td></td></tr>
<tr><td></td><td>- 2017 예 산</td><td>3,184,492,000</td><td>365,894,000</td><td>531,987,000</td><td>434,439,000</td><td>412,150,000</td><td>445,206,000</td><td>208,582,000</td><td>164,808,000</td><td>131,447,000</td><td>76,247,000</td><td>146,890,000</td><td></td><td></td></tr>
<tr><td></td><td>- 2018 예 산 안</td><td>2,980,896,000</td><td>365,894,000</td><td>531,987,000</td><td>434,439,000</td><td>412,150,000</td><td>445,206,000</td><td>208,582,000</td><td>164,808,000</td><td>133,464,000</td><td>76,247,000</td><td>11,197,000</td><td></td><td></td></tr>
<tr><td></td><td>3. 지역간국도5차건설</td><td></td><td></td><td></td><td></td><td></td><td></td><td></td><td></td><td></td><td></td><td></td><td></td><td></td></tr>
</table>

자료: 2018년도 예산안: 349 (해당 이미지는 국회 의안정보시스템 검색)

예시 4-4 **2018년도 예산안 실제 사례: 세입세출예산안**

세입예산안 사례

< 기획재정부 소관 >
일반회계

관 01 내국세			228,045,900,000,000 원
항 11 소득세			72,981,000,000,000
항 12 법인세			63,106,100,000,000
항 15 상속세			6,151,900,000,000
항 21 부가가치세			67,347,400,000,000
항 22 개별소비세			10,078,100,000,000

세출예산안 사례

< 보건복지부 소관 >
일반회계

장(분야) 080 사회복지	31,410,772,695,000 원
관(부문) 081 기초생활보장	10,060,070,000,000
항(프로그램) 1100 기초생활보장	10,060,070,000,000
관(부문) 082 취약계층지원	2,446,389,000,000
항(프로그램) 1300 요보호아동보호육성	28,523,000,000
항(프로그램) 1400 아동복지지원	154,175,000,000
항(프로그램) 1500 장애인생활안정지원	2,173,272,000,000
항(프로그램) 1600 장애인개활기원	20,264,000,000
항(프로그램) 1900 노숙인의사상자지원	39,502,000,000
항(프로그램) 8000 회계간거래	30,653,000,000
관(부문) 083 공적연금	10,343,000,000
항(프로그램) 2000 국민연금운영	186,000,000

자료: 2018년도 예산안, 23, 227쪽(해당 이미지는 국회 의안정보시스템 검색).

예시 4-5 **2018년도 예산안 실제 사례: 명시이월비**

명 시 이 월 비

(천원)

회계 및 소관	사 항	금 액		
		2017예산	2018예산안	증 감
		-	-	-

자료: 2018년도 예산안, 353쪽(해당 이미지는 국회 의안정보시스템 검색).

국 고 채 무 부 담 행 위

(천원, $)

회계 및 소관	사 항	금　　　액		증 감
		2017예산	2018예산안	
합　　계		-	($42,000,000) 47,460,000	($42,000,000) 47,460,000
Ⅰ. 일반회계			($42,000,000) 47,460,000	($42,000,000) 47,460,000
1. 기획재정부	소 계	-	($42,000,000) 47,460,000	($42,000,000) 47,460,000
	○ 국제금융 (녹색기후기금 운영지원)	-	($42,000,000) 47,460,000	($42,000,000) 47,460,000

자료: 2018년도 예산안, 357쪽(해당 이미지는 국회 의안정보시스템 검색).

한 사실을 예결위에 통지한다. 예산안이 상임위에 회부되면 상임위는 일정을 잡아 예산안을 상정한다. 통상 각 상임위는 여러 부처의 예산안을 묶어서 같이 상정하기도 하고 오전과 오후를 나누어서 각각의 예산안을 상정하기도 한다. 소위원회 심사는 예산규모 등에 따라 1일 또는 2~3일 이상 실시한 후 전체회의에서 한꺼번에 소위심사결과를 의결한다. 예산안 심사절차가 법률안과 가장 큰 차이가 나는 부분은 상임위 – 예결위 2단계 심사구조를 취한다는 것이고 이러한 측면에서 「국회법」은 상임위의 예산안 심사를 "예비심사"라고 표현하고 있다.

　상임위 – 예결위 2단계 심사구조의 본래 취지대로라면 상임위의 예비심사는 〈표 4-2〉와 같이 예결위 심사 이전인 10월 중에 충분히 이루어지는 것이 적절하다. 그러나 실제 상임위 예비심사는 〈표 4-3〉에서 보듯이 11월 초에 시작하는 경우도 자주 발생한다. 이는 상임위의 국정감사와 법률안 심사가 10월까지 진행되는 경우가 많고, 정치일정이

표 4-2 **국회 예산안 심의·확정 과정**

기간	사항	비고
9월 3일까지	• 예산안 국회 제출	• 회계연도 개시 120일 전까지 제출(「국가재정법」 §33)
9월 3일~ 9월 중순	• 본회의 보고 • 정부시정연설	
9월 중순· 10월 중순	• 상임위원회 예비심사 - 위원회 상정 - 대체토론(위원질의·징부답변) - 소위원회 심사 - 토론 및 표결(의결) - 예비심사보고	• 정부 제안설명, 전문위원 검토보고 • 상임위 예산안 조정(증액·삭감)
10월 중순~ 11월 30일	• 예산안 및 기금운용계획안에 대한 공청회 • 예산결산특별위원회심사 - 위원회 상정 - 종합정책질의(위원질의·정부답변) - 부별심사 - 예산안 조정소위원회 구성 및 심사 - 소위원회 심사보고 - 토론 및 표결(의결)	※ 추경안과 기금계획변경안은 위원회 의결로 생략 가능 • 정부 제안설명 • 전문위원 검토보고 • 정부 전체에 대한 정책질의·답변 • 부별심사 • 11~15인의 예결위원으로 구성하며, 검토보고·상임위예비심사결과와 종합정책질의 내용 및 교섭단체 의견을 참고하여 예산을 증액 또는 삭감 • 예산안 수정안 첨부
12월 2일	• 본회의 심의·확정 - 예결위 심사보고 - 토론 - 표결(의결): 확정 - 예산안 정부 이송	• 국회는 회계연도 개시 30일 전(12월 2일)까지 의결(헌법 §54)

자료: 국회 예산결산특별위원회(2017: 98).

나 현안으로 국회 전체의 예산안 심사 일정 협의가 지연되는 경우도 있기 때문이다.

예산안이 상임위 전체회의에 상정되면 소관 부처의 장은 예산안에 대한 제안설명을 한다. 이어서 법률안과 마찬가지로 전문위원 검토보

표 4-3 **2018년도 예산안 상임위원회 예비심사 일정**

상임위원회	해당 예산안 소관	전체회의 상정	소위	전체회의 의결
국회운영	대통령비서실 및 국가안보실, 대통령경호처, 국회, 국가인권위원회	11/10	11/13	11/14
법제사법	법무부, 대법원, 감사원, 헌법재판소, 법제처	11/9	11/13	11/14
정무	국무조정실 및 국무총리비서실, 공정거래위원회, 금융위원회, 국민권익위원회, 국가보훈처	11/8	11/10, 13, 14	11/14
기획재정	기획재정부, 국세청, 관세청,조달청, 통계청	11/7	11/9, 10, 14	11/14
과학기술정보 방송통신	과학기술정보통신부, 방송통신위원회, 원자력안전위원회	11/7	11/8, 9, 10	11/10
교육문화 체육관광	교육부, 문화체육관광부, 문화재청	11/10	11/13~16	11/17
외교통일	외교부, 통일부, 민주평화통일자문회의	11/6	11/6, 8	11/10
국방	국방부, 병무청, 방위사업청	11/7	11/8, 10~14	11/14
행정안전	행정안전부, 인사혁신처, 경찰청, 중앙선거관리위원회	11/8	11/9~10, 13	11/14
농림축산식품 해양수산	농림축산식품부, 해양수산부,농촌진흥청, 산림청, 해양경찰청	11/7	11/8~9	11/13
산업통상자원 중소벤처기업	산업통상자원부, 중소벤처기업부, 특허청	11/6	11/7~8	11/9
보건복지	보건복지부, 식품의약품안전처	11/7	11/8~10, 13	11/14
환경노동	환경부, 노동부, 기상청	11/8	11/16~17	11/17
국토교통	국토교통부, 행정중심복합도시건설청, 새만금개발청	11/3	11/6	11/9
정보	국가정보원, 그 밖의 정보예산	11/16	11/20, 22, 24, 27	11/29
여성	여성가족부	11/14	11/15, 20	11/21

자료: 위원회별 홈페이지.

고가 진행된다. 예산안에 대한 전문위원의 검토보고는 "○○○○년도 예산안", "○○○○년도 기금운용계획안", "○○○○년도 임대형 민자 사업(BTL) 한도액안" 세 가지의 의안에 대해 통상 하나의 검토보고서로 일괄해서 이루어진다. 전체회의에서 예산안이 상정되면 법률안과 마찬가지로 해당 부처의 예산안에 대해 위원들이 질의하고 소관 부처의 장이 답변하는 대체토론이 이루어진다. 대체토론이 끝나면 예산결산 심사를 담당하는 소위원회에 예산안을 회부하는데 소위원회는 법률안과 마찬가지로 5~10인으로 구성된다.

앞서 설명한 바와 같이 정부가 국회에 법률상 제출하는 예산안에는 '항' 즉, '프로그램' 단위의 금액만 표시되어 있다. 예산안에 첨부되는 사업설명자료에는 이에 더해 사업내용, 사업기간, 지원형태, 시행주체가 각각 1~2줄만 덧붙여 있다. 즉, 실제 정부가 국회에 공식적으로 제출하는 예산안으로는 사업의 구체적인 내용과 비목 편성을 알 수 없으며 그 외에 심사에 필요한 사업설명도 없다.

그런데 예산사업의 구체적인 내용과 집행은 프로그램 단위로는 알수 없고 주로 단위사업(세항)이나 세부사업(세세항) 단위까지 내려가야 파악할 수 있다. 이에 상임위와 예결위에서는 실무상 각 정부부처에 세부사업(세세항) 단위까지 '공통요구자료'라는 자료 형식으로 사업내용과 산출근거 등을 자세히 설명하도록 하고 있다. 〈예시 4-7〉은 공통요구자료 중 농림축산식품부 사례(사업명 및 코드: 농촌공동체활성화지원, 4160-405)를 발췌한 것이다.

2) 소위심사 및 의결, 예비심사보고

예결산 심사를 담당하는 소위원회의 명칭은 상임위마다 조금씩 차이가 있으나(〈표 2-9〉 참조) "예산결산" 또는 "예산결산기금"이라는 표현이 주로 포함되어 있다. 통상 예산결산심사소위원장은 제1, 제2 교섭단체 간사 중 법안심사소위원장을 맡지 않은 간사가 맡는다.

소위심사에서는 해당 부처 예산안 전체를 다루지는 않는다. 이는

사 업 명

(20) 농촌공동체활성화지원사업 (4160-405)

□ **사업 코드 정보**

구분	회계	소관	실국(기관)	계정	분야	부문
코드	농어촌 구조개선 특별회계	농림축산 식품부	농촌정책국	농어촌 특별세 사업계정	100	101
명칭					농림수산	농업·농촌

구분	프로그램	단위사업	세부사업
코드	4100	4160	405
명칭	농촌복지 및 지역활성화	농촌지역개발(농특)(농촌계정)	농촌공동체활성화지원

□ **사업 성격** (공통요구자료 II-1 작성유의사항 4. 참조, 해당하는 사항에 "○" 표시)

신규	계속	완료	예비타당성 실시여부	총사업비 관리대상	총액계상 예산사업	사업소관 변경정보
						2018예산 시 소관
	○					

□ **사업 지원 형태 및 지원율** (최소한 한 개는 반드시 선택하시오. 해당사항에 ○ 표시)

직접	출자	출연	보조	융자	국고보조율(%)	융자율 (%)
○			○		50~100%	

□ **사업 담당자**

실·국	과(팀)	과 장	사무관	주무관
농촌정책국	농업역사문화전시 체험관추진팀	박정희	김기성	허혜민
		044-201-1541	044-201-1542	044-201-1544

(중략)

가. 예산안 총괄표

(단위: 백만원, %)

사업명	2017년 결산	2018년 예산		2019년		증감	
		본예산	추경(A)	요구안	조정안(B)	(B-A)	(B-A)/A
농촌공동체활성화 지원	16,967	13,703	13,703	29,751	18,536	4,833	35.3

□ 기능별(세사업별), 목별 예산안 내역

(단위: 백만원)

	2017					2018('18.6월말)						2019 예산안
	예산액	예산현액	집행액[실집행액]	이월액	불용액	예산액 본예산	예산액 추경	예산현액	집행액[실집행액]	이월예상액	불용예상액	
○ 기능별 분류(합계)	17,060	17,060	16,967[16,680]	-	93	13,703	13,703	13,703	9,313[5,588]	-	-	18,536
· 주민마을만들기	2,316	2,316	2,316[2,289]	-	-	799	799	799	799[400]	-	-	754
· 농촌공동체회사 지원센터 운영	135	135	135[135]	-	-	135	135	135	135[81]	-	-	219
· 농촌재능나눔	2,363	2,363	2,343[2,315]	-	20	3,006	3,006	3,006	1,233[741]	-	-	2,302
· 농촌집고쳐주기	1,243	1,243	1,243[1,243]	-	-	1,243	1,243	1,243	870[261]	-	-	4,500
· 농촌사회복지증진	5,734	5,734	5,677[5,446]	-	57	4,834	4,834	4,834	3,464[2,194]	-	-	5,580
· 농촌지역종합개발지원	3,713	3,713	3,703[3,703]	-	10	3,373	3,373	3,373	1,577[1,067]	-	-	3,485
· 농촌활력정착지원	1,456	1,456	1,450[1,449]	-	6	1,456	1,456	1,456	1,186[811]	-	-	1,696
· 활기찬농촌행정경비	100	100	100[100]	-	-	100	100	100	50[33]	-	-	
○ 비목별 분류(합계)	17,060	17,060	16,967[16,680]	-	93	13,703	13,703	13,703	9,313[5,588]	-	-	18,536
· 일반수용비(210-01)	110.1	110.1	97.7[97.7]	-	12	141.1	141.1	141.1	16[16]	-	-	141.1
· 임차료(210-07)	11.2	11.2	10.6[10.6]	-	0.6	-	-	-		-	-	-
· 국내여비(220-01)	29.3	29.3	26.6[26.6]	-	2.7	20.5	20.5	20.5	8.5[8.5]	-	-	20.5
· 국외여비(220-02)	8.4	8.4	8.4[8.4]	-	-	5.9	5.9	5.9		-	-	5.9
· 사업추진비(240-01)	17	17	16[16]	-	1	8.5	8.5	8.5	6.7[6.7]	-	-	8.5
· 포상금(310-03)	200	200	200[200]	-	-	200	200	200		-	-	200
· 민간경상보조(320-01)	12,478	12,478	12,478[12,394]	-	-	12,138	12,138	12,138	8,060[5,141]	-	-	16,164
· 자치단체경상보조(330-01)	4,206	4,206	4,130[3,927]	-	76.5	1,189	1,189	1,189	1,189[416]	-	-	1,996

(중략)

나. 사업설명자료

1) 사업목적

- 인구감소, 고령화 등으로 침체된 농촌에 새로운 활력을 불어넣고, 국토 균형발전과 농촌 지역주민의 삶의 질 향상에 기여하기 위하여,
  · 농촌활성화지원센터 운영, 농촌재능나눔 공모사업 및 캠페인 추진, 농촌 복지증진을 위한 의료·문화·보육·주거환경개선 등 지원
  · 농촌공동체회사 사업 지원을 통해 농촌에 부족한 사회서비스 확충 및 일자리 창출 등 농촌 활력증진에 기여
  · 지역공동체 중심의 교통서비스 활성화를 위해 공공서비스 거점과 배후마을 간 접근성 및 농촌주민 체감복지 제고
  · 농촌지역 정주여건 개선 및 소득창출 활성화를 위한 포괄보조사업의 사업성 검토, 추진실적 모니터링, 컨설팅 및 평가, 역량강화 지원 등을 통한 체계적인 정책추진 지원
  · 우수인력 및 도시자본이 농촌으로 유입될 수 있도록 산업, 문화, 복지 등의 패키지 지원을 통해 활기찬 농촌을 만들기 위한 행정경비 지원

2) 사업내용

□ 사업근거 및 추진경위

① 법령상 근거
- 농업·농촌 및 식품산업 기본법 제10조(지역농업의 발전과 농촌 주민의 복지 증진)
- 농어업인 삶의 질 향상 및 농어촌지역 개발촉진에 관한 특별법 제11조(재정지원)
- 농어업인 삶의 질 향상 및 농어촌지역 개발촉진에 관한 특별법 제12조(농어업인 등의 복지증진)
- 농어업인 삶의 질 향상 및 농어촌지역 개발촉진에 관한 특별법 제14조(농어업인 질환의 예방·치료 등 지원)
- 농어업인 삶의질 향상 및 농어촌지역 개발촉진에 관한 특별법 제18조(농어촌 여성의 복지증진)
- 농어업인 삶의 질 향상 및 농어촌지역 개발촉진에 관한 특별법 제19조의 4(농어업인등의 일자리 창출 기여 등 단체에 대한 지원)
- 농어업인 삶의 질 향상 및 농어촌지역 개발촉진에 관한 특별법 제21조(농어촌학교 학생의 학습권 보장)

(이하 생략)

자료: 국토교통부 2018년도 예산안 및 기금운용계획안 사업설명자료(II-1) 1권(2017.9), 531~539쪽.

시간적으로도 불가능하다. 소위심사에서 실제 감액, 증액 여부 등의 심사 대상인 사업은 위원회 전체회의 대체토론에서 의원들이 질의한 사항(회의 후 제출하는 서면질의도 포함)을 중심으로 선정되며 전문위원 검토보고서에서 중요하게 지적된 내용이 일부 추가되기도 한다. 이에 각 부처에서는 의원실을 통해 대체토론 과정에서 증액 필요성을 제기하는 질의가 나올 수 있도록 협조를 구하는 경우가 많으며 반대로 감액 등의 문제점이 제기되지 않도록 노력한다.

국회운영을 보면 상임위 예비심사와 예결위 종합심사 일정이 겹치는 경우가 자주 발생한다. 또는 상임위 법률안 심사 일정이 예결위 심사 일정과 겹치기도 한다. 이에 정부에서는 장관, 차관, 기획조정실장 등 국무위원과 정부위원이 상임위와 예결위에서의 출석을 분담한다. 상임위 소위심사는 감액, 증액 항목이 많고 세부적 사항을 다루기 때문에 장관보다는 차관 이하의 관료가 답변하는 경우가 많다.

법률안과 마찬가지로 예산안 역시 전체회의가 아니라 소위원회에서 실질적인 심사를 행하고 소위원회에서 합의된 수정안을 위원회 전체회의에 보고한다. 여·야 간의 의견대립으로 조정되지 않거나 정부 측 이견으로 합의점을 찾지 못한 부분에 대해서는 부대의견, 건의사항, 소수의견 등의 형식으로 수정안에 첨부한다. 최근에는 예산액 자체를 조정하는 것은 아니지만 상임위에서 의결한 부대의견이나 제도개선의견 등이 사업의 추진방식 및 방향에 활용되는 경우도 많다. 2018년도 예산안에 대한 상임위 예비심사에서 채택된 부대의견을 보면 총 543건인데 위원회별로 보면 기획재정위원회(105건), 과학기술정보방송통신위원회(89건), 국토교통위원회(70건) 순서로 많았다.

위원회의 예산안 예비심사가 종료되면 전문위원실에서 예비심사보고서를 작성하고 위원장의 결재를 얻어 의장에게 보고한다(「국회법」 제84조 제1항). 의장은 예산안에 소관 상임위의 예비심사보고서를 첨부해 이를 예결위에 회부한다(「국회법」 제84조 제2항). 의장은 예산안을 소관 상임위에 회부할 때 심사 기간을 지정할 수 있다. 상임위가 의장이 지정한 심사 기간 내에 심의를 마치지 아니한 때에는 해당 위원회의 예비심사결과보고에 관계없이 예산안을 예결위에 바로 회부할 수 있다(「국회법」 제84조 제6항).

정보위원회에서 국가정보원 및 정보·보안과 관련된 부처의 정보 예산안을 심사한 예산안 심사(결산도 동일)에 대해서는 해당 부처별 총액으로 의장에게 보고하고, 의장은 이를 총액으로 예결위에 통보한다. 이 경우 정보위원회의 심사는 예결위의 심사로 보며, 예결위는 이를 수정하지 못한다(「국회법」 제84조 제4항). 이는 국가안전보장 등 기밀성을 고려한 것이다.

3) 상임위 예비심사의 효과

예결위는 소관 상임위의 예비심사 내용을 존중해야 한다. 또한 소관 상임위에서 삭감한 세출예산 각항의 금액을 증액하거나 새 비목을 설치할 경우에는 소관 상임위의 동의를 얻어야 한다(「국회법」 제84조 제5항).

이 조문은 세부사업의 운영과 효율성에 대해서는 소관 상임위가 보다 전문성을 가지고 있으므로 상임위가 삭감한 예산을 예결위가 해당 상임위의 동의(즉, 회의를 통한 의결) 없이 함부로 증액하지 못하도록 하려는 취지이다. 그런데 실제 각종 증액 요구가 쏟아지고 있어 증액 여유분을 최대한 찾아야 하는 예결위 입장에서 보면 소관 상임위가 직접 삭감한 예산을 반기기 마련이다. 즉, 상임위에서 증액된 예산은 예결위 심사를 사실상 다시 받아야 하지만, 상임위에서 삭감된 예산은 예결위에서 거의 확실하게 삭감되는 것이다. 이 때문에 상임위는 예산 삭감을 주저하는 경향이 있다. 정부에 비판적인 야당 의원들도 자신이 속한 상임위 소관 부처의 예산을 삭감하자고 강력히 주장하는 경우가 흔하지 않다. 정부 부처 공무원들 역시 기획재정부의 조정을 거쳐 힘겹게 편성한 예산이 상임위의 감액 심사 대상이 되는 것은 피하려고 다방면으로 노력한다.

반면 상임위에서 증액 심사는 활발하다. 상임위의 증액 요구가 예결위에서 반영된다는 보장은 없지만 상임위 전체 입장이나 특정 사업에 대한 의지를 가지고 있는 의원 입장에서는 예결위에 증액 심사결과를 보내는 것이 적어도 손해는 아니다.

이러한 현상은 상임위의 예산안 예비심사가 상임위의 법률안 심사와 성격 면에서 차이가 있다는 표현으로도 설명 가능하다. 상임위의 법안심사는 사실상 최종적이다. 법사위의 체계자구심사가 남아 있지만 정치적으로 민감하거나 법리상 이견이 존재하는 예외적인 경우를 제외하면 법사위의 심사범위는 주로 일부 자구의 수정 등으로 제한된다. 본회의 심의 단계까지 가면 의원들이 법률안의 내용을 충분히 파악하지 못할 정도로 법률안 수가 많고 다양하다. 사실 본회의 심의 자체가 본질적으로 의례적인 측면도 있다. 그러나 법률안과 달리 상임위의 예산 심사는 예결위 심사를 위한 예비심사에 해당하며, 현행 제도에서 증액 여부는 최종적으로는 예결위가 조정하고 결정한다.

참고로 2018년도 예산안 심사에서는 상임위 예비심사결과 세입 및 수입의 경우 7069억 원이 증액되고, 656억 원이 감액되었다. 세출 및 지출의 경우 10조 6436억 원이 증액되고, 5323억 원이 감액되었다. 각 상임위의 예비심사결과를 합하면 증액 규모가 감액 규모보다 10배 이상 많았다. 상임위의 세출 및 지출 순증액 규모를 상임위별로 보면 농림축산식품수산위원회(3조 1007억 원 순증), 국토교통위원회(2조 8195억 원 순증), 산업통상자원중소벤처기업위원회(1조 7618억 원 순증) 순이었다. 임대형 민자사업 한도액안은 정부 원안대로 의결했다(국회예산정책처, 2018: 232~233).

3. 예산결산특별위원회 심사

예결위 심사는 ① 예산안 공청회, ② 위원회 상정, ③ 종합정책질의, ④ 부별심사 또는 분과별 심사, ⑤ 조정소위 심사, ⑥ 토론·표결, ⑦ 심사보고 순서를 거친다(국회 예산결산특별위원회, 2017: 99~110).

예결위 역시 상임위와 마찬가지로 위원회이므로 기본적인 의안심사 과정은 동일하다. 다만, 소관 분야만 다루는 상임위와 달리 정부 전체 예산안의 종합심사이므로 공청회를 개최하고 전체회의를 종합정책질의와 부별심사로 나누어 여러 차례 진행한다는 점에서 차이가 있다.

2017년 정기회에서 이루어진 2018년도 예산안 심사에서 예결위의 예산안 심사는 공청회(11월 3일), 종합정책질의(11월 6~8일, 당초 2일간이었으나 보충질의 추가), 부별심사(4일, 경제부처 11월 8~9일, 비경제부처 11월 10·13일), 조정소위(11월 14~24일, 총 10회)를 거쳤다. 이 과정에서 정부안 기준 7507개 세부사업 중 609개에 대한 감액심사와 2053개에 대한 증액심사를 실시했으나 심사기한인 11월 30일까지 의결하지 못하고 본회의로 자동부의되었다(국회예산정책처, 2018: 234).

1) 공청회, 상정, 종합정책질의 및 부별심사

예산안 및 기금운용계획안이 예결위에 회부되면 위원장과 간사 간의 협의를 거쳐 '예산안 및 기금운용계획안에 대한 공청회'를 개최한다. 본예산안에 대한 공청회는 필수이지만, 추가경정예산안·기금운용계획변경안은 의결로 공청회를 생략할 수 있다(「국회법」 제84조의3).

예결위는 간사 간 협의를 거쳐 일정을 정하고 예산안을 상정하며, 상정 즉시 제안설명과 검토보고를 한다. 기획재정부 장관은 경제운용시책 및 재정운용의 방향과 예산안의 주요 내용에 대해 제안설명을 하고, 전문위원은 검토보고를 통해 예산안의 문제점과 개선방향 및 수정의견 등을 제시한다. 통상 전문위원 검토보고 직후 종합정책질의가 시작된다. 예결위의 종합정책질의는 예산안에 한정하지 않고 정부의 시책방향, 재정·경제정책, 외교·안보 현안, 사회정책 등 국정 전반에 관해 질의·답변이 이루어지는데, 특히 정치적 쟁점에 대한 질의·답변이 많다. 즉, 예결위 전체회의는 사실상 본회의의 대정부질문과 유사하게 운용되고 있다.

부별심사 또는 분과위원회 심사는 선택적 운용사항이며(「국회법」 제84조 제2항) 실제로는 주로 부별심사로 운영된다. 부별심사는 몇 개의 부처로 묶어 일괄 상정하고 예산안과 직접 관련되는 부분에 대해 질의하는 것이 원칙이다. 보통 경제부처와 비경제부처로 묶어서 운영하고 있다. 전체회의에서 종합정책질의와 부별심사를 하고 나면 예산안의 수정 여부에 대해서는 결론을 내지 않고 예산안등조정소위원회(이하 '조정소위')로 넘겨진다. 조정소위 심사 전까지 예결위는 종합정책질의와 부별심사를 위한 전체회의를 총 6~8회 내외로 실시한다.

우리 국회는 제헌국회 이후 1963년까지 예결위를 상임위로 운영했다. 하지만 제3공화국이 시작된 1963년에 예결위를 정기국회에 한시적으로 활동하는 비상설 특위로 격하했다. 예결위는 2000년에 다시 상설화되었지만 위원은 여전히 다른 상임위와 겸임하고 있다. 원칙적으로는 예결위가 전임 위원으로 1년 내내 상시적으로 운영되면서 정부의 예산안 편성 전 단계에 개입하는 것이 이상적이다. 그러나 여야 대립 등의 정치 현실, 예결위 기능 강화에 대한 정부의 부정적 인식, 예결위 상임위화에 따른 기획재정위원회 등과의 법률안 심사권 조정 문제 등 현실적인 장애물이 많다.

또한 예결위 위원의 임기는 1년이어서(「국회법」 제45조 제3항) 전문성을 보장하기가 쉽지 않다. 그런데 단순히 예결위원의 임기를 2년으로 하거나 다른 상임위와 겸임하지 못하도록 하는 것만으로는 대안이 될 수 없다. 위원 수의 조정, 예결위와 상임위 간 권한의 합리적인 조정, 전문성을 확보하기 위한 위원 선임과 위원회 운영 등을 종합적으로 개선해야 한다. 현재로서는 예결위원에 대한 선호도가 높은 현실을 고려할 때 의원 300명 중 50명의 예결위원 자리를 자주 교체하는 방식이 계속 유지될 것으로 보인다.

2) 조정소위 심사

예산안을 실제로 심사·수정하기 위해 위원회 의결로 조정소위를 구성한다. 조정소위는 일정한 예산안 조정원칙을 수립해 상임위의 예비심사결과, 종합정책질의와 부별심사 시의 수정의견, 교섭단체의 의견, 전문위원의 수정의견 등을 기초로 하여 예산안을 종합적으로 조정하고, 단일 수정안을 마련해 예결위 전체회의에 보고한다. 조정소위 회의는 공개해야 하나, 조정소위의 의결로 공개하지 않을 수 있다.

예결위원이 50명이며 1년 임기로 상임위를 겸임해 높은 전문성을 갖추기 어려운 점, 예결위가 연중 상설로 운영되고 있지 못한 점, 상임위 예비심사가 특히 증액심사에서는 실질적인 권한을 갖지 못한 점 등으로 인해 15명 내외의 조정소위가 전체 예산안의 조정에서 갖는 권한은 상당히 높은 편이다. 조정소위에서 부처별 사업들의 실질적인 증액과 감액을 논의하기 때문에 조정소위는 '예산 심사의 꽃'으로 불리기도 한다. 하지만 조정소위가 예산 삭감은 속기록을 남기면서도 증액의 경우에는 속기록조차 남기지 않아 권한에 비해 예산 심사의 투명성과 객관성이 떨어진다는 비판을 받기도 한다.

예결위 조정소위 위원 수도 계속 늘려왔다. 제2대 국회였던 1964년에 9명으로 시작했던 조정소위 정수는 1974년에 11명으로 늘었고 이후 9명(1990년), 13명(2000년), 10명(2003년) 등으로 늘었다 줄었다를 반복했다. 이후에는 2004년에 11명으로 늘었고 2007년에는 13명으로 늘었다가 2010년에 15명으로 늘었고 2018년에는 또다시 16명으로 늘었다. 조정소위가 막강한 권한을 가지므로 매년 각 당에서 자기 당 소속 의원을 한 명이라도 더 넣으려고 협상하기 때문이다.

일명 '쪽지예산' 역시 조정소위에 집중적으로 전달된다. 쪽지예산은 예산안을 심사하는 과정에서 조정소위 소속 의원에게 예산을 반영해 달라고 쪽지를 보낸다고 해서 붙은 이름이다. 쪽지예산에는 지역에 필요한 민원성 예산이 대부분인데, 대의기능을 수행하는 국회의 역할을 고려할 때 이러한 민원성 예산에 대한 의견을 전달하는 것 자체로는 부적절하다고만은 할 수 없다. 그러나 공식적인 심사 과정에서 충분히 검토되지 못하고 비공식적으로 전달되며 주로 여야의 지도부나 실세, 예결위원, 조정소위 위원 등이 여야 및 정부의 협상과정에서 수혜를 입는 경우가 많다는 비판을 받고 있다.

최근에는 소위보다 더 적은 인원의 '소소위'가 정례화되고 있다. 소소위에서는 예결위 조정소위가 심사 과정에서 보류한 사업·예산을 놓고 여야 교섭단체 예결위 간사들이 최종담판을 벌인다. 보다 정확한 명칭은 '예결위 예산안등조정소위원회 보류안건심사소위원회'이다. 2018년도 예산안에 대해서도 소소위는 172개 감액 보류사업과 증액 심사를 위임받아 심사했다. 그런데 소소위는 법적으로 명확한 근거가 없는 기구로, 여야협상을 위한 비공식기구이다. 소소위의 협상 내용은 언론은 물론 예결위원들에게도 공개되지 않는다. 또한 수조 원의 감액과 증액을 다루는 협의체임에도 공식적인 기록이 남지 않는다. 이러한 소소위 관행은 예결위 외에 일반 상임위의 법안·예산 심사에도 확대되고 있어 소소위와 유사하게 6인 이내로 구성된 각종 비공식기구가 확산되고 있다.

3) 토론·표결 및 심사보고

소위원회의 수정안에 대해 여·야 간에 이견이 있을 경우 예결위 전체회의에서 토론 및 표결과정을 거쳐 위원회안을 확정하며, 전체회의에서 부대의견이 추가되기도 한다. 예산안에 대한 예결위의 심사가 종료되면 심사결과보고서를 작성하고 의장에게 보고한다.

상임위 예비심사에서 설명한 바와 같이 예결위는 소관 상임위의 예비심사 내용을 존중해야 하며, 소관 상임위에서 삭감한 세출예산 각항의 금액을 증액하거나 새 비목을 설치할 경우에는 소관 상임위의 동의를 얻어야 한다(「국회법」 제84조 제5항 본문). 원칙적으로는 소관 상임위의 '동의'를 얻기 위해서는 별도의 상임위 회의를 거친 의결이 필요하다. 그러나 국회운영 현실상 어려운 면이 있어 각 상임위에서는 예비심사를 의결할 때 위원장 및 간사에게 해당 동의를 위임해 놓기도 한다. 다만, 새 비목의 설치에 대한 동의 요청이 소관 상임위에 회부되고 그 회부된 때부터 72시간 이내에 동의 여부가 예결위에 통지되지 아니한 경우에는 소관 상임위의 동의가 있는 것으로 본다(「국회법」 제84조 제5항 단서).

한편 예산안 등이 헌법상 의결기한(12월 2일)까지 의결되지 않는 문제가 반복되자 이를 개선하기 위해 2012년 5월에 국회선진화법 개정으로 제85조의3(예산안 등 본회의 자동부의)이 신설되었다(2014년 5월 30일 시행). 이 조항에 따르면 예결위가 매년 11월 30일까지 예산안 등 심사를 마치지 못한 경우 예산안은 12월 1일에 본회의에 자동부의된 것으로 본다. 예결위 심사가 완료되지 못했으므로 본회의에는 정부가 제출한 원안이 자동부의된다.[6]

결국 국회선진화법으로 인해 예산안과 예산부수법안이 예결위의 본심사 없이 정부 원안으로 자동 상정될 수 있게 되었다. 이것은 국회 전체의 예산심의권이 약화됨을 의미하는 것이기도 하다. 지금도 정부가 제출한 예산안에서 사업의 성격 등 실질적으로 국회가 조정할 수 있는 예산은 전체의 1~2% 수준에 불과하다. 나머지 98~99%는 법령에 의해 용도가 정해져 있거나 정부가 편성한 예산안에서 근본적인 수정이 사실상 어려운 상태로 제출된다. 그런데 예산안의 본회의 자동부의가 반복되면 정부의 편성권을 실질적으로 견제하는 국회의 예산심사

---

6   본회의에 자동부의되더라도 본회의에서 의원 50인 이상의 찬성으로 수정안을 제안해 의결하여 정부 원안을 수정할 수 있다(「국회법」 제95조 제1항 단서).

권이 더욱 약화될 가능성이 있다.

4. 본회의 심의·의결

예결위 심사가 완료되어 본회의에 자동부의되지 않은 경우라면 예결위 위원장은 본회의 의사일정에 따라 예산안이 상정된 날에 예산안의 개요와 심사경과 및 결과를 본회의에 보고한다. 국회는 헌법 제57조에 따라 행정부가 제출한 예산안을 삭감할 수는 있지만, 각항의 금액을 증액하거나 새 비목을 설치하려면 정부의 사전 동의를 받아야 한다.

이에 따라 예산안과 추가경정예산안을 심의·확정함에 있어 지출예산 각항의 금액을 증액하거나 새로운 비목을 설치할 때에는 예결위와 본회의에서 표결하기 전에 기획재정부 장관에게 동의를 얻고 있다. 여야 협상의 결과로 예산안이 처리되기 때문에 정부가 이러한 동의를 거부하는 일은 없다. 그렇지만 예산증액에 대해 여야가 합의하더라도 결국 정부 동의가 전제되지 않으면 불가능하다는 점에서 국회의 재정통제권이 크게 제약받는다는 문제는 지속되고 있다.

국회는 예산안이 본회의에서 의결되면 이를 지체 없이 정부에 이송한다. 정부는 국회의 증액동의요구에 대해 이송된 예산과 함께 국무회의의 심의와 대통령의 승인을 얻어 서면으로 사후에 증액동의사실을 국회에 통보한다.

헌법에서는 국회는 국가의 예산안에 대한 심의·확정권을 가지며 회계연도 개시 30일 전까지 이를 의결해야 한다고 규정하고 있다. 이처럼 헌법에서 국회의 예산안 심사에 시한을 두는 이유는 정부에 예산집행을 준비할 시간을 주기 위해서이다.

하지만 국회가 예산 처리를 위한 법정시한인 12월 2일을 지킨 경우가 오히려 드문 실정이었다. 그런데 2014년 국회선진화법 시행으로 상황이 다소 개선되고 있다. 2003년부터 2013년까지는 11년 연속해서 예산안의 법정 처리시한을 지키지 못했다. 국회의 예산안 처리 현황을 빨리 통과된 순서대로 살펴보면 2010년에는 12월 8일, 1998년에는 12월 9일, 2008년에는 12월 13일, 1999년에는 12월 18일, 2000년과 2001년 및 2006년에는 12월 27일, 2007년에는 12월 28일, 2003년과 2005년에는 12월 30일, 2004년과 2009년, 2011년에는 12월 31일, 2012년과 2013년에는 다음 해 1월 1일에 예산안이 통과되었다.

2003년의 경우 한·칠레 FTA 비준안 처리에 대해 농촌 출신 의원들이 반발했고 2004년에는 「국가보안법」 등 4대 개혁법안을 둘러싸고 한나라당이 반발했다. 2005년에는 「사립학교법」 개정안 처리에 대한 한나라당 반발이 있었고, 2006년에는 헌정 사상 가장 많은 1조 4000억 원의 예산을 삭감하면서 예산안 처리가 늦어졌다. 2007년에는 대통령 선거를 앞두고 터진 BBK사건 관련 특검법에 대해 한나라당이 반발했다. 2008년에는 종합부동산세 등 감세법안 처리에 대한 민주당의 반발이 있었고, 2009년과 2010년에는 4대강 사업 예산 반영에 대한 민주당의 반발과 삭감 요구로 인해 연이어 예산안 처리가 늦어졌다. 2011년에는 한미 FTA 비준안 처리에 대한 민주당의 반발로 예산안 처리가 다시 법정시한을 넘겼다. 2012년에는 제주 해군기지 문제 등으로 사상 처음으로 해를 넘겨 예산안이 통과되었고 2013년에도 국가기관 대선개입 논란 등의 갈등이 빚어졌다.

그런데 국회선진화법에 따른 예산안 자동부의 제도가 처음 적용된 2014년에는 법정 기한인 12월 2일에 의결했고, 2015년과 2016년은 법

표 4-4 **2018년도 예산안 분야별 국회 수정(단위: 조 원)**

분야	2017 추경 (A)	2018		증감		
		정부안 (B)	최종 (C)	국회 증감 (C-B)	2017 대비 (C-A)	2017 대비 증감률
보건복지고용	131.9	146.2	144.7	△1.5	12.8	9.7%
교육	59.4	64.1	64.2	0	4.8	8.1%
문화체육관광	7	6.3	6.5	0.1	△0.5	△7.1%
환경	7.1	6.8	6.9	0.12	△0.2	△2.8%
R&D	19.5	19.6	19.7	0.03	0.2	1%
산업중소에너지	18.8	15.9	16.3	0.3	△2.5	△13.3%
SOC	22.2	17.7	19	1.3	△3.2	△14.4%
농림수산식품	19.8	19.6	19.7	0.1	△0.1	△0.5%
국방	40.3	43.1	43.2	0.04	2.9	7.2%
외교통일	4.6	4.8	4.7	△0.1	0.1	2.2%
공공질서안전	18.2	18.9	19.1	0.2	0.9	4.9%
일반지방행정	65.1	69.6	69	△0.7	3.9	6%
총지출	410.1	429	428.8	△0.1	18.7	4.6%

자료: 국회예산정책처(2018: 235).

정 시한을 지키려는 과정에서 12월 3일 새벽에 의결했다. 다만, 2017년에는 공무원 증원 등의 문제로 합의가 지연되어 12월 6일에 처리되었다. 기존에는 정부 예산안에 대해 본회의에서 예결위 수정안을 의결했으나 예산안 자동부의 제도가 적용된 2014년부터 현재까지는 예결위에서 11월 30일까지 의결하지 못했기 때문에 정부 예산안 원안에 대해 본회의 수정안(「국회법」 제95조 후단에 따라 의원 50인 이상 찬성)을 의결하고 있다. 다만, 예산안의 본회의 수정안도 실무적인 작업은 예결위 차원에서 이루어진다.

예산안이 본회의에 자동부의될 경우 예결위의 심사결과가 존재하지 않으므로 예결위의 심사보고도 하지 않는다. 원안이 그대로 본회의

표 4-5 **2018년도 예산안 상임위 부대의견 건수**

위원회	건수	위원회	건수	위원회	건수
운영위	10	교문위	0	산자위	7
법사위	46	외통위	4	복지위	1
정무위	70	국방위	11	환노위	32
기재위	105	행안위	61	국토위	70
과기정위	89	농해수위	27	여가위	10
계 543건					

자료: 국회예산정책처(2018: 236).

표 4-6 **예산안 확정 시 부대의견 현황**

	2011	2012	2013	2014	2015	2016	2017	2018
제도개선	0	16	23	31	31	32	34	42
국회보고	0	1	2	3	1	0	5	11
집행조건	11	8	8	11	11	12	12	14
집행유보	1	2	0	4	3	3	6	7
합계	12	27	33	49	46	47	57	74

자료: 국회예산정책처(2018: 235).

에 부의된 것이므로 정부가 다시 본회의에서 제안설명을 하고 의원 50인 이상의 수정안을 제출하고 수정안 제안설명이 있은 후 토론·표결을 거친다.

참고로 2018년도 예산안을 보면 본회의 수정안에서 총수입은 정부안 대비 2502억 원 증액되고 1797억 원 감액되어 총 704억 원이 순증했고, 총지출은 정부안 대비 4조 1877억 원 증액되고 4조 3251억 원 감액되어 총 1375억 원이 순감되었다.

국회는 예산안을 확정하면서 부대의견을 함께 채택해 정부에 예산집행 방법 등에 대해 일정한 방향을 제시하고 있다. 현행법상 부대의견은 법적 근거가 없으므로 법적 효력을 갖지 못한다. 다만, 국회의 재

2017년 12월 2일

○**의장** 의사일정 제10항 2018년도 예산안, 의사일정 제11항 2018년도 기금운용계획안, 의사일정 제12항 2018년도 임대형 민자사업(BTL) 한도액안, 이상 3건을 상정합니다. 이 안건들은 예산결산특별위원회에서 심사를 마치지 못하여 「국회법」 제85조의3 제2항 단서조항에 따라 오늘 정오를 기점으로 본회의에 부의하여 심의하게 된 것입니다. 부총리 겸 기획재정부 장관 나오셔서 3건에 대하여 제안설명해 주시기 바랍니다.

○**부총리 겸 기획재정부 장관** 존경하는 ○○○ 국회의장님, 그리고 의원님 여러분! 2018년도 예산안을 제안하면서 주요 내용을 설명드리고 의원님 여러분의 이해와 협조를 당부드리고자 합니다.(이하 생략)

2017년 12월 5일

○**의장** 의석을 정돈해 주시기 바랍니다. 성원이 되었으므로 회의를 속개하겠습니다. 앞서 상정한 의사일정 제3항부터 제5항까지는 지난 12월 2일 본회의에서 정부의 제안설명을 들었으므로 다음 심의절차부터 진행하도록 하겠습니다. 2018년도 예산안에 대해서는 ○○○·△△△·□□□ 의원 외 55인으로부터 수정안이 발의되어 있습니다. ○○○예산결산특별위원장 나오셔서 수정안에 대하여 제안설명해 주시기 바랍니다.

○**의원** 존경하는 국회의장님, 그리고 선배·동료 의원 여러분!
국무총리를 비롯한 국무위원 여러분! 예산결산특별위원회 위원장 ○○○의원입니다. 지금부터 A당 △△△ 의원, B당 □□□ 의원과 본 의원이 함께 발의한 2018년도 예산안에 대한 수정안을 제안설명드리겠습니다. 예산결산특별위원회는 11월 0일 예산안 공청회를 시작으로 ○○차례에 걸쳐 종합정책질의와 부별심사를 실시하는 한편,
(중략)
동 수정안의 주요 내용을 말씀드리면, (이하 생략)

2017년 12월 6일

○**의장** 수고하셨습니다. 이것으로 토론을 종결할 것을 선포합니다.

다음은 헌법 제57조에 따라 ○○○·△△△·□□□ 의원 외 55인이 발의한 2018년도 예산안에 대한 수정안에서 증액된 부분이나 새로이 설치된 비목에 대하여 정부의 의견을 듣도록 하겠습니다.

부총리 겸 기획재정부 장관 나오셔서 정부의 의견을 밝혀 주시기 바랍니다.

○**부총리 겸 기획재정부 장관**   정부는 2018년도 예산안 심의 과정에서 정부 원안보다 증액된 부분 및 새 비목 설치 부분에 대하여 이의가 없습니다. 감사합니다.

○**의장**   그러면 「국회법」 제96조에 따라 수정안부터 먼저 표결하도록 하겠습니다. ○○○·△△△·□□□ 의원 외 55인이 발의한 2018년도 예산안에 대한 수정안에 투표해 주시기 바랍니다.

투표 결과를 말씀드리겠습니다. 재석 178인 중 찬성 160인, 반대 15인, 기권 3인으로서 ○○○·△△△·□□□ 의원 외 55인이 발의한 2018년도 예산안에 대한 수정안은 가결되었음을 선포합니다. 수정안이 가결되었으므로 정부가 제출한 원안은 표결하지 않겠습니다. 그러면 2018년도 예산안은 수정한 부분은 수정안대로, 기타 부분은 원안대로 가결되었음을 선포합니다.

다음은 2018년도 기금운용계획안에 대해서는 ○○○·△△△·□□□ 의원 외 56인으로부터 수정안이 발의되어 있습니다. ○○○ 예산결산특별위원장 나오셔서 수정안에 대하여 제안설명해 주시기 바랍니다.

(이하 생략)

자료: 제354회국회(정기회) 국회본회의회의록 제15~17호.

정권 등을 고려할 때 국회의 부대의견이 존중되어야 한다는 점에는 이견이 없는 것으로 보인다(박기영, 2014: 545).

2018년도 예산안 등에 대한 상임위 예비심사에서 채택된 부대의견은 전년도 725건 대비 182건 감소한 543건이다. 본회의에서 예산안 등을 확정하면서 첨부한 부대의견은 전년도 57건 대비 17건이 증가한 74건이다. 본회의 의결 기준으로 부대의견은 2011년 12건 → 2012년

〈부대의견〉

국회는 2018년도 예산안 및 기금운용계획안을 심의·의결함에 있어 정부에 대하여 다음과 같은 사항을 촉구한다.

(1) 정부는 기초연금의 기준연금액을 2018년도 9월부터 월 25만 원으로 인상하되, 기초연금 수급 대상(65세 이상인 사람 중 소득인정액이 100분의 70 이하) 중 생활이 보다 어려운 소득인정액 100분의 50 이하 어르신들에 대한 지원 수준을 높일 수 있도록 중장기 기초연금제도 개선 방안을 강구하여, 2019년도 예산안 심의 전까지 국회 해당 위원회에 보고한다.

(2) 정부는 2019년 이후 일자리 안정자금에 대한 재정에서의 현금 지원 예산은 3조 원을 초과하지 않는 범위에서 편성하고, 최저임금 결정과 관련하여 현행 현금 직접지원 방식의 일자리 안정자금 제도를 근로장려세제(EITC) 확대, 사회보험료 지급 연계 등 간접지원 방식으로 전환하기 위한 추진 계획 및 진행 상황을 2018년 7월 국회에서 해당 위원회에 보고한다.

(3) 정부는 2019년 이후 지방교육자치단체에 대한 누리과정 예산 지원은 2018년 예산액을 초과할 수 없으며, 누리과정 지원단가는 2018년 수준을 적용하고 이를 초과하는 집행단가 인상은 지방교육재정이 부담하며 지원소요 산정 시 지원대상 아동의 수는 각 년도 지원대상 아동 수를 적용한다. 또한 2020년부터 2022년까지 학년별로 단계적 도입 예정인 고교무상교육은 지방교육재정교부금을 재원으로 추진한다.

(이하 생략)

자료: 2018년도 예산안에 대한 수정안(2017. 12. 5), 120쪽.

27건 → 2013년 33건 → 2014년 49건 → 2015년 46건 → 2016년 47건 → 2017년 57건 → 2018년 74건으로 증가 추세이다. 2015년을 제외하면 매년 증가해 왔다(국회예산정책처, 2018: 236).

이 절에서는 예산 과정의 마지막 단계로서 결산의 의미와 국회에서 심사하는 결산의 내용 및 범위에 대해 살펴보고 결산의 국회 제출과 심사절차 및 후속 조치 등에 대해 설명한다. 덧붙여 감사원에 대한 감사요구제도도 함께 소개한다. 감사요구제도는 특정사안에 대한 감사를 국회가 감사원에 요구할 수 있는 제도인데 결산이나 국정감사의 후속 조치로 연계되기도 한다.

1. 결산의 의의

예산이 한 회계연도에서의 '수입·지출의 예정적 계수'라면 결산은 이러한 예산의 실제 집행결과에 따른 '수입·지출의 확정적 계수'이다 (김춘순, 2014: 602).

예산상 수입은 추정액이어서 실제 징수액과 차이가 있고 지출 역시 실제 집행하려면 여러 가지 변수가 많다. 이에 예산을 집행하는 기관에서는 법률이 허용하는 범위 내에서 예산을 변경해 집행할 수 있다. 따라서 예산과 결산이 실제로 일치하기는 거의 불가능하다. 그러나 중요한 예산을 위법·부당하게 이용, 전용, 또는 이월하거나 이러한 예산변경을 반복하면 헌법이 보장하는 국회의 예산심의권을 심대하게 침해하는 결과를 초래하고 이는 결국 재정민주주의를 훼손하는 것이다.

국회는 결산 심사를 통해서 이와 같이 법령과 지침이 정한 요건과 절차대로 예산을 집행해 위법·부당한 지출이 없는지, 예산안의 심의·확정을 통해 입법부가 의도한 대로 예산이 집행되었는지 확인해서 예산의 성과와 결산의 결과를 차기 예산에 반영할 수 있다(박기영, 2014: 591). 이를 제도적으로 뒷받침하기 위해 2003년에 조기결산제도를 도입하면서 결산의 심사결과 나타난 위법, 부당한 사항에 대해 변상 및 징계조치 등을 요구할 수 있도록 시정요구제도를 함께 도입했다(「국회법」 제84조 제2항 후단). 결산은 정부 입장에서도 재정을 운용한 결과와 실적에 대해 사후적으로 보고하고 향후 재정운용에 필요한 정보를 국회에 제출하여 재정집행결과를 추인받음으로써 정부의 책임이 해제되는 효과도 갖고 있다(박기영, 2014: 605).

2. 결산의 내용과 범위

1) 국가결산보고서

「국가재정법」과 「국회법」에 따라 정부가 국회에 제출해 승인을 받는 결산의 의안원문은 법적으로는 '국가결산보고서'이다. 중앙관서결산보고서와 국가결산보고서의 작성은 「국가회계법」에 따른다. 국가결산보고서는 결산 개요, 세입세출결산(기금의 수입지출결산도 포함), 재무제표, 성과보고서로 구성된다(「국가회계법」 제14조). 결산보고서의 부속서류는 세입세출결산에 대해 14가지, 기금의 수입지출결산에 대해 3가지, 재무제표에 대해 3가지가 있다.[7] 국회 의안정보시스템에서 '○○○○회계연도 결산'을 검색하면 의안원문으로 '국가결산보고서'를 확인할 수 있으며, 기타 문서로 중앙관서별 성과보고서, 중앙관

---

7   결산보고서의 구성항목과 부속서류에 대한 자세한 설명은 국회예산정책처(2018), 138 쪽 이하와 박기영(2014), 607쪽 이하를 참조.

서별 결산보고서, 기금 재무제표, 국유재산관리운용총보고서, 성인지 결산서 등 11가지가 함께 제출되어 있는 것을 확인할 수 있다.

2) 예비비사용총괄명세서

국회는 통상 결산 심사 과정에서 '○○○○회계연도 결산'과 '○○○○회계연도 예비비 지출 승인의 건', 두 가지 의안을 함께 심사한다. 이 두 의안은 넓은 의미에서 '결산'으로 함께 묶어서 표현할 수 있는데, 헌법 및 법률상으로는 사실 별개의 안건이다(국회 예산결산특별위원회, 2017: 138).

예비비는 예측할 수 없는 예산 외의 지출 또는 예산초과지출에 충당하기 위해 세입세출예산에 계상한 금액이다(「국가재정법」 제22조). 예비비는 총액으로 국회의 의결을 얻어야 한다(헌법 제55조 제2항). 또한 예비비의 지출은 차기국회의 승인을 받아야 하는데(헌법 제55조 제2항), 이를 위해 예비비 지출 승인의 건이 「국가재정법」에 따라 결산과 함께 국회에 제출된다.

실제 결산 심사에서 결산과 예비비 지출 승인의 건은 별개의 안건이지만 동시에 상정되고, 전문위원 검토보고는 통상 한꺼번에 묶어서 다루며, 위원회 및 본회의에서는 이를 차례대로 의결한다.

3) 감사원의 결산검사보고서

감사원의 결산검사보고서는 헌법 제99조에 따라 매년 대통령과 차년도 국회에 보고하도록 되어 있다. 즉, 국회의 심의대상 안건은 아니다. 「국가재정법」 제60조는 4월 10일까지 제출받은 국가결산보고서를 감사원이 5월 20일까지 검사해 기획재정부에 송부하도록 하고 있다. 이후 감사원의 결산검사보고서는 정부가 결산을 국회에 제출하는 것과 비슷한 시기에 국회에 제출된다.

감사원의 검사보고 사항으로는 「감사원법」 제41조에서 결산의 확인, 결산금액과 한국은행 결산서 금액의 부합 여부, 위법·부당 사항의 유무, 예비비 지출로서 국회 승인 여부, 징계·시정·개선 등의 요구사항과 결과 등 11가지를 열거하고 있다. 감사원 결산검사보고서 원문 파일은 국회 의안정보시스템에 '○○○○회계연도 결산검사결과 보고(감사원장)'로 등재되어 있으며, 감사원 홈페이지에서도 확인할 수 있다.[8]

3. 결산의 제출과 심사 과정

정부가 감사원의 검사를 거친 국가결산보고서를 5월 31일까지 국회에 제출하면 상임위 예비심사와 예결위 종합심사를 거쳐 본회의에서 심의된다. 대부분의 심사절차는 예산안과 동일하다.

1) 정부의 결산과 감사원 검사

각 중앙관서는 2월 말까지 결산보고서를 기획재정부에 제출한다. 기획재정부는 이를 종합한 국가결산보고서를 대통령 승인을 받아 4월 10일까지 감사원에 제출한다. 감사원은 이를 검사해 5월 20일까지 기획재정부에게 송부해야 하며 정부는 이를 5월 31일까지 국회에 제출해야 한다(「국가재정법」 제58조~제61조).

---

8 감사원 홈페이지 자료실 〉 간행물 〉 결산검사보고 메뉴 참조.

표 4-7 **결산 심사절차**

기간	사항	비고
다음연도 2월 말까지	• 중앙관서결산보고서 작성 및 기획재정부 제출	• 「국가재정법」 §58
4월 10일까지	• 국가결산보고서 작성 및 제출 - 기획재정부 국가결산보고서 작성 - 국무회의 심의, 대통령 승인 거쳐 감사원 제출	• 「국가재정법」 §59
5월 20일까지	• 감사원의 국가결산보고서 검사 및 기획재정부 송부	• 「국가재정법」 §60
5월 31일까지	• 국가결신보고서 국회 제출	• 「국가재정법」 §61
6월~8월	• 상임위 예비심사 - 위원회 상정 - 대체토론(위원질의·정부답변) ※필요 시 소위원회 구성·심사 - 위원회 의결	- 제안설명·검토보고
	• 예결위 종합심사 - 결산에 대한 공청회 - 위원회 상정 - 정책질의(위원질의·정부답변) ※필요 시 소위원회 구성·심사 - 위원회 의결	※ 의결로 생략 가능 (「국회법」 §84의3) - 제안설명·검토보고
	• 본회의 의결	- 정기회 개회 전까지 (「국회법」 §128의2)

자료: 예산결산특별위원회(2017: 97).

각 중앙관서별 예비비사용명세서 역시 2월 말까지 기획재정부에 제출되는데, 기획재정부는 이를 종합한 총괄명세서를 국무회의 심의를 거쳐 대통령의 승인을 얻어 감사원에 제출한다. 그리고 정부는 이 총괄명세서를 5월 31일까지 국회에 제출해 국회의 승인을 얻어야 한다(「국가재정법」 제52조).

실제 예산의 구조와 집행결과는 해당 사업을 직접 집행하는 공무원 외에는 일반 국민은 물론 입법·정책에 종사하는 전문가나 시민단체 등 외부에서 정확히 파악하기가 쉽지 않다. 최근 출범한 한국재정정보원에서 예산사업과 실시간 결산(d-brain) 정보를 공개하고 있고 국회예산정책처에서 다양한 분석 및 설명 자료를 지속적으로 발간하고 있으나 복잡한 구조와 광범위한 내용으로 인해 국회 외부의 일반인이 내용을 파악하기에는 한계가 있다.

예산집행 과정의 문제점으로는 법적 구속력이 없는 기획재정부의 예산집행지침에 근거해 예산배정 자체를 삭감함으로써 예산을 인위적으로 절감하는 문제, 당초 편성목적과 다른 내용으로 자주 예산을 집행하는 문제, 법령상 절차를 위반한 채 예산을 이용 또는 전용하거나 자의적으로 조정하는 문제, 집행잔액을 불용처리하지 않고 고의적으로 이월하거나 연도말 집중 집행하는 관행 등이 지적된다(박기영, 2014: 575). 이러한 문제점은 국회의 예산 심의·확정 권한을 침해할 뿐만 아니라 그 자체로 예산집행의 효율성과 재정 건전성을 훼손하는 측면이 있다.

이러한 예산집행상의 문제점은 감사원의 결산검사 과정에서 1차적으로 통제된다. 우리 헌법은 회계검사기능을 정부에 속한 감사원에 부여하고 있다. 1962년 제5차 개정헌법 이전까지는 심계원이 회계검사기능만 수행했고 직무감찰기능은 법률상의 기구인 감찰위원회 등에서 수행했다. 이후 1962년 개헌으로 감사원이 헌법적 근거를 가지면서 직무감찰기능도 헌법상에 명시되었고 감사원이 회계검사기능과 직무감찰기능을 통합해 수행하게 되었다.

감사원 소속을 비교법적으로 보면 영국과 미국은 의회 소속이고, 독일과 일본은 헌법상 독립기구이며, 프랑스는 집행부 소속이지만 법원에 준하는 독립기구이다(성낙인, 2017: 664). 의회의 재정권을 실효적으로 뒷받침하기 위해 회계검사기능을 국회로 이관해야 한다는 의견과 국회로 이관하면 정치적 이해관계로 인해 감사원의 기능을 오히려 저해할 수 있다는 의견이 대립하고 있다. 1962년 이래 통합되어 온 감사원의 회계검사기능과 감찰기능을 분리하는 것이 효율적인지, 감사원의 직무상 독립을 실질적으로 보장할 수 있는 방안은 무엇인지 등에 대해서도 의견이 다양하다. 최근 개헌논의에서도 감사원을 독립기구화하자는 의견이 있었으나 이 경우 감사원의 기능을 오히려 저해할 수 있다는 비판도 있다(성낙인, 2017: 665).

2) 국회의 결산 심사

결산 심사 역시 예산안 심사와 마찬가지로 상임위 예비심사와 예결위 종합심사 2단계로 진행되는데, 상임위 및 예결위 절차는 예산안 심사와 기본적으로 동일하다. 다만, 차이가 있다면 ① 예산안의 경우 시정연설이 법적 절차이지만 결산에는 적용되지 않고(「국회법」 제84조 제1항), ② 예결위는 예산안·기금운용계획안 및 결산에 관해 공청회를 개최해야 하지만 추가경정예산안·기금운용계획안 및 결산의 경우 위원회 의결로 생략할 수 있으며(「국회법」 제84조의3), ③ 결산의 경우 법적 심의기한이 정기회 개회 전까지이지만(「국회법」 제128조의2) 예산안의 본회의 자동부의(「국회법」 제85조의3) 절차와 같이 심의기한을 지키기 위한 별도의 절차는 두고 있지 않다.

각 상임위에 결산이 회부되면 상임위는 의사일정에 상정해 정부부처의 제안설명과 전문위원 검토보고를 듣고, 대체토론, 예산결산심사소위원회 심사, 찬반토론을 거쳐 표결한다. 결산 심사를 마치면 그 결과를 의장에게 보고하고 의장은 정부결산에 상임위 예비심사 보고서를 첨부해 예결위에 회부한다(「국회법」 제84조 제1항 및 제2항). 결산 역시 예산안과 마찬가지로 의장이 심사 기간을 지정할 수 있으며, 상임위가 이유 없이 그 기간 내에 심사를 마치지 아니한 때에는 이를 바로 예결위에 회부할 수 있다(「국회법」 제84조 제6항).

예결위에 결산이 제출되면 공청회를 개최하는데 이는 의결로 생략이 가능하다(「국회법」 제84조의3). 결산에 관한 공청회 규정은 2011년 5월 「국회법」에 추가된 것인데, 이후 실제 공청회는 2012년(2011회계연도 결산)의 경우를 제외하고는 매년 실시되었다. 예결위 결산 심사는 예산안과 마찬가지로 정부의 제안설명과 전문위원 검토보고를 듣고 종합정책질의, 부별심사(또는 분과위원회 심사), 결산심사소위원회의 심사, 찬반토론을 거쳐 표결한다. 본회의는 예결위 심사보고를 듣고 질의·토론을 거쳐 의결한다. 국회는 정기회 개회 전까지 결산에 대한 심사·의결을 완료해야 한다(「국회법」 제128조의2).

국회는 결산 심사에서 감사원 결산검사를 포함해 정부 전체의 결산 결과를 다시 점검한다. 결산에 대해서는 법령과 지침대로 예산이 집행되었는지가 가장 중요한 기준이다. 소관 부처 및 감사원 등 정부 내부에서도 이를 살펴보지만 아무래도 집행부의 입장이다 보니 집행의 효율성 등을 보다 고려할 가능성이 있다. 이에 비해 국회의 결산 심사는 정부에 집행 권한을 위임한 입법자 및 위임자로서 법령과 지침의 기준은 물론 국회가 예산안을 심의한 취지대로 집행되었는지 여부 등도 함께 살펴보므로 독자적인 의미를 지니고 있다.

그런데 실제 상임위나 예결위 결산 심사 회의에서의 의원들의 질의를 보면 결산 관련 내용보다 정치 현안에 집중되는 경향이 있다. 예산 심사나 법안 심사에서도 정치 현안 질의가 적지 않은데, 결산 심사에서도 실제 예산집행 내용에 대해 지적하는 경우는 많지 않으며, 정작

결산과 직접 관련된 지적은 서면질의로 대체되는 경우가 많다.

결산 심사기한도 잘 지켜지지 않는다. 2003년 조기결산제도가 도입되고 2007년(2006회계연도 결산)부터는 정부도 5월 31일까지 결산을 제출했지만 국회가 8월 말까지로 정해진 결산 심사기한을 준수한 것은 2011년 한 번뿐이었다. 결산 심사가 다른 정치 현안에 밀려 국정감사는 물론 예산안 심의기간이 지나서도 의결되지 못하는 경우도 자주 발생한다.

이러한 측면에서 국회의 결산 심사가 부실하다는 비판이 제기되기도 한다. 결산 심사에 시정요구사항, 부대의견 등을 도입하는 등 국회가 다양한 방법으로 정부에 예산 집행에 대한 의견을 제시하고 있지만 국회에서 결산 심사에 대한 관심 자체가 실제로 높다고 보기는 어렵다. 결산 심사가 예산 심의로 자연스럽게 연결되는 정책의 환류 기능과 예산 과정의 선순환이 보다 유기적으로 이루어질 필요가 있다.

그런데 결산 심사 과정의 부실을 단순히 의원들의 관심 부족 문제로만 돌리기는 어려운 측면이 있다. 국회의 결산 심사가 부실한 이유 중 하나는 예산구조 및 예산집행과 관련된 정보가 복잡하고 불투명한 데다 심의결과의 실효성을 담보하기 위한 수단이 마땅하지 않기 때문이다. 결산의 경우 국정감사 또는 예산안 심의에 비해 국회 입법지원조직의 각종 보고서나 감사원의 결산검사보고서에 의존하는 경향이 크다. 또한 결산 심사결과가 예산안 편성 및 심의에 실제로 잘 연계된다면 결산 심사를 대하는 정부 관계자들의 태도도 달라질 것이다.[9]

---

9   예를 들어, 정부 부처 실무자는 결산 시 국회의 시정요구사항이나 부대의견 등이 채택되는 것을 회피하려 하는데, 가장 큰 이유는 그러한 경우 해당 사업이 국무총리실·기획

3) 결산 심사의 후속조치

국회는 결산 의결 시 시정요구사항과 부대의견을 함께 포함해 의결하고,「국회법」제127조의2에 따라 감사원에 대한 감사요구안을 별도로 의결한다. 최근 현황은 〈표 4-8〉의 비고에 표시되어 있다.

국회가 결산을 심사한 결과 위법 또는 부당한 사항이 있어 정부 또는 해당 기관에 시정을 요구하면 정부 또는 해당 기관은 이를 지체 없이 처리해 그 결과를 국회에 보고해야 한다(「국회법」제84조 제2항 후단).

이러한 시정요구제도는 감사원이 감사결과에 따라 해당 기관에「감사원법」제31조 이하에서 변상책임, 징계요구, 시정 등의 요구, 개선 등의 요구, 권고 등을 규정하고 있는 것과 유사한 내용으로 2003년 도입되었다. 국회가 적용하고 있는 시정요구 유형은 변상, 징계, 시정, 주의, 제도개선 다섯 가지이다.

2017년에 의결된 2016회계연도 결산 심사결과 시정요구 현황을 보면, 변상과 징계는 없고 시정 323건, 주의 568건, 제도개선 490건 등으로 총 1786건이 채택되었다. 2014회계연도 결산에는 1795건, 2015회계연도 결산에는 2036건이 채택되었다.

통상 정부는 결산 심사가 이루어진 연도말에 '조치결과 보고서'를 국회에 제출하고, 다음연도 결산 제출 시에 '후속 조치결과 보고서'를 제출하고 있다. 예를 들어, 2015회계연도 결산 및 예비비 지출 승인 의결 시 총 2045건의 시정요구가 이루어졌는데 정부는 이 중 1827건(89.3%)은 조치를 완료했다고 보고했다(국회예산정책처, 2018: 149). 그러나 실

재정부 등의 각종 평가에서 부정적인 요인으로 작용해 예산 감액 등의 명분으로 작용하는 경우가 있기 때문이다.

표 4-8 **결산 처리 현황**

결산연도	정부 제출	예결위	본회의	비고
2002	2003. 8. 29.	2003. 11. 10.	2003. 11. 10.	시정요구사항 194건 채택 감사청구 5개
2003	2004. 8. 6.	2004. 12. 6.	2004. 12. 8.	시정요구사항 354건 채택 감사청구 8개, 부대의견 28개
2004	2005. 7. 27.	2005. 9. 7.	2005. 9. 14.	시정요구사항 511건 채택 감사청구 6개, 부대의견 2개
2005	2006. 6. 9.	2006. 9. 29.	2006. 9. 29.	시정요구사항 549건 채택 감사청구 5개, 부대의견 108개
2006	2007. 5. 31.	2007. 9. 20.	2007. 10. 8.	시정요구사항 760건 채택 감사청구 4개, 부대의견 61개
2007	2008. 5. 30.	2008. 10. 2.	2008. 11. 24.	시정요구사항 669건 채택 감사청구 6개, 부대의견 24개
2008	2009. 5. 28.	2009. 9. 29.	2009. 9. 29.	시정요구사항 756건 채택 감사청구 6개, 부대의견 17개
2009	2010. 5. 28.	2010. 10. 1.	2010. 10. 1.	시정요구사항 1,039건 채택 감사청구 5개, 부대의견 22개
2010	2011. 5. 30.	2011. 8. 31.	2011. 8. 31.	시정요구사항 1,107건 감사요구 5개, 부대의견 27개
2011	2012. 5. 31.	2012. 9. 3.	2012. 9. 3.	시정요구사항 1,236건 감사요구 6개, 부대의견 30개
2012	2013. 5. 31.	2013. 11. 26.	2013. 11. 28.	시정요구사항 1,215건 채택 감사요구 3개, 부대의견 33개
2013	2014. 5. 30.	2014. 10. 2.	2014. 10. 2.	시정요구사항 1,541건 채택 감사요구 4개, 부대의견 26개
2014	2015. 5. 29.	2015. 9. 8.	2015. 9. 8.	시정요구사항 1,812건 채택 감사요구 4개, 부대의견 25개
2015	2016. 5. 31.	2016. 9. 1.	2016. 9. 2.	시정요구사항 2,061건 채택 감사요구 3개, 부대의견 27개
2016	2016. 5. 31.	2016. 12. 5.	2016. 12. 6.	시정요구사항 1,805건 채택 감사요구 1개, 부대의견 25개

자료: 예산결산특별위원회(2017: 151) 발췌·보완.

제 '조치'의 내용을 자세히 살펴보면 모든 조치가 국회의 의도대로 조치했다는 것은 아니다. 또한 같은 취지의 시정요구가 매년 결산에서 반복

표 4-9 **국회의 결산 시정요구 유형**

유형	적용기준	조치대상기관
변상	고의 또는 중과실로 법령을 위반하여 국가 재산상 금전적 손실을 가한 경우	소속 장관, 감독기관장 또는 소속 기관장
징계	「국가공무원법」 또는 기타 법령에 규정된 징계사유에 해당하는 경우	소속 장관 또는 임용권자
시정	위법 또는 부당한 사실이 있어 이를 바로잡기 위하여 추징, 회수, 원상복구, 사업추진방식 변경 등의 조치가 필요한 경우	소속 장관, 감독기관장 또는 소속 기관장
주의	위법 또는 부당한 사실이 있으나 그 정도가 경미한 경우 향후 동일한 사례가 재발하지 않도록 해당 기관이나 책임자에게 주의를 줄 필요가 있는 경우	소속 장관, 감독기관장 또는 소속 기관장
제도 개선	법령상 또는 제도상 미비하거나 불합리한 사항이 있어 이에 대한 개선이 필요한 경우	소속 장관, 감독기관장 또는 소속 기관장

자료: 예산결산특별위원회(2017: 146).

되는 경우가 많으며, 국회와 각 상임위 역시 시정요구나 그에 따른 조치사항을 예산안 심의로 적극 연계하지는 못하고 있다.

결산 또한 예산안과 마찬가지로 부대의견을 함께 채택하고 있다. 2014회계연도 결산에는 25건, 2015회계연도 결산에는 27건의 부대의견이 각각 채택되었고, 2016회계연도 결산의 경우 총 25건의 부대의견이 채택되었다.

4. 감사원에 대한 감사요구

국회는 결산을 의결하면서 「국회법」 제127조의2에 따른 감사원에 대한 감사요구를 함께 채택하기도 한다. 감사원에 대한 감사요구안은 결산과는 별도의 의안이므로 결산 심사보고서에 감사원 감사요구에 대한 현황을 기재하되, 본회의에 통상 예결위원장의 제안으로 '○○○

표 4-10 **2016회계연도 결산 심사결과 시정요구 현황**

위원회	시정요구 유형						계
	변상	징계	시정	주의	제도개선	유형중복	
운영위	-	-	-	9	20	-	29
법사위	-	-	4	31	51	-	86
정무위	-	-	15	66	84	(21)	144
기재위	-	-	39	54	75	(2)	166
과기정위	-	-	16	29	7	(1)	51
교문위	-	-	73	50	88	(1)	210
외통위	-	-	11	16	48	(1)	74
국방위	-	-	31	42	24	(6)	91
행안위	-	-	9	35	52	(2)	94
농해수위	-	-	26	38	108	(9)	163
산자중기위	-	-	22	22	104	-	148
복지위	-	-	33	68	83	-	184
환노위	-	-	8	45	94	-	147
국토위	-	-	30	47	41	-	118
여가위	-	-	3	4	34	-	41
정보위	-	-	3	9	14	(2)	24
공통	-	-	-	3	13	-	16
합계	-	-	323	568	940	(45)	1,786

자료: 2016회계연도 결산 심사보고서(2017. 12), 붙임1의 2쪽.

○회계연도 결산 관련 감사에 대한 감사요구안'을 제출해 본회의 의결을 별도로 거친다.

감사원에 대한 감사요구는 국회가 감사원에 감사원 직무범위에 속하는 사항 중 사안을 특정해 감사를 요구할 수 있도록 하는 제도이다. 감사원은 감사요구를 받은 후 3개월 이내에 감사결과를 국회에 보고해야 하고, 이 기한을 지키지 못한 경우 중간보고를 하면서 연장을 요청할 수 있으며, 의장은 2개월 범위 이내에서 연장할 수 있다(「국회법」 제128조의2). 현재 국회 의안정보시스템에서 '감사요구안'을 검색하면

2016회계연도 결산 관련 부대의견

연번	부대의견
1	• 정부는 정부 및 민간의 R&D 투자규모 통계의 정확성이 제고되도록 관련 통계의 개선방안을 강구하며, 세액공제 범위 및 대상의 적정성을 점검한다.
2	• 정부는 식품안전 문제에 효과적으로 대응할 수 있도록 농림축산식품부와 식품의약품안전처로 이분화되어 있는 식품 안전 관리 업무를 일원화하거나 공조체계를 강화하는 방안을 검토한다.
3	• 정부는 살충제 계란 등에 대한 조사 시 유해성분 등을 정확하게 파악하는 한편, 생산부터 유통단계에 이르는 전 과정을 엄격하게 관리하는 등 식품의 안전성을 높일 수 있는 대책을 조속히 마련한다.
	(중간 생략)
23	• 기상청은 수치예보모델의 성능개선 등을 통해 정확한 기상정보가 적시에 제공될 수 있도록 한다.
24	• 국토교통부는 LTV 등 대출규제를 포함한 부동산 안정화 대책 시행으로 비롯될 수 있는 서민과 신혼부부 등 주거취약계층의 주거 불안정을 해소하기 위한 방안을 마련한다.
25	• 국토교통부는 노후화된 SOC에 대한 적정수준의 유지보수비를 예산에 반영할 수 있도록 노력한다.

자료: 2016회계연도 결산 심사보고서(2017. 12), 28~31쪽.

국회가 의결한 감사요구안 의안원문과 함께 해당 감사요구에 대해 감사원이 보고한 감사결과보고서를 확인할 수 있다.

감사원은 매년 결산검사를 하면서 감사를 실시하거나 또는 스스로 특정한 사안을 정해 감사를 실시하고 있으며, 국가기관, 지자체, 공공기관, 관급공사 등 감사에 필요한 법적 권한과 전문성, 많은 경험을 갖추고 있다. 감사원이 입법부 소속이 아니므로[10] 국회는 감사원에 감사를 요구함으로써 기관운영, 예산집행, 정책실패, 각종 비리 등에 대한 객관적이고 전문적인 감사를 요구하고 관련 자료도 확보할 수 있다.

또한 감사원이 정치적 중립성을 보장받는 헌법기관이기는 하나 행정부 소속이므로 업무수행 시 감사의 대상과 방향에서 일정한 한계가 발생할 수 있다. 그런데 국회가 직접 감사를 요구한 사안은 이러한 행정부 내부에서의 한계를 극복할 가능성이 있으며 국정운영을 견제하는 기능이 활성화될 수 있는 측면도 있다.

당초에는 2003년 '감사청구'로 도입되었다가 국민의 대표기관인 국회와 행정부 소속인 감사원 간의 관계를 고려해 '청구'라는 명칭을 바꿔 2010년 '감사요구'로 개정되었다. 각 상임위에서는 국정감사 후에 '○○○○년도 △△△위원회 국정감사 관련 감사원에 대한 감사요구안'을 제출하기도 한다. 또한 결산이나 국정감사 관련이 아닌 특정사안을 명시해 감사원에 감사를 요구하기도 한다.

감사원에 대한 감사요구안이 처리된 현황은 〈표 4-11〉과 같다. 별도의 요건이 정해져 있지 않으므로 일반 의안과 마찬가지로 의원 10인 이상의 찬성으로 제안하거나 위원회가 제안할 수 있다. 여당 또는 야당 의원만 발의한 경우는 정치적 쟁점으로 부각되어 의결되지 못하고 폐기되는 경우가 많다. 반면 결산이나 국정감사 결과에 따라 또는 특정사안에 대해 여야가 합의한 경우에는 주로 위원회안(제안자 명의는 위원장)으로 제안되고 대부분 의결되고 있다. 예를 들어 2015년 메르스 사태 당시에서는 '중동호흡기 증후군 대책 특별위원회'에서 관련 감사요구안을 제안해 의결하기도 했다.

하나의 감사요구안에 여러 감사대상을 포함해 의결하는 경우도 있

---

10 OECD 국가 중 한국, 아일랜드, 터키, 스위스 4개국만 감사원이 입법부가 아닌 행정부 소속이다(정호영, 2012: 565).

표 4-11 **감사원에 대한 감사요구안 처리 현황**

구분	결산 관련		국정감사 관련		기타 의안		계	
	발의	의결	발의	의결	발의	의결	발의	의결
제16대	1	1	0	0	1	1	2	2
제17대	4	4	0	0	30	6	34	10
제18대	4	4	0	0	16	8	20	12
제19대	4	4	21	17	6	6	31	27

자료: 국회사무처(2016b: 570~579) 참고해 표로 재구성.

다. 주로 결산이나 국정감사 관련 감사요구안이 해당한다. 예를 들어, 2014회계연도 결산 관련으로는 네 가지 사항이, 2015회계연도 결산 관련으로는 세 가지 사항이 의결된 바 있다.

국정감사 관련 감사요구안의 경우 '2012년 국토해양위원회 국정감사 관련 감사원에 대한 감사요구안'(2013. 3. 20 제안, 3. 22 의결)에서 의안 제목에 '국정감사 관련'이라는 표현을 명시하기 시작했다. 이전에도 국정감사 내용이 감사원에 대한 감사요구안으로 이어지는 경우가 많았으나, 이 사례부터 국정감사의 후속조치임을 명시하기 시작했고 최근에는 매년 2~3개 이상의 상임위가 감사원에 대한 감사요구안을 제안하고 있다.

제20대 국회에서도 감사원에 대한 감사요구안은 2018년 11월 기준 13건이 발의되어 그중 10건이 의결되었다. 이 중 결산과 국정감사가 아닌 특정사안이 의결된 예로는 '한국교육방송공사 출판유통구조 관련'(2018. 2. 22 과방위 제안, 2018. 2. 22 본회의 의결), '대북확성기 전력화 사업 관련'(2017. 8. 24 국방위 제안, 8. 23 본회의 의결), '관세청 면세점 사업자 선정 관련'(2016. 12. 16 기재위 제안, 12. 29. 본회의 의결) 이상 3건이 있다.

2016회계연도 결산 관련 감사원에 대한 감사요구안

<table>
<tr><td>의 안
번 호</td><td></td></tr>
</table>

제안연월일 : 2017. 12.　.

제안자 : 예산결산특별위원장

<u>주문</u>

「국회법」 제127조의2에 따라 감사원에 대하여 다음 사항에 대한 감사를 요구한다.

1. 경제·인문사회연구회 및 소관 연구기관 등의 운영실태에 대한 감사

<u>제안이유</u>

1. 경제·인문사회연구회 및 소관 연구기관 등의 운영실태에 대한 감사

❑ 경제·인문사회연구회 및 소관 연구기관 등의 국회 통과 예산내역의 과도한 변경, 세목 조정을 통한 국외여비 증액, 부적정한 법인카드 집행 등 예산집행 및 기관운영 실태 전반에 대한 감사를 요구함

자료: 국회 의안정보시스템.

2016년도 정무위원회 국정감사 결과에 따른 감사원에 대한 감사요구안

의 안 번 호	5684

제안연월일 : 2017.2. .

제안자 : 정무위원장

<u>주문</u>

「국회법」 제127조의2에 따라 감사원에 대하여 다음 사항에 대한 감사를 요구한다.

1. 동양물산기업이 국제종합기계를 인수하는 과정에서 산업은행이 자금 지원 등 특혜를 제공했다는 의혹에 대한 감사

2. 골프존(주)에 대한 공정거래위원회의 부적정한 행정지도·감독 및 부실 조사 의혹에 대한 감사

<u>제안이유</u>

1. 동양물산기업이 국제종합기계를 인수하는 과정에서 산업은행이 자금 지원 등 특혜를 제공했다는 의혹에 대한 감사

2016년 9월 동양물산은 유암코-키스톤 사모투자펀드(PEF)와 (이하 생략)

자료: 국회 의안정보시스템.

한국교육방송공사 출판유통구조 관련 감사원에 대한 감사요구안

의 안 번 호	12081

제안연월일 : 2018. 2. 22.

제안자 : 과학기술정보방송통신위원장

주문

「국회법」제127조의2에 따라 감사원에 대하여 한국교육방송공사의 출판유통구조 전반에 대한 감사를 요구한다.

제안이유

한국교육방송공사는 수능교재를 포함한 학습교재를 발간하고 있고, 2016년 기준 1,775만부를 발간하였음. 한국교육방송공사의 출판사업은 자체수입 중 가장 큰 비중(2016년 기준, 33.4%)을 차지하고 있고, 이 중에서도 학습교재가 대부분을 차지한다는 면에서, 학습교재 유통 과정에서 비리가 발생한 것은 중대한 사항임.

(이하 생략)

자료: 국회 의안정보시스템.

제5장

대정부 견제·감시·감독 과정

제1절 개관

이 장에서는 국회가 정부를 견제·감시·감독하는 기능을 수행하는 대표적인 제도로서 국정감사와 국정조사, 대정부질문 등의 국회의 질문제도와 위원회의 청문회 및 각종 보고·질의를 소개한다. 이러한 제도들은 국회의 국정통제권을 활성화할 수 있는 중요한 수단이 된다.

입법권과 재정권은 입법부인 국회가 지닌 고전적이고 전통적인 권한이다. 그러나 국가기능과 사회가 복잡·전문화되고 정부의 역할이 커지면서 국회의 권한 중 국정통제권 또는 정부를 견제·감시하는 기능도 함께 강조되고 있다(성낙인, 2017: 504). 국정통제권의 범위를 넓게 보면 입법권과 재정권은 물론이고 국회의 인사권 및 국회 자율권(국회의원 징계 등)을 제외한 각종 대정부 견제기능과 이와 관련된 동의·승인 등 의결이 모두 포함된다. 하지만 이 장에서는 국회가 회의의 질문·답변 방식으로 정부를 견제하는 제도를 중심으로 설명한다.

먼저, 국정감사와 국정조사에 대해 설명한다. 국정감사는 국회가 연 1회 국가기관·공공기관 업무 전반에 대해 감사를 실시하는 우리나라 특유의 제도이다. 국정조사는 특정한 사안에 대해 실시된다. 국정감사와 국정조사에 대해서는 제도 자체의 가치와는 별개로 실효성에 대한 비판이 지속되고 있다. 이어서 국회의 질문제도를 대정부질문을 중심으로 살펴본다. 우리 국회는 대통령중심제임에도 불구하고 의원내각제적 전통에서 발달한 대정부질문제도를 비교적 활발하게 운영하고 있다. 끝으로 위원회에서의 업무보고·현안보고는 법정화된 제도는 아니나 역시 입법자인 국회가 행정부를 상시적으로 감독하고 일정한 정책 방향을 제시하는 측면에서 중요한 의미가 있다. 참고로, 법률안 및 예산안·결산 심사에서 질의·답변하는 과정도 유사한 기능을 수행한다.

제2절 국정감사와 국정조사

이 절에서는 국정감사와 국정조사의 개념과 기능을 우선 살펴보고 그 법적 근거와 주요 내용 및 절차를 비교해 본다. 이후 국정감사와 국정조사의 준비 단계에서부터 실시 및 결과의 처리 단계까지 일련의 과정을 설명한다.

1. 국정감사와 국정조사의 의의

1) 국정감사와 국정조사의 개념

헌법 제61조 제1항은 "국회는 국정을 감사하거나 특정한 국정사안에 대해 조사할 수 있으며"라고 규정하고 있고, 같은 조 제2항에서는 "국정감사 및 조사에 관한 절차 기타 필요한 사항은 법률로 정한다"라고 하여 국정감사와 국정조사를 함께 명시하고 있다. 이와 같이 국정감사를 국정조사와 구분되는 의회조사기능으로 별도로 규정한 사례는 우리나라 외에는 거의 찾아보기 어렵다.

일반적으로 의회의 조사권은 1689년 영국 의회가 아일랜드 전쟁에서 실패한 원인을 조사하기 위해 특별위원회를 설치해 총독의 실정·반역죄 여부를 조사하도록 한 것이 최초이고, 이후 유럽 다른 국가와 미국으로 확산되었다고 한다(성낙인, 2017: 517). 다만, 미국 연방의회에서는 감독청문회나 조사청문회와 같이 더욱 상시적인 조사기능이 활성화되어 있다.

우리나라는 제헌헌법 제43조에 '국회는 국정을 감사하기 위하여'라고 규정하고 1948년 제정 「국회법」에 '조사를 위한 의원파견' 등을 규정했으며 1953년 제정 「국정감사법」은 일반국정감사와 특별국정감사를 구분했다. 그러다가 1972년 유신헌법에서 국정감사가 폐지되었는데 1980년 헌법에서 국정조사가 헌법상 근거를 갖게 되었고 1988년 현행 헌법에서는 국정감사까지 부활하면서 국정조사와 함께 규정되었다.

국정감사와 국정조사는 양자 간에 본질적인 차이가 있는 것은 아니며, 의회의 조사권, 국정통제권이라는 전제에서 둘을 묶어서 포괄적인 개념으로 파악할 수 있다(정호영, 2012: 650). 다만, 헌법에서의 표현과 제헌헌법 이래 경험에 따라 「국정감사 및 조사에 관한 법률」에서는 국정감사는 '국정 전반에 대한 정례적 감사'로, 국정조사는 '특정 현안에 대한 조사'로 구분하고 있다.

2) 국정감사와 국정조사의 기능

일반적으로 국정감사와 국정조사에 대해서는 국회가 입법권, 재정권, 국정통제권 등을 유효적절하게 행사하기 위해 국정 전반에 대한 감사 또는 특정 국정사안에 관한 조사를 할 수 있는 권한이라고 소개한다(국회사무처, 2016a: 695). 즉, 대의기관인 국회가 행정부 업무를 지도·감독하고 이를 입법 활동에 반영하면서 예산 심의 및 정책 수립에 필요한 각종 정보 또는 자료를 획득하는 기능을 갖는다는 것이다(정호영, 2012: 650). 즉, 행정부 업무수행의 문제점을 시정하는 소극적 기능과 국정실태를 파악하고 관련 자료를 획득하며 여론을 환기하는 적극적 기능을 모두 가진다(안병옥, 1998: 66).

실제로도 국정감사와 국정조사는 현행 헌법이 시행된 1988년 이후 민주화 과정에서 정부의 잘못된 정책집행을 바로잡고 여론을 반영하는 중요한 통로가 되어 왔다. 즉, 국민의 의사를 대리하는 대의의 관점에서 볼 때 국정감사와 국정조사는 국회와 국회의원, 국민과 언론 등에 가장 핵심적인 의사소통의 장을 제공하는 제도적 장치이다.

이러한 의미에서 국정감사 및 국정조사는 국회의 국정통제기능 중 가장 실효성이 큰 제도의 하나로 현대 자유민주주의 헌법질서 내에서 불가결한 장치의 하나라는 평가를 받기도 한다(허영, 2004: 873). 특히 국정감사는 국정과 해당 기관의 운영 전반을 매년 정기적으로 파악하고 국민의 알권리를 충족하며 야당이 정부를 견제하는 가장 중요한 수단이다(성낙인, 2014: 518). 안건이 특정되지 않고 국정 전반에 대해, 즉 개별 피감기관별로 업무 전반에 대한 감사를 실시하므로 정부 입장에서는 긴장할 수밖에 없다. 이러한 과정이 담당 공무원 입장에서는 비효율적으로 느껴질 수도 있으나 국회가 국민의 대표기관으로서 국민을 대신해 국정을 감시하는 역할을 실질적으로 수행하는 것이라고 볼 수 있다.

2. 국정감사와 국정조사의 개요

1) 국정감사와 국정조사의 법적 근거

헌법 제61조 제1항에서는 "국회는 국정을 감사하거나 특정한 국정 사안에 대해 조사할 수 있으며 이에 필요한 자료의 제출 또는 증인의 출석과 증언이나 의견의 진술을 요구할 수 있다"라고 하여 국정감사와 국정조사의 직접적 근거를 규정하면서 자료의 제출, 증인의 출석과 증언, 의견을 진술을 요구할 수 있는 권한까지 명시적으로 규정하고 있다. 이어서 제2항에서 관련된 절차 등 필요한 사항은 법률로 정한다고 위임하고 있다.

그리고 「국회법」 제127조에서는 "국정감사와 국정조사에 관해 「국회법」이 정한 것을 제외하고는 「국정감사 및 조사에 관한 법률」이 정하는 바를 따르도록" 규정하고 있다. 「국회법」 제128조에는 "국회가 본회의·위원회 또는 소위원회 의결로 안건의 심의 또는 국정감사나 국정조사와 직접 관련된 보고 또는 서류의 제출을 정부 등에 요구할 수 있다"라고 규정하고 있다. 하지만 청문회, 국정감사 또는 국정조사와 관련된 서류제출 요구는 의결 또는 재적위원 3분의 1 이상 요구로도 가능하다. 같은 조 제2항부터는 제1항에 따른 보고·서류제출의 절차를 개괄적으로 규정하는데, 제6항에서는 보고·서류제출에 관한 사항을 다른 법률이 정하도록 하고 있다.

「국정감사 및 조사에 관한 법률」은 헌법 제61조 제2항의 위임과 「국회법」 제127조의 규정에 따라, 「국회법」 제128조에서 규정하고 있는 보고·서류제출 요구 등에 관한 사항을 제외한 국정감사와 국정조사의 일반적인 주요 절차를 규정하고 있다.

「국회법」제128조 제6항에서 보고·서류제출에 관한 사항을 다른 법률이 정하도록 한 것은 「국회에서의 증언·감정 등에 관한 법률」(이하 「국회증언감정법」 병용)에서 규정하고 있다. 이 법에서는 보고·서류 제출 요구나 증인·감정인·참고인 출석·진술 등에 관한 요건과 절차, 불출석·위증 등에 대한 처벌을 규정하고 있다.

국정감시와 국정조사에 관한 국회규칙도 있다. 「국회법」제166조, 「국정감사 및 조사에 관한 법률」제18조, 「국회에서의 증언·감정에 관한 법률」제17조에서는 국회규칙의 근거를 마련해 두고 있다. 실제 마련되어 있는 해당 국회규칙으로는 「국회에서의증인등비용지급에 관한규칙」이 있다.

2) 국정감사와 국정조사의 비교 및 주요 절차

국정감사는 연 1회 정기적으로 소관 상임위원회에서 국정 전반에 관해 실시한다. 이에 비해 국정조사는 특정한 국정현안에 대해 재적의원 4분의 1 이상의 요구가 있는 경우 교섭단체 협의에 따라 특별위원회를 설치하거나 특정 상임위원회가 조사위원회가 되어 실시하는데, 조사위원회가 작성한 국정조사계획서가 본회의 승인을 받아야 실제로 조사가 실시될 수 있다(〈표 5-1〉, 〈그림 5-1〉, 〈그림 5-2〉 참조).

3. 국정감사와 국정조사의 준비

1) 국정감사의 시기

국정감사는 연 1회 국정 전반에 관해 소관 상임위원회별로 실시하는데 보통 9~10월을 전후해 실시된다. 현행법상 원칙적으로는 매년

표 5-1 **국정감사와 국정조사의 비교**

	국정감사	국정조사
실시요건	법정(매년 1회)(「국감국조법」 제2조)	국회 재적의원 4분의 1 이상의 요구(「국감국조법」 제3조)
실시시기	매년 정기회 집회일 이전 감사시작일로부터 30일 이내. 본회의 의결에 의해 시기변경 가능(「국감국조법」 제2조)	국정조사 요구 시 교섭단체 간 협의로 결정
주체	소관 상임위원회(「국감국조법」 제2조)	의장이 교섭단체 대표의원들과 협의하여 특별위원회 또는 상임위원회로 하여금 조사토록 함(「국감국조법」 제3조 제1항 및 제3항)
구성	상임위원회 위원	• 해당 상임위원회 위원 • 특별위원회는 교섭단체 의원 수의 비율에 따라 구성. 다만, 조사에 참여를 거부하는 교섭단체 의원은 제외 가능(「국감국조법」 제4조 제1항)
대상	국정 전반(「국감국조법」 제2조)	특정 국정사안(「국감국조법」 제3조)
계획서 작성	상임위원장이 국회운영위원회와의 협의를 통해 작성(「국감국조법」 제2조)	조사위원회가 조사계획서를 작성하며 본회의의 승인 필요(「국감국조법」 제3조 제4항)
실시	• 국회운영위원회와 협의한 국정감사계획서에 의함(「국감국조법」 제2조 제2항) • 본회의 승인 대상기관은 본회의 승인 필요(「국감국조법」 제7조 제4호)	본회의의 승인을 얻은 국정조사계획서에 따라 실시(「국감국조법」 제3조 제4항)
활동기간 및 연장 여부	• 감사시작일로부터 30일 이내 • 연장 불가(단축은 가능)	• 국정조사계획서에 정한 기간(「국감국조법」 제3조 제4항) • 본회의의 의결로써 연장 가능(「국감국조법」 제9조 제1항)
기타	지방자치단체에 대한 감사는 2개 이상의 위원회가 합동감사를 할 수 있음(「국감국조법」 제7조의2)	• 예비조사제도(「국감국조법」 제9조의2) • 행정기관에 대한 지원요청제도(「국감국조법」 제15조의2) • 국정조사의 경우 대부분 청문회 개최

자료: 국회사무처(2012b: 12).

그림 5-1 **국정감사 절차도**

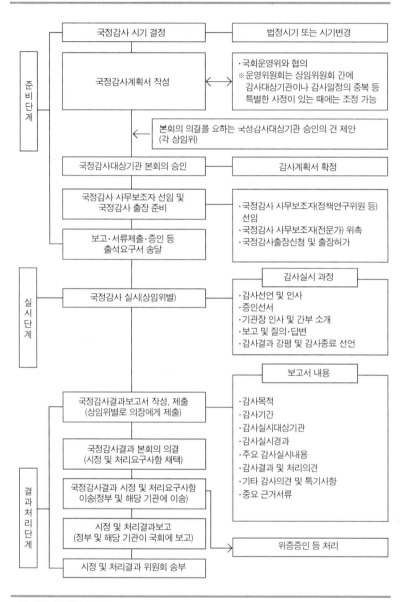

자료: 국회사무처(2012: 25).

그림 5-2 **국정조사 절차도**

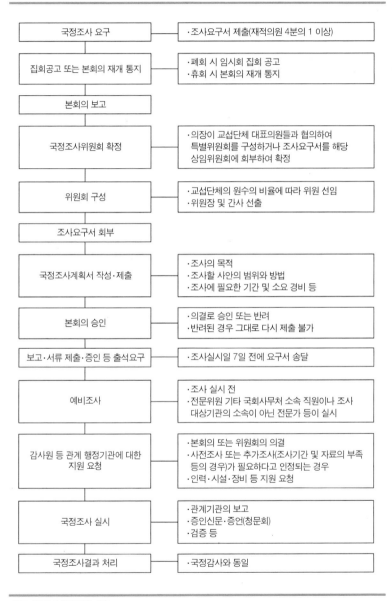

국정조사 요구	·조사요구서 제출(재적의원 4분의 1 이상)
집회공고 또는 본회의 재개 통지	·폐회 시 임시회 집회 공고 ·휴회 시 본회의 재개 통지
본회의 보고	
국정조사위원회 확정	·의장이 교섭단체 대표의원들과 협의하여 특별위원회를 구성하거나 조사요구서를 해당 상임위원회에 회부하여 확정
위원회 구성	·교섭단체의 원수의 비율에 따라 위원 선임 ·위원장 및 간사 선출
조사요구서 회부	
국정조사계획서 작성·제출	·조사의 목적 ·조사할 사안의 범위와 방법 ·조사에 필요한 기간 및 소요 경비 등
본회의 승인	·의결로 승인 또는 반려 ·반려된 경우 그대로 다시 제출 불가
보고·서류 제출·증인 등 출석요구	·조사실시일 7일 전에 요구서 송달
예비조사	·조사 실시 전 ·전문위원 기타 국회사무처 소속 직원이나 조사 대상기관의 소속이 아닌 전문가 등이 실시
감사원 등 관계 행정기관에 대한 지원 요청	·본회의 또는 위원회의 의결 ·사전조사 또는 추가조사(조사기간 및 자료의 부족 등의 경우)가 필요하다고 인정되는 경우 ·인력·시설·장비 등 지원 요청
국정조사 실시	·관계기관의 보고 ·증인신문·증언(청문회) ·검증 등
국정조사결과 처리	·국정감사와 동일

자료: 국회사무처(2012: 28).

정기회 집회일 이전에, 즉 8월 말까지 감사를 완료해야 한다(「국감국조법」 제2조 제1항 본문). 다만, 본회의 의결로 정기회 기간 중에 감사를 실시할 수 있다(같은 항 단서).

2012년 이전에는 전체 상임위가 매년 9월 10일부터 20일간 감사를 실시하도록 법적으로 기간이 명시되어 있었고 본회의 의결로 시기를 변경할 수 있도록 했다.[1] 그런데 통상 정치 현안이나 추석 등 연휴기간으로 인해 9월 10일에 감사를 시작하기 어려워 매년 '○○○○년도 국정감사 시기 변경의 건'을 본회의에서 의결해 실시기간을 변경해 왔다.

그러다가 정기회를 예산 심의에 충실하도록 운영하고 국정감사의 일정 등에 대한 상임위별 자율성을 보장해야 한다는 지적이 국회 내외부에서 지속적으로 제기되었다. 이에 2012년 법 개정을 통해 현행과 같이 정기회 집회 이전에 소관 상임위별로 30일 이내의 기간을 정해 실시하도록 했다. 그런데 법 개정 이후에도 실제로는 매년 정기회에서 실시하고 있다. 원구성이 이루어지는 해에는 새로운 상임위로 소속되는 의원실에서 원구성이 이루어지는 6~7월 이후에나 국정감사를 준비할 수 있고, 국정감사의 시작 자체가 각종 정치 현안과 여·야 갈등으로 미루어지는 현실 등에 따른 것이다. 예를 들어 최근에는 제353회(임시회) 제1차 본회의(2018. 8. 30)에서 '2018년도 국정감사 정기회 기간 중 실시의 건'[2]을 의결한 바 있다.

---

1 다만, 대부분의 위원이 다른 상임위원회와 겸임하는 위원회인 국회운영위원회·정보위원회·여성가족위원회의 국정감사는 법정 기간과 달리 따로 3일 이내의 기간을 정해 실시한다.

2 국회 의안정보시스템에서 2011년까지는 "○○○○년도 국정감사 시기 변경의 건"을, 2012년 이후에는 "○○○○년도 국정감사 정기회 기간 중 실시의 건"을 검색할 수 있다.

또한 2012년 개정된 현행 규정상 국정감사는 "소관 상임위원회별로 30일 이내의 기간을 정하여" 정하도록 하여 상임위별 감사 시기의 자율성을 보장했다(「국감국조법」제2조 제1항 본문). 그러나 실제로는 기존과 마찬가지로 전체 상임위가 동시에 실시하고 있다. 4월 총선으로 새로 국회가 구성되는 연도를 제외하고는 국정감사계획서를 연초에 미리 작성하는 제도도 도입했으나(「국감국조법」제2조 제4항 및 제5항) 이 역시 국정감사를 실시할 시기에 임박해 작성되고 있다.

한편 전체 국정감사의 기간은 2012년 법 개정으로 "20일간"에서 소관 상임위별로 시작일부터 "30일 이내"로 실시할 수 있도록 하여 국정감사 기간이 확대되었다. 실제로 시작일을 기준으로 한 전체 감사 기간이 20일을 초과한 사례로는 2014년 21일, 2015년 30일이 있다. 1990년, 1992년, 1997년, 2007년은 20일 미만이었다.

모든 상임위가 정기회 중에 20일간 획일적으로 국정감사를 시행하는 것은 몰아치기 감사로 국회와 행정부 모두에 피로감을 주고, 국회 전체에서 주목을 받기 위해 자극적이거나 폭로성 발언이 이어지는 문제가 있었다. 게다가 예산안 검토 시기와 겹치는 문제도 있었다. 이에 각 상임위별로 연초에 국정감사계획서를 수립하고 감사 기간도 정기회 이전까지로 하되 30일 이내로 기간을 확대해 상임위별 자율성을 보장하도록 법을 개정한 것이다. 그러나 법 개정 이후에도 기존의 방식대로 여야 원내지도부의 협상에 따라 전체 상임위가 동시에 국정감사를 실시하는 방식이 유지되고 있다. 법 개정 취지대로 상임위가 실제 자율성을 실천하거나 국감시기 및 대상기관을 적절히 분리·분산하는 방안을 검토할 필요가 있다.

표 5-2 **역대 국정감사 일정(겸임상임위 제외)**

	연도	국정감사 실시 시기	시기 변경 의결 및 사유
제13대	1988	10. 5.~10. 24.(20일)	9월 10일: 올림픽 준비
	1989	9. 18.~10. 7.(20일)	9월 11일: 국정감사 준비
	1990	11. 25.~12. 3.(9일)	9월 12일 및 11월 19일: 교섭단체 협의
	1991	9. 16.~10. 5.(20일)	9월 10일: 국정감사 준비
제14대	1992	10. 15.~10. 24.(10일)	9월 14일: 구체적 시기는 의장 통보
	1993	10. 4.~10. 23.(20일)	9월 16일: 국정감사 준비
	1994	9. 28.~10. 17.(20일)	9월 10일: 국정감사 준비
	1995	9. 25.~10. 14.(20일)	9월 11일: 국정감사 준비
제15대	1996	9. 30.~10. 19.(20일)	9월 10일: 국정감사 준비
	1997	10. 1.~10. 18.(18일)	9월 10일: 국정감사 준비
	1998	10. 23.~11. 11.(20일)	10월 13일: 국정감사 준비
	1999	9. 29.~10. 18.(20일)	9월 10일: 국정감사 준비
제16대	2000	10. 19.~11. 7.(20일)	10월 9일: 국정감사 준비
	2001	9. 10.~9. 29.(20일)	9월 1일: 국정감사 준비
	2002	9. 16.~10. 5.(20일)	9월 2일: 국정감사 준비
	2003	9. 22.~10. 11.(20일)	9월 1일 의결: 국정감사 준비
제17대	2004	9. 22.~10. 11.(20일)	9월 1일 의결: 국정감사 준비
	2005	10. 13.~11. 1.(20일)	9월 1일 의결: 국정감사 준비
	2006	10. 13.~11. 1.(20일)	9월 1일 의결: 10월 11일~10월 30일 의결 10월 10일 의결: 북한 핵실험 정부대응책 마련 등으로 재변경
	2007	10. 17.~11. 4.(19일)	9월 11일 의결: 국정감사 준비
제18대	2008	10. 6.~10. 25.(20일)	9월 5일 의결: 국정감사 준비
	2009	10. 5.~10. 24.(20일)	9월 1일 의결: 국정감사 준비
	2010	10. 4.~10. 23.(20일)	9월 1일 의결: 국정감사 준비
	2011	9. 19.~10. 8.(20일)	9월 1일 의결: 국정감사 준비
제19대	2012	10. 5.~10. 24.(20일)	8월 1일 의결: 국정감사 준비
	2013	10. 14.~11. 2.(20일)	4월 11일 의결: 국정감사 준비
	2014	10. 7.~10. 27.(21일)	9월 30일 의결: 국회일정 고려
	2015	9. 10.~10. 9.(30일)	9월 1일 의결: 국회일정 고려
제20대	2016	9. 26.~10. 15.(20일)	9월 7일 의결: 국회일정 고려
	2017	10. 12.~10. 31.(20일)	8월 25일 의결: 국회일정 고려
	2018	10. 10.~10. 29.(20일)	8월 30일 의결: 국회일정 고려

주: 기존에는 겸임상임위로 운영되는 국회운영위, 여성위, 정보위의 경우 전체 일정과 따로 정할 수 있는 근거가 법률에 명시되어 있었으나, 2012년 법 개정으로 이러한 근거가 필요하지 않아 관련 표현은 삭제되었다. 이들 겸임상임위는 전체 국정감사 일정과 겹치지 않게 보통 전체 일정 종료 후 1~3일간 감사를 실시하고 있다.

자료: 국회사무처(2016a: 706~708); 의안정보시스템 참조.

2) 국정감사계획서 작성과 감사대상기관 선정

각 상임위원장은 국정감사계획서를 국회운영위원회와 협의해 작성한다. 이 과정에서 국회운영위원회는 감사대상기관이나 감사일정의 중복 등 특별한 사정이 있는 때에 이를 조정할 수 있다(「국감국조법」 제2조 제2항). 이는 국회운영위원회에 교섭단체별 원내지도부가 모두 포함되어 있어 교섭단체 간 합의를 반영할 수 있도록 하는 취지이다.

감사계획서에는 감사반의 편성, 감사일정, 감사요령 등 감사에 필요한 사항을 기재해야 한다(「국감국조법」 제2조 제3항). 감사대상이나 일정 등을 변경하는 경우 감사시작일 7일 전까지 대상기관에 통지해야 한다(「국감국조법」 제2조 제5항). 국정감사의 장소는 국회 또는 감사대상 현장이나 그 밖의 장소로 한다(「국감국조법」 제11조).

국정감사의 대상기관은 ① 국가기관, ② 광역지자체(단, 감사범위는 국가위임사무와 국가가 보조금 등 예산을 지원한 사업으로 한정), ③ 공공기관·한국은행·농협·수협, ④ 그 밖의 지방행정기관·지자체·감사원 감사대상기관[3](단, 이 경우 본회의 의결이 필요) 이상 네 가지로 분류된다(「국감국조법」 제7조). 감사대상기관을 선정하는 권한에 따라 ①~③을 '위원회 선정 대상기관', ④를 '본회의 승인 대상기관'으로 구분하고 있다(국회사무처, 2016a: 722).

이에 각 상임위원회가 국정감사계획서를 작성하고 감사대상기관을 선정하는 과정에서 본회의 승인 대상기관이 있는 경우에는 해당 상임위원장이 '본회의 의결을 요하는 국정감사대상기관 승인의 건'이라는

---

3   감사원의 감사대상기관은 「감사원법」 제22조 및 제23조에 규정되어 있다.

일 자	시 간	대 상 기 관	장 소	비 고
10. 10.(수)	10:00	대법원(법원행정처), 사법연수원 사법정책연구원, 법원공무원교육원 법원도서관, 양형위원회	대법원	
10. 11.(목)	10:00	헌법재판소(사무처), 헌법재판연구원	헌법재판소	
10. 12.(금)	10:00	법무부(특별감찰관 배석) 대한법률구조공단, 한국법무보호복지공단 정부법무공단, IOM이민정책연구원	법무부	
10. 15.(월)	10:00	현장시찰	인천 출입국 외국인지원센터	
	14:00	법 제 처	법사위 회의실	
10. 16.(화)	10:00	대구고법, 대구지법, 대구가정법원 부산고법, 부산지법, 부산가정법원 울산지법, 울산가정법원, 창원지법	부산고법	
	14:00	대구고검, 대구지검, 부산고검, 부산지검, 울산지검, 창원지검	부산고검	
10. 17.(수)				자료 정리
10. 18.(목)	10:00	서울고법, 서울중앙지법, 서울가정법원 서울행정법원, 서울회생법원, 서울동부지법, 서울남부지법, 서울북부지법, 서울서부지법, 의정부지법, 인천지법, 인천가정법원, 수원지법, 춘천지법	서울고법	
10. 19.(금)	10:00	서울고검, 서울중앙지검, 서울동부지검, 서울남부지검, 서울북부지검, 서울서부지검, 의정부지검, 인천지검, 수원지검, 춘천지검	서울고검	
10. 22.(월)	10:00	감 사 원	감사원	
10. 23.(화)	10:00	대전고법, 특허법원, 대전지법 대전가정법원, 청주지법 광주고법, 광주지법, 광주가정법원 전주지법, 제주지법	광주고법	
	14:00	대전고검, 대전지검, 청주지검 광주고검, 광주지검, 전주지검, 제주지검	광주고검	
10. 24.(수)				자료 정리
10. 25.(목)	10:00	대 검 찰 청	대검찰청	
10. 26.(금)	10:00	군 사 법 원 ※ 보통군사법원 및 고등군사법원 시찰	국방부	
10. 29.(월)	10:00	<종 합 감 사> 법무부, 대법원, 감사원, 헌법재판소, 법제처	법사위 회의실	종합 감사
계		73개 기관		

자료: 법제사법위원회 홈페이지.

의안(위원회안)을 제안해 본회의 의결을 받고 있다. 2017년 국정감사의 경우 8개의 '본회의 의결을 요하는 국정감사대상기관 승인의 건'이 처리되었다. 예를 들어, 국방위원회는 군인공제회에 대해서, 과학기술정보방송통신위원회는 과학기술연합대학원대학교·과학기술인공제회·한국과학기술단체총연합회·한국가학기술한림원·방송통신심의위원회·한국방송공사·한국교육방송공사·방송문화진흥회에 대해서 본회의 승인을 받아 국정감사를 실시했다.

국정감사나 국정조사에서 위원회는 의결로 별도의 소위원회나 반을 구성해 국정감사나 조사를 행하게 할 수 있고(「국감국조법」 제5조), 지방자치단체에 대한 감사는 2개 이상의 위원회가 합동으로 반을 구성해 행할 수 있다(「국감국조법」 제7조의2).

참고로, 국정감사계획서는 여야 원내지도부 간에 국정감사 기간에 대한 합의가 이루어지면 각 상임위별로 '○○○○년도 국정감사계획서 채택의 건'이라는 안건을 전체회의에서 의결한다. '본회의 의결을 요하는 국정감사대상기관 승인의 건'과 '국정감사 결과보고서'의 경우 본회의 의결을 거치기 때문에 국회 의안정보시스템에서 확인할 수 있다. 이 외에 국정감사계획서 등의 정보는 국회 각 상임위원회별 홈페이지나 국회 국정감사정보시스템에서 확인할 수 있다.

국정감사계획서의 목차는 감사의 목적, 감사 기간, 감사대상기관, 감사반의 편성, 감사일정 및 장소, 감사요령, 자료요구 현황, 국정감사 결과보고서 작성 등의 순서로 되어 있다. 해당 기관의 소재지에 따라 지방 및 해외 일정도 포함되며 관례적으로 수요일에는 자료정리, 이동, 휴식을 위해 별도 일정이 없는 경우가 많다. 또한 헌법기관·중앙행정부처 등은 감사 기간 초반에 국감을 실시하고, 이후 공공기관 등에 대한

표 5-3 **국정조사 요구 현황(제13대~제19대 국회)**

	요구	조사계획서 승인	철회	조사결과보고서		임기 만료 폐기
				채택	미채택	
제13대	4	4	0	3	1	1
제14대	5	4	0	2	2	3
제15대	23	6	1	2	4	20
제16대	17	3	0	0	3	17
제17대	12	2	0	1	1	11
제18대	17	3	1	1	2	15
제19대	10	5	0	2	3	8
계	88	27	2	11	16	75

자료: 국회사무처(2016a: 510).

감사를 진행하고 나서 감사 기간 마지막에 종합감사로 다시 감사한다.

한편 상임위원회 중 국회운영위원회, 정보위원회, 여성가족위원회는 위원이 다른 상임위와 겸임하고 있다. 이에 2012년 이전 규정에서는 다른 상임위가 국감을 실시하는 시기와 별도로 3일 이내의 기간을 정할 수 있도록 예외 규정을 두었다. 현행 규정은 감사 시기와 30일 이내의 기간 등에서 상임위별 자율성을 보장하고 있으므로 이러한 예외규정을 별도로 둘 필요가 없어 이 예외규정이 삭제되었다. 이들 겸임위원회의 국정감사는 통상 다른 국정감사가 끝난 후에 1~3일간 실시되고 있다. 예를 들어, 2018년 국정감사는 10월 10~29일이었으나 국회운영위는 11월 6~7일, 정보위는 10월 31일~11월 2일과 11월 5일, 10월 30~31일에 실시되었다.

3) 국정조사 요구, 조사위원회 확정 및 조사계획서 승인

국정조사는 재적의원 4분의 1 이상의 조사요구, 조사위원회 확정,

가습기살균제 사고 진상규명과 피해구제 및 재발방지
대책마련을 위한 국정조사 요구서

요구연월일 : 2016.7.5.

제안자 : ○○○·△△△·□□□ 의원 외 286인

1. 근거규정

헌법 제61조, 「국회법」 제127조, 「국정감사 및 조사에 관한 법률」 제3조

2. 조사의 목적

가습기살균제 피해는 정부기관(질병관리본부)에 의해 가습기살균제와 폐손상의 인
과관계가 공식적으로 확인된 바 있으며, 현재까지 가습기 살균제로 인한 피해는 정
부의 공식적인 1, 2차 피해조사 결과 정부지원금 대상(1~2단계)이 221명이고 이 중
사망자는 95명으로 (중략)

3. 조사할 사안의 범위

가. 가습기 살균제로 인한 피해 원인 규명
나. 가습기살균제의 제조·판매·원료공급에 관련된 업체의 책임소재 및 피해 고의
은폐 의혹 규명
(중략)

4. 조사 시행위원회

여야 동수의 위원 18인으로 구성하는 특별위원회

자료: 국회 의안정보시스템.

조사위원회가 작성한 조사계획서의 본회의 승인이 있어야 실시할 수 있다. 의장은 조사요구서가 제출되면 지체 없이 본회의에 보고하고 교섭단체 대표의원과 협의해 특별위원회를 구성하거나 해당 상임위에 회부해 조사위원회를 확정한다(「국감국조법」 제3조 제3항). 이후 조사위원회에서 조사목적, 범위, 방법, 기간, 소요경비 등을 기재한 조사계획서를 본회의에 제출해 승인을 얻어 조사를 시행한다(「국감국조법」 제3조 제4항 및 제5항). 조사위원회는 교섭단체 의원 수의 비율에 따라 구성해야 하나 참여하기를 거부하는 교섭단체 의원은 제외할 수 있다(「국감국조법」 제4조 제1항).

국정조사 요구 자체는 재적의원 4분의 1 이상의 찬성만 있으면 가능하다(「국감국조법」 제3조 제1항). 그러나 실제로는 조사위원회에서도 조사계획서를 채택해야 하고 본회의 승인도 받아야 한다. 즉, 국정조사 요구와 달리 국정조사 실시는 여야 합의 없이는 사실상 불가능하다. 이로 인해 국정조사 요구 현황을 보면 현행 헌법에서 제19대 국회까지 총 88건의 조사요구가 있었으나 실제 조사계획서가 본회의에서 승인되어 조사활동에 들어간 경우는 27건이고, 그중에서도 조사결과보고서가 채택된 경우는 11건에 불과하다.

국정조사가 활성화되지 못하고 여야 갈등의 주요 대상이 되고 있는 점은 개선되어야 한다. 이는 국정조사가 국회 전체 차원의 정치 쟁점으로 부각되기 때문에 발생하는 측면도 있다. 이에 상임위 차원에서 국정조사가 실시될 수 있도록 하거나, 조사요구의 요건 또는 조사계획서의 본회의 승인 등의 절차를 완화하는 방안을 검토할 수 있다. 그런데 이러한 방안 역시 정치적 쟁점 사안에서 여야 간 합의가 필요하다는 근본적인 제약을 벗어나기는 쉽지 않다. 결국 국정조사가 활성화되

가습기살균제 사고 진상규명과 피해구제 및 재발방지 대책마련을 위한 국정조사

1. 조사목적

가습기살균제 피해는 정부기관(질병관리본부)에 의해 가습기살균제와 폐손상의 인과관계가 공식적으로 확인된 바 있으며, (중략)

2. 조사범위

가. 가습기살균제로 인한 피해 원인 규명

(중략)

3. 조사방법

가. 조사와 관련된 보고, 서류제출 실시

나. 각종 서류에 대한 검증 실시

다. 조사와 관련된 기관보고

라. 증인, 참고인 등에 대한 신문은 청문회 방법으로 시행

(중략)

4. 조사대상기관

가. 보고 및 서류제출기관

○정부 부처 및 공공기관:

국무조정실, 환경부, 보건복지부, 산업자원통상부, 기획재정부, 식품의약품안전처, 공정거래위원회, 국립환경과학원, 질병관리본부, 국가기술표준원(중략)

5. 조사기관: 2016. 7. 7. ~ 2016. 10. 4.(90일)

(이하 생략)

자료: 국회 의안정보시스템.

기 위해서는 국회의 조사기능, 정부 견제기능을 강화하는 데 대한 여야의 공감대를 우선 확보해야 하며, 이와 함께 정치문화의 성숙과 국회운영 관례의 축적 등도 필요하다.

4) 보고·서류제출 요구와 증인 등 출석요구

국정감사와 국정조사는 자료요구와 증인채택을 실시하면서 실질적인 활동이 시작되는 것으로 볼 수 있다. 「국회법」 제128조 제1항에서는 국회의 각종 자료요구 권한에 대해 "본회의, 위원회 또는 소위원회는 그 의결로 안건의 심의 또는 국정감사나 국정조사와 직접 관련된 보고 또는 서류와 해당 기관이 보유한 사진 영상물의 제출을 정부, 행정기관 등에 요구할 수 있다"라고 규정하고 있다. 그런데 청문회와 국정감사 또는 국정조사의 경우 재적위원 3분의 1 이상의 요구로도 가능하다(「국회법」 제128조 제1항 단서). 본회의 또는 위원회의 의결을 거치는 것이 원칙이지만 3분의 1로 자료요구 요건을 완화한 것은 청문회와 국정감사 및 국정조사에서 여야 합의 없이도 위원들이 사전조사와 검토를 할 수 있도록 근거를 두려는 취지이다(국회사무처, 2012b: 104~105).

국정감사에 대응하는 정부부처와 산하기관, 주요 규제 대상 사업자 등은 자료작성으로 인한 업무부담이 과다하다는 문제를 자주 제기한다. 국정감사장에 인쇄된 자료가 높게 쌓여 있는 장면도 언론에서 자주 소개된다. 이에 지나치게 불필요한 자료요구를 실무적으로 조정하고 자료인쇄도 최소화하는 등 '종이 없는 국감'을 실현하려는 노력이 진행되고 있다. 그러나 의원실에서는 자료를 가능한 한 광범위하게 요구함으로써 필요한 자료를 확보할 가능성을 높이려고 하기 때문에 자료작성의 부담이 쉽게 완화되기는 어려운 것이 현실이다.

국정감사와 국정조사에서 여야 간에 이견이 가장 자주 발생하는 사안이 증인 등의 채택이다. 국회가 출석을 요구하는 대상은 증인, 감정인, 참고인으로 구분된다. 감정인은 각종 문서나 기술 등을 전문적으로 검증하기 위해 채택하는 사람이며, 일반적 진술은 증인과 참고인이 대상이다. 증인과 참고인의 기준이 별도로 존재하는 것은 아니고 증인으로 채택되면 증인선서를 하고 위증죄 등의 처벌 대상이 된다는 점에서 차이가 있다. 국정감사나 국정조사에서는 국가기관 등 감사대상기관의 실국장급 이상 및 임원 등 고위 간부는 '기관증인'으로서 증인이 된다. 기관증인이 아닌 기업인 등의 경우는 가능한 한 국회출석의 대상이 되지 않으려 하고, 불가피하게 출석요구 대상이 되더라도 증인이 아닌 참고인이 되려고 노력한다.

국회가 증인·감정인 또는 참고인의 출석을 요구하려면 본회의 또는 위원회의 의결이 필요하다(「국회법」 제129조 제1항). 의결은 일반의결정족수(재적위원 과반수 출석과 출석위원 과반수 찬성)로 다수당의 일방적인 처리도 가능하나, 국회에서는 대부분 여야 합의를 기초로 한다. 그런데 국정조사에서는 조사위원회가 구성되고 해당 위원회에서 작성한 조사계획서가 본회의의 승인을 받고도 증인채택 등의 단계에서 여야 이견이 발생해 조사활동이 제대로 이루어지지 못하는 경우가 많다. 국정감사는 매년 실시되기 때문에 증인채택이나 감사내용에 다소 이견이 발생해도 감사 자체가 무산되는 경우는 거의 없다는 점과 대조적이다.

보고·서류제출 요구서 및 증인 등 출석요구서는 위원장 명의로 발부한다(「국회증언감정법」 제5조 제1항). 요구서는 제출 및 출석의 요구일 7일 전에 송달되어야 한다(같은 조 제4항). 보고·서류제출을 요구받

수신 : 서울특별시 XX구 ○○로 ○○

증인출석요구서

수 신 : ○○○○○ 사장 ◉◉◉ 귀하

발 신 : 국회 과학기술정보방송통신위원회 위원장 노웅래
　　　　(서울시 영등포구 의사당대로 1)

　국회가 2018년도 국정감사를 실시함에 있어 「국정감사 및 조사에 관한 법률」 제10조 및 「국회에서의 증언·감정 등에 관한 법률」 제5조의 규정에 따라 이 요구서를 발부하오니 아래와 같이 증인으로 출석하여 주시기 바랍니다.

　출석시에는 「국회에서의 증언·감정 등에 관한 법률」 제9조의 규정에 따라 변호인을 대동할 수 있으며 그 조언을 받을 수 있습니다.

　만약 정당한 이유없이 출석하지 아니한 때에는 「국회에서의 증언·감정 등에 관한 법률」 제12조 및 제15조의 규정에 따라 고발될 수 있음을 알려드립니다.

　1. 출석일시 : 2018. 10. 10 (수) 14:50
　2. 출석장소 : 과천 정부청사 과학기술정보통신부 회의실
　3. 신문요지 : ○○○○○ 등 관련

2018년 10월 2일

대 한 민 국 국 회
과학기술정보방송통신위원장

으면 기간을 따로 정한 경우를 제외하고는 10일 이내에 제출해야 하고 특별한 사유가 있으면 위원장에게 그 사유를 보고하고 연장할 수 있으며 이 경우 위원장은 요구 의원에게 연장 사실을 통보한다(「국회법」제 128조 제5항). 특히 기업인 등이 해외출장 등 불출석 사유서를 제출할 경우 정당한 사유인지 여부를 두고 논란이 발생하기도 한다. 한편 2018년 4월에는 증인의 불출석 사유서를 출석요구일 3일 전까지 제출하도록 하는 규정이 신설되었다(「국회증언감정법」제5조의2).

참고로, 「국회법」제168조와 마찬가지로 기간 계산은 초일을 산입하므로(「국회증언감정법」제16조), 예를 들어 10월 20일에 증인이 출석하도록 하기 위해서는 7일 전인 10월 13일까지 요구서가 송달되어야 한다(국회사무처, 2012b: 107). 요구서의 송달은 「민사소송법」의 송달 규정(제176조 이하)을 준용하는데, 실무상 주소로 우편을 보내거나 상황에 따라서는 입법조사관이 직접 전달한다.

2018년 4월 「국회증언감정법」개정을 통해 출석요구서 송달에 필요한 제도가 보완되었다. 이는 증인 등의 주소, 사무소, 연락처 등을 국회사무처에서 확보할 수 없는 경우가 많아 요구서 송달에 어려움을 겪는 문제를 개선하기 위함이다. 의장 또는 위원장은 출석요구서 송달에 필요한 주소, 사무소, 전화번호 등의 정보를 가진 경찰, 행정기관 또는 통신사에 해당 정보 제공을 요구할 수 있고 요구받은 기관은 지체 없이 해당 정보를 제공해야 한다(「국회증언감정법」제5조 제7항). 또한 증인의 주소 등이 분명하지 않거나 요구서의 수령을 회피하는 경우 등에 대해 공시송달을 할 수 있는데, 국회게시판·관보 등으로 공시되고 7일이 지나면 송달의 효력이 발생한다(「국회증언감정법」제5조의3). 검증 역시 안건심의 또는 국정감사나 국정조사를 위해 필요한 경우 위원회 의결로 실시할 수 있다. 검증실시통보서는 검증실시일 3일 전에 송달되어야 한다(「국회증언감정법」 제10조).

한편 정당한 이유 없이 증인이 출석하지 않을 경우 본회의나 위원회는 그 의결로 해당 증인이 지정 장소까지 동행할 것을 명령할 수 있다 (「국회증언감정법」 제6조 제1항). 이를 동행명령제도라고 한다. 국회의 동행명령은 형사상 강제구인 절차가 아니어서 강제력은 없다. 이에 대해 국회의 증인출석요구에 법관이 발부한 구인장을 집행하도록 할 필요가 있다는 의견이 제기되고 있고 실제로 관련 개정안이 발의된 바 있다. 동행명령장은 교도소 수감이나 군인의 경우 외에는 국회사무처 소속 공무원이 집행하는데(「국회증언감정법」 제6조 제5항~제7항), 통상 해당 위원회 입법조사관이 집행하며 국회 경위가 동행하기도 한다.

5) 국회의 자료제출 등 요구 권한의 범위

앞서 소개한 바와 같이 「국회법」 제128조와 제129조는 국회가 안건 심의 또는 국정감사나 국정조사를 위해 보고, 서류 등의 제출, 증인 등의 출석 등을 요구할 권한을 규정하고 있다. 이 요구는 원칙적으로 본회의나 위원회 의결이 필요하지만 청문회, 국정감사, 국정조사에서 필요한 서류 등의 제출 요구는 재적위원 3분의 1 이상으로도 가능하다.

국회가 이러한 요건대로 요구한 경우 「국회증언감정법」에 특별한 규정이 있는 경우를 제외하고는 다른 법률에도 불구하고[4] 누구든지 따라야 한다(「국회증언감정법」 제2조). 거부할 수 있는 사유는 다음과

---

[4] 다만, 실제로는 「공공기관의 정보공개에 관한 법률」 제9조(비공개 대상 정보)나 개별 법률에 근거한 자료제출 거부가 발생하고 있어 국회와 해당 기관 간 갈등이 발생한다.

같다.

첫째, 증인 또는 감정인은 「형사소송법」 제148조(자기 또는 근친자의 형사책임 관련 증언 거부) 또는 제149조(변호사 등이 취득한 업무상 비밀)에 해당하는 경우 국회 요구를 거부할 수 있고 거부이유는 소명해야 한다(「국회증언감정법」 제3조 제1항~제3항).

둘째, 만 16세 미만이나 증인 선서의 취지를 이해하지 못하는 사람에게는 선서를 하게 하지 아니한다(「국회증언감정법」 제3조 제4항).

셋째, 공무원(퇴직자 포함)이나 국가기관은 직무상 비밀에 속한다는 이유로 국회 요구를 거부할 수 없으나, 군사·외교·대북 관계의 국가기밀에 관한 사항으로서 국가안위에 중대한 영향을 미칠 수 있음이 명백하다고 주무부 장관이 5일 이내에 소명하는 경우에는 그러하지 아니하다. 국회가 이를 수락하지 않는 경우 본회의 의결(폐회 중 위원회 의결)로 국무총리 성명을 요구할 수 있는데 7일 이내에 성명이 발표되지 않는 경우 국회의 요구를 거부할 수 없다(「국회증언감정법」 제4조).

4. 국정감사와 국정조사의 실시

1) 국정감사와 국정조사의 실시 방법

첫째, 국정감사와 국정조사는 회의와 유사한 방식으로 실시하거나 검증을 실시하는 방식으로 이루어진다. 국정감사와 국정조사는 대부분 국회의원과 국회 직원, 피감기관 및 증인 등이 모여 질의와 답변하는 방식으로 이루어진다. 이를 위해 감사 및 조사에 필요한 보고 또는 서류 등의 제출을 요구하고 증인 등의 출석을 요구한다(「국감국조법」 제10조 제1항).

다만, 국정감사나 국정조사가 「국회법」상의 '회의'로 규정된 것은 아니므로 의사정족수, 차수변경 등의 회의관련 규정이 그대로 적용되는 것은 아니다(국회사무처, 2012b: 137). 따라서 증인채택을 포함해 국정감사 또는 국정조사와 직접 관련된 안건이라도 위원회 의결이 필요한 경우 국정감사 또는 국정조사를 중지하고 위원회 회의를 개회해 필요한 사항을 의결하고 있다.

또한 위원회는 안건심의 또는 국정감사나 국정조사를 위해 필요한 경우 그 의결로 검증을 실시할 수 있다(「국감국조법」 제10조 제1항). 검증은 감사에 관련된 문서와 서류 등의 조사(문서검증)나 현장조사 또는 관계인면담(현장검증) 등을 통해 사실을 확인하고 증거를 수집하는 방법이다. 국정감사나 국정조사에서 증거 채택을 위해 필요한 경우 청문회를 개최할 수도 있다(「국감국조법」 제10조 제3항).

국정감사와 국정조사는 공개를 원칙으로 하고 예외적으로 위원회가 의결로 비공개할 수 있다(「국감국조법」 제12조). 이 공개 원칙은 2000년 법 개정으로 도입된 것으로, 이전에는 국정감사는 비공개 원칙, 국정조사는 공개 원칙으로 규정되어 있었다. 국정조사에 비해 국정감사가 앞서 비교한 다른 일반적인 '감사' 기능의 성격을 가진 것으로 이해되었기 때문이다. 그러나 실제로는 국정감사 역시 현행 헌법에서 다시 도입된 이후 대부분 공개되고 있었으므로 2000년 법 개정에서는 이러한 현실과 국민의 대표기관인 국회의 기능을 고려해 국정감사 역시 공개 원칙으로 규정했다.

국정감사나 국정조사를 실시하는 장소는 위원회가 정하는 바에 따라 국회 또는 감사·조사 대상 현장이나 그 밖의 장소에서 할 수 있다(「국감국조법」 제11조). 대부분 국회에서 이루어지지만 대상기관의 소재지에서 이루어지는 경우도 있으며, 특히 지방자치단체나 외교공관의 경우 주로 해당 기관 소재지에서 이루어진다. 국정감사의 경우 국정감사계획서를 의결하면서 일정 및 장소를 미리 확정한다. 그러나 국정조사의 경우 본회의 승인을 받는 조사계획서에는 조사 장소나 검증 장소 등이 미리 명시되지 못하는 경우가 많다.

2) 국정감사와 국정조사의 실시 순서

국정감사는 ① 위원장(또는 감사반장)의 감사선언 및 인사, ② 증인 등의 선서, ③ 대상기관장의 인사 및 간부 소개, ④ 보고 및 질의·답변 또는 증인신문·답변 등, ⑤ 감사결과 강평 및 종료선언의 순서로 실시한다. 국정조사 순서도 국정감사와 유사하다(정호영, 2012: 673~674).

국정감사와 국정조사는 보통 오전 10시에 시작한다. 대상기관의 업무보고와 질의·답변이 먼저 이루어지고 기관증인 외에 일반증인과 참고인은 편의를 위해 대체로 오후에 출석하도록 하고 있다. 검증의 경우도 이와 크게 다르지 않다. 검증실시 선언(위원장, 소위원장, 또는 반장), 대상기관 대표자 인사, 보고 또는 설명, 질의 또는 관계서류(자료) 요구, 서류(자료)나 현장 등 실사 및 확인, 관계서류 등 봉인(필요 시), 검증종료 선언 등의 순서로 이루어진다.

선서는 증인과 감정인만 해당된다(「국회증언감정법」 제7조 제1항). 참고인은 선서를 하지 않고 이에 따라 불출석, 국회모욕, 위증 등 「국회증언감정법」에서 정한 처벌 대상이 되지 아니한다. 그런데 참고인으로 출석한 사람이 증인으로서 선서할 것을 승낙하는 경우에는 증인으로 신문할 수 있다(같은 조 제2항). 증언·감정을 요구한 의장 또는 위원장은 선서하기 전 선서의 취지를 설명하고 위증 또는 허위감정의 벌

그림 5-3 **국정감사 실시(회의형식) 세부절차**

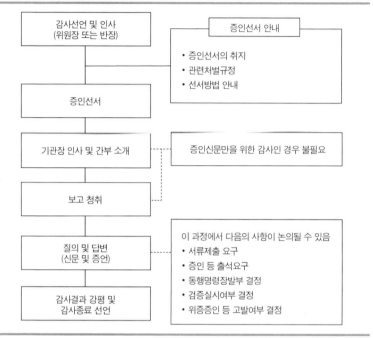

자료: 국회사무처(2012b: 140).

이 있음을 알려야 한다(같은 조 제3항). 선서 문구는 "양심에 따라 숨김과 보탬이 없이 사실 그대로 말하고 만일 진술이나 서면답변에 거짓이 있으면 위증의 벌을 받기로 맹서합니다"로 규정되어 있고 그 밖에 선서 내용과 방식은 「형사소송법」을 따른다(「국회증언감정법」 제8조).

질의시간은 답변 시간을 포함해 보통 7분 내외이고 일문일답 형식으로 진행된다. 시간적 제약이 많으므로 근거자료나 상세하게 답변할 사항은 향후 서면으로 제출하는 것으로 상호 양해하는 경우도 많다. 또한 감사 또는 조사가 종료될 때에 구두로 질의하지 못한 사항을 서면으로 해당 기관에 전달해 답변하도록 하고 있다. 이는 예산안·결산 심사 등에서도 동일하다. 이로 인해 때로는 구체적인 정책내용은 서면질의로 미루어지고 구두질의가 주요 쟁점에 집중되어 전체적인 질의·답변 내용이 반복되는 경향도 있다.

〈예시 5-5〉는 실제 국정감사 회의록이다. 전술한 국정감사의 단계, 즉 감사선언 및 인사, 증인선서, 기관장 인사 등 각 단계와 법률 등의 근거를 직접 확인할 수 있는데, 독자의 편의를 위해 중요한 단계는 굵은 글씨로, 중요한 내용은 밑줄로 표시했다.

3) 국정감사와 국정조사의 한계와 주의의무

국정감사와 국정조사는 입법사항, 재정사항, 행정사항, 사법행정사항과 국회 내부사항의 전반에 걸쳐 이루어진다. 그러나 헌법 및 법률상 권한 범위 내에서 행사되어야 하며 권력분립의 원칙을 침해할 수는 없다. 또한 실시과정에서 개인의 사생활 및 기본권 등을 보호해야 한다(정호영, 2012: 669).

법률 조문상으로는 "개인의 사생활을 침해하거나 계속 중인 재판 또는 수사 중인 사건의 소추에 관여할 목적으로 행사되어서는 아니 된다"라고 규정하고 있다(「국감국조법」 제8조). 이에 재판의 내용이나 소송절차의 부당 여부 자체에 대한 감사·조사는 할 수 없다는 것이 통설이다(정호영, 2012: 670). 다만, 이 조문이 재판 또는 수사 중인 사건이라는 이유만으로 국정감사 및 국정조사 대상이 되지 못한다는 의미는 아니다. 이 조문의 의미는 재판이나 수사에 "관여할 목적"으로만 행사되지 못한다는 것으로서, 이렇게 규정한 취지는 사법권의 독립이나 수사의 공정성을 보장하기 위해서이다.

2017년도 국정감사(2017. 10. 12. 과학기술정보통신부 회의실)

○**위원장**　의석을 정돈해 주시기 바랍니다.

지금부터 헌법 제61조, 「국회법」 제127조, 국정감사 및 조사에 관한 법률과 국회에서의 증언·감정 등에 관한 법률에 따라서 과학기술정보통신부와 그 소속 기관인 우정사업본부, 국립전파연구원, 중앙전파관리소, 국립중앙과학관, 국립과천과학관 그리고 우정사업본부 산하의 공공기관인 우체국물류지원단, 우체국금융개발원, 한국우편사업진흥원, 별정우체국연금관리단, 우체국시설관리단**에 대한 2017년도 국정감사를 실시할 것을 선언합니다.**

잘 아시다시피 과학기술정보통신부는 과학기술과 (중략)

그리고 오늘 출석을 요구한 일반증인과 참고인은 대부분 현업에 종사하는 분들이기 때문에 예년과 마찬가지로 주질의가 끝나고 오후 추가질의 때 출석시켜 신문을 진행하겠습니다. 오후 추가질의 때 출석시간은 대략 오후 3시로 예정하고 있습니다. 추가질의가 끝나면 퇴장하는 것으로 간사님들 간에 의견을 모았습니다. 특별한 사정이 없는 한 남은 국정감사에서도 일반증인과 참고인에 대한 신문은 이러한 원칙을 적용하도록 하겠습니다.

그리고 오늘 기관증인 가운데 ○○○ 국립전파연구원장은 세계전기통신개발회의 참석으로 불출석하였으며, (중략)

그러면 기관증인 선서를 받도록 하겠습니다.

먼저 증인선서의 취지와 처벌규정 등에 대하여 말씀드리겠습니다.

선서를 하는 이유는 국정감사를 실시함에 있어서 증인으로부터 양심에 따라 숨김없이 사실대로 증언하겠다는 서약을 받기 위한 것입니다.

증인이 정당한 이유 없이 선서 또는 증언을 거부하거나 증언을 함에 있어서 국회의 권위를 훼손하거나 위증을 하는 경우에는 국회에서의 증언·감정 등에 관한 법률 제15조에 따라 고발될 수 있음을 미리 알려 드립니다.

선서 방식은 장관께서 발언대에 나오셔서 오른손을 들고 증인을 대표하여 선서서를 낭독하고 다른 증인들께서는 그 자리에서 일어나 오른손을 들고 있으면 됩니다. 그

러면 ○○○ 장관 나오셔서 선서해 주시기 바랍니다. (중략)

○**과학기술정보통신부 장관** <u>"선서, 본인은 국회가 헌법 제61조, 「국회법」 제127조, 국정감사 및 조사에 관한 법률 제10조의 규정에 의하여 소관 업무에 대한 2017년도 국정감사를 실시함에 있어 성실하게 감사를 받을 것이며 또한 증인으로서 증언을 함에 있어서는 국회에서의 증언·감정 등에 관한 법률 제7조의 규정에 의하여 양심에 따라 숨김과 보탬이 없이 사실 그대로 말하고 만일 진술이나 서면답변에 거짓이 있으면 위증의 벌을 받기로 맹서합니다."</u>

(중략)

○**위원장** (중략)

그러면 ○○○ 장관 나오셔서 인사하시고 **업무보고**해 주시기 바랍니다.

○**과학기술정보통신부 장관** 존경하는 ○○○ 위원장님, 그리고 위원님 여러분! 정기국회 활동으로 바쁘신 가운데 국정감사 준비를 위해 애써 주신 위원님들께 깊은 감사의 말씀을 드립니다. 새 정부 출범 후 처음으로 개최되는 국정감사를 통해 과학기술정보통신부가 앞으로 추진해야 될 (중략) 업무보고에 앞서 과학기술정보통신부 간부를 소개해 드리도록 하겠습니다. 여러 위원님들께서 양해해 주신다면 세부적인 업무현황은 기획조정실장이 보고드리도록 하겠습니다. 감사합니다.

○**위원장** 수고하셨습니다. 질의 들어가기 전에 기조실장, 업무보고해 주시기 바랍니다. 간략히 부탁합니다.

○**과학기술정보통신부기획조정실장** 과기정통부 기획조정실장입니다. 배부해 드린 자료를 바탕으로 과학기술정보통신부 업무현황을 보고드리겠습니다. 보고 순서는 일반현황, 정책 방향 및 주요업무 추진현황, 주요현안, 정기국회 중점법안 순입니다. (중략)

○**위원장** (중략) 이제 질의에 들어가겠습니다.

<u>주질의 시간은 간사님들 간의 협의에 따라서 7분으로 하겠습니다. 그리고 부족하면 1분을 추가로 드리겠습니다. 1분 추가 드리는 시간을 꼭 지켜 주시기 바랍니다.</u>

그러면 질의순서에 따라서 (중략)

○**위원** 장관님 이하 여러 공직자 여러분들 감사 준비에 노고 많으셨습니다. 저는 첫 질문자이니만큼 총괄적으로 지적과 당부말씀을 좀 드리고자 (중략)

○**위원장**　그러면 이것으로 주질의를 모두 끝내겠습니다.

일반증인과 참고인에 대한 신문을 시작할 순서입니다만 증인 출석 등 장내 정리를 위해서 감사를 잠시 중지했다가 4시 30분에 감사를 계속하도록 하겠습니다. 감사중지를 선포합니다. (중략)

의석을 정돈해 주시기 바랍니다. 국정감사를 계속하겠습니다.

질의에 들어가기에 앞서서 안내말씀을 드리겠습니다.

오늘 국정감사 시 당초 간사님들 간 합의에 따라 열네 분의 증인과 네 분의 참고인에 대해 출석을 요구하였습니다. 이 가운데 <u>여덟 분이 해외출장 등의 사정으로 불출석하였습니다. 불출석하신 증인들에게는 10월 30일 종합감사 때 다시 한번 출석을 요구하기로 하고 오전에 간사님들이 의견을 말씀하셨듯이 그때도 출석을 안 할 경우에 고발 등 필요한 조치들을 취하기로 했습니다.</u>

일반증인과 참고인의 출석 현황에 대한 자세한 내용은 배부해 드린 유인물을 참고해 주시기 바랍니다. 그러면 증인선서에 앞서 출석한 증인과 참고인을 소개해 드리도록 하겠습니다. 먼저 증인부터 소개해 드리겠습니다. 가나다순으로 하겠습니다. (중략)

그러면 증인선서를 받도록 하겠습니다.

먼저 증인선서의 취지와 처벌규정 등에 대하여 말씀드리겠습니다.

선서를 하는 이유는 국정감사를 실시함에 있어서 증인으로부터 양심에 따라 숨김없이 사실대로 증언하겠다는 서약을 받기 위한 것입니다. 증인이 정당한 이유 없이 선서 또는 증언을 거부하거나 증언을 함에 있어서 국회의 권위를 훼손하거나 위증을 하는 경우에는 국회에서의 증언·감정 등에 관한 법률 제15조에 따라 고발될 수 있음을 미리 알려 드립니다.

선서 방식은 편의상 제일 연장자이신 ○○○ 증인께서 발언대에 나오셔서 오른손을 들고 증인을 대표하여 선서서를 낭독하고 다른 증인들께서는 그 자리에서 일어나 오른손을 들고 계시면 됩니다.

그러면 ○○○ 증인 나오셔서 선서해 주시기 바랍니다.

○**증인**　선서, (중략)

○**위원장**　증인들께서는 제자리에 해주시기 바랍니다.

효율적인 감사 진행을 위해서 질의 순서에 따라 과기정통부 등 기관증인에 대한 질의와 일반증인 및 참고인에 대한 신문을 병행해서 실시하도록 하겠습니다.

(중략)

○**위원장** 수고들 하셨습니다. 더 이상 질의하실 위원님 안 계시지요? 그러면 **질의를 종료**하도록 하겠습니다.

오늘 과학기술정보통신부 감사 과정에서 여러 정책에 대한 다양한 문제 제기와 지적들이 있었습니다.

과기정통부를 비롯한 수감기관에서는 오늘 위원님들께서 제안하거나 지적하신 사항들을 면밀하게 검토하여 정책에 반영될 수 있도록 적극적으로 노력해 주실 것을 당부드리면서 질의를 종료하도록 하겠습니다.

질의 도중에 서면질의하신 위원님들 소개해 드리겠습니다. (중략) 위원님으로부터 **서면질의가 있었습니다.** 수감기관에서는 이에 대한 답변서를 작성해서 질의하신 위원님들께 성실하게 제출해 주시기 바랍니다.

아울러 서면질의 답변 내용은 오늘 회의록에 모두 게재하도록 하겠습니다.

과학기술정보통신부와 그 소속 기관에 대한 종합감사는 10월 30일, 월요일에 실시하도록 하겠습니다. 그리고 내일은 국회에서 방송통신위원회 등에 대한 국정감사를 실시하겠습니다.

과학기술정보통신부 장관 및 관계자 여러분, 준비하시는 과정과 또 아침부터 오늘 장시간 수고가 많으셨습니다. 여러 위원님들께서도 장시간 고생하셨습니다. **이것으로 오늘의 감사종료를 선언합니다.**

(22시 52분 감사종료)

자료: 2017년도국감-과학기술정보방송통신위원회회의록(2017년 10월 12일).

또한 국정감사 및 국정조사는 대상기관의 기능과 활동이 현저히 저해되거나 기밀이 누설되지 않도록 주의해야 한다(「국감국조법」 제14조). 직접 이해관계가 있거나 공정을 기할 수 없는 현저한 사유가 있는 경우 해당 의원은 제척되거나 회피해야 한다. 이러한 의무를 위반한

표 5-4 **국정감사·조사의 한계**

한계	근거법률	내용
권력분립상 한계	「국감국조법」 제16조	• 행정작용에 대한 간섭 제한 – 국회는 행정작용에 대하여 직접적으로 통제할 수 없음 – 국정감사·조사 결과에 따라 정부 또는 해당 기관에 시정을 요구하고 그에 대한 처리결과를 보고받음
	「국감국조법」 제8조	• 사법권의 독립 – 재판내용에 대한 개입을 목적으로 하거나 법관의 소송지휘·재판절차를 대상으로 행할 수 없음
	「국감국조법」 제8조	• 조사·소추의 독립 – 형사법상의 공정성을 위해 수사 중인 사건의 소추에 관여할 목적으로 국정감사·조사를 행할 수 없음
사생활 불가침의 한계	「국감국조법」 제8조	• 국정감사·조사는 사생활을 침해할 목적으로 행사되어서는 안 되며, 개인의 사생활은 그 대상에서 제외됨
기본적 인권 보호의 한계	「국회증언감정법」 제4조	• 국정감사·조사의 진행 과정에서 양심의 자유, 통신의 비밀, 투표의 비밀은 침해할 수 없으며 불이익진술의 거부는 인정됨 • 직무상의 비밀에 관한 증언은 원칙적으로 강요할 수 없음 – 단 전현직 공무원에 대해서는 예외가 인정됨
중대한 국가이익상의 한계	「국회증언감정법」 제4조	• 공무원 또는 전직 공무원이 증언요구를 받거나 국가기관이 서류제출을 요구받은 경우 원칙적으로 거부할 수 없음 – 단, 군사·외교·대북관계의 기밀사항에 관한 경우 주무부 장관의 소명 등의 절차에 따라 불응할 수 있음

자료: 정호영(2012: 669~671); 주영진(2011: 481~488) 참조.

의원은 「국회법」상 의원에 대한 징계 대상이 됨을 명시하고 있다(「국감국조법」 제13조 및 제17조).

한편 「국회증언감정법」 제9조는 국정감사나 국정조사 등으로 인해 국회의 출석요구를 받은 증인 등의 보호에 관한 규정을 두고 있다. 증인은 변호사인 변호인을 대동할 수 있다(같은 조 제1항). 증인이나 참고인이 중계방송 또는 사진보도 등에 응하지 아니한다는 의사를 표명하거나, 특별한 이유로 회의의 비공개를 요구할 때에는 본회의 또는 위원회의 의결로 중계방송 또는 녹음·녹화·사진보도를 금지시키거나 회의의 일부 또는 전부를 공개하지 아니할 수 있다(같은 조 제2항). 국회에서 증인·감정인·참고인으로 조사받은 사람은 「국회증언감정법」에 따른 위증 등의 처벌을 받는 외에는 어떠한 불이익한 처분도 받지 아니한다(같은 조 제3항).

5. 국정감사와 국정조사 결과의 처리

1) 결과보고서와 국회의 요구

위원회는 국정감사 또는 국정조사를 마쳤을 때에는 지체 없이 보고서를 작성해 의장에게 제출해야 하고 의장은 이를 지체 없이 본회의에 보고해야 한다(「국감국조법」 제15조 제1항 및 제3항). 보고서에는 증인 채택 현황 및 증인 신문 결과를 포함한 감사 또는 조사의 경과 및 처리 의견을 기재하고 중요 근거서류를 첨부해야 한다(「국감국조법」 제15조 제2항). 의장은 필요한 경우 감사 또는 조사를 시행하는 위원회에 중간 보고를 하게 할 수도 있다(「국감국조법」 제15조 제4항).

국정감사에서는 각 상임위원장 제안으로 '○○○○년도 국정감사 결과보고서 채택의 건'을, 국정조사에서는 조사위원장 제안으로 '~을 위한 국정조사 결과보고서 채택의 건'을 위원회 및 본회의에서 의결한다.

그런데 앞서 소개한 바와 같이 국정조사에서는 제13대 국회부터 제19대 국회까지 실제 조사활동이 이루어진 경우가 27건인데, 이 중에서 결과보고서를 채택한 경우는 11건에 불과했다. 국정감사에서는 결과보고서를 채택하지 않는 경우가 드물지만 간혹 발생한다. 또한 국정감사가 실시된 연도 말이나 다음 연도 초까지도 결과보고서가 채택되

VI. 시정 및 처리요구사항

1. 중앙선거관리위원회

- 선거사무원의 수당이 20년 이상 동결된 점을 고려하여 현실화할 것

- 선관위로 전보된 일반직 공무원의 전문성을 제고하기 위한 직무교육을 철저히 시행할 것
(중략)

2. 인사혁신처

- 인사혁신처 4급 이상 여성 공무원 목표 달성치가 2017년 15%로 낮으므로, 여성 고위공직자 비율을 증가시키도록 할 것
(중략)

3. 행정안전부

【정부혁신조직실】

- 공무원 증원 문제는 행안부가 종합적으로 책임지고 증원해야 하는데 준비가 소홀하며, 17만 4000명의 공무원 증원 계획이 제대로 수립·실행되지 못하고 있으므로 정확한 인건비가 추계될 수 있도록 재정당국과 협력할 것
(중략)

【전자정부국】

- 공공기관의 정보화 사업의 방만 운영으로 예산 낭비가 초래되며, 이 중 특히 정보시스템 구축 사업은 면밀한 수요분석을 통해 폐기·통폐합 등 점검할 것
(이하 생략)

자료: 국회 국정감사정보시스템.

지 못하는 경우가 자주 발생하고 있다.[5]

국정감사 또는 국정조사 결과보고서가 채택되지 않으면 해당 감사 및 조사의 주요 내용과 중요한 관련 자료가 공식적으로 보관·공개·전

수되지 못하는 문제가 생긴다. 또한 국정감사의 경우 너무 늦게 결과보고서를 채택하면 정부의 국정운영이나 정책기조에 국회의 공식적인 의견을 적절히 반영하지 못하는 문제가 발생한다.

위원회가 결과보고서를 채택하면 국회는 본회의 의결로 국정감사 또는 국정조사 결과를 처리한다(「국감국조법」 제16조 제1항). 감사 또는 조사 결과 위법하거나 부당한 사항이 있을 때에는 그 정도에 따라 정부 또는 해당 기관에 변상, 징계조치, 제도개선, 예산조정 등 시정을 요구한다. 또한 해당 기관이 자체적으로 처리함이 타당하다고 인정되는 사항은 정부 또는 해당 기관에 이송한다(「국감국조법」 제16조 제2항). 각 위원회의 결과보고서에서는 이를 주로 '시정 및 처리요구사항'으로 묶어서 이송하고 있다. 법문상으로만 보면 위법·부당한 사항에 대한 시정요구사항과 그렇지 않는 처리요구사항이 구분될 필요가 있으나, 실제 국정감사나 국정조사의 내용은 정책 및 제도 개선의견이 다양한 수준에서 제기되고 있어 양자를 묶어서 처리하는 경우가 대부분이다. 법적 근거는 없지만 '건의사항'이나 '기타사항' 등을 추가하기도 한다.

한편 결산 후속조치에서 소개한 바와 같이 국정감사 결과에 따라 감사원에 대한 감사요구(각 상임위원장 제안)를 채택하기도 한다.

---

5   예를 들어, 2017년도 국정감사 결과보고서의 경우 16건 중 13건이 2018년 2월 28일에, 1건은 2018년 5월 28일에, 2건은 2018년 8월 30일에 본회의에서 의결되었다. 2016년도 국정감사 결과보고서의 경우 6건이 2016년 12월 29일에, 4건이 2017년 1월 20일에, 5건이 2018년 3월 28일에 본회의에서 의결되었고 1개 상임위(2016년 당시 미래창조과학방송통신위원회)는 결과보고서를 채택하지 못했다. 결과보고서를 준비 및 합의하기에 정기국회 기간이 부족한 것이 이유 가운데 하나이지만, 적어도 다음연도 연초에는 의결되어 정부 및 관련기관에 이송되는 것이 바람직할 것이다.

구분	시정·처리요구사항	시정·처리결과 및 향후추진계획
인사혁신처	1. 인사혁신처 4급 이상 여성 공무원 목표 달성치가 2017년 15%로 낮으므로, 여성 고위 공직자 비율을 증가시키도록 할 것	□ **시정·처리결과** ○ 여성관리자 임용확대 계획 정책대상을 상향하여 '고위공무원단 및 본부 과·국급 여성관리자 임용확대 계획' 수립·발표 ('17. 11. 21 / 관계부처 합동) - 2018년도 행정안전위원회 업무보고('18. 2. 1) 및 정부혁신 종합계획('18. 3. 19 / 관계부처 합동)에 과제 포함하여, 핵심과제로 추진 중 □ **추진계획** ○ 2022년까지 고공단 여성비율 10%, 본부 과장급 여성비율 21% 목표 설정 < 연도별 임용 목표 > {표} ※ 향후 연도별 목표치는 실적 및 인력운용 현황 등을 종합적으로 고려하여 필요시 재조정 예정 - '17년 고공단 여성임용 실적이 '18년 목표를 달성함에 따라 '18년 목표 상향조정(0.3%p), 향후 임용·실적 추이에 따라 목표 조정 추진 ○ '18년 여성공무원 임용확대를 위한 다양한 시책 추진 · 부처별 임용실적 점검(분기별) 및 임용확대 독려 예정 · 여성관리자 임용확대 관련 내용을 「공무원 임용령」에 규정하여 법적 구속력 강화 · 반기별로 부처별 여성공무원 임용현황을 공표하고, 목표미달 기관을 국무회의에 보고 · 정부업무평가 등 각종 평가지표(행정관리역량 평가, 인사혁신 수준진단지표 등) 활용 · 목표달성 우수기관에 대한 인센티브 제공, 미흡기관에 대한 컨설팅 강화 ○ 목표 달성 부진 기관에 대하여 인재정보 DB 활용; 개방형·공모 직위 지정으로 외부·타부처 여성인재 임용 확대 지원

< 연도별 임용 목표 >

구 분	2018년	2019년	2020년	2021년	2022년
고위공무원단	6.8%	7.2%	8.2%	9.6%	10%
본부 과장급	15.7%	17.0%	18.4%	19.8%	21%

자료: 국회 국정감사정보시스템.

2) 정부 등의 처리결과보고와 국회의 조치

정부 또는 해당 기관은 국회의 요구를 지체 없이 처리한 뒤 그 결과를 국회에 보고해야 하고, 국회는 이에 대해 적절한 조치를 취할 수 있다(「국감국조법」 제16조 제2항 및 제3항). 국정감사에서 지적된 사항에 대한 처리결과는 국회에 제출되어 공개되고 있으므로 관련 사이트에서 결과보고서, 정부 처리결과보고, 그 밖의 관련 자료를 확인할 수 있다.[6]

매년 실시하는 국정감사와 달리 국정조사는 특별위원회를 구성하는 경우가 많다. 그런데 해당 특별위원회가 종료되면 정부의 조치결과보고서나 정부 조치결과에 대한 국회의 조치 등을 다룰 위원회가 법적으로 명확하지 않았다. 또한 각종 자료의 정리 및 일반 국민의 자료 접근성 등도 공식화되지 못한 측면이 있었다. 이에 2018년 4월 법 개정을 통해 소관 위원회의 활동기한 종료 등의 사유로 처리결과보고에 대해 조치할 위원회가 불분명할 경우 의장이 각 교섭단체 대표의원과 협의해 지정하는 위원회로 대신하게 해야 한다는 규정을 신설했다(「국감국조법」 제16조 제5항).

3) 형사처벌

국회가 출석을 요구한 증인 등에 대한 처벌조문은 「국회증언감정법」에 규정되어 있는데 크게 ① 불출석 등의 죄, ② 국회모욕의 죄, ③

---

6   의안정보시스템(likms.assembly.go.kr/bill)에서는 '국정감사 결과보고서' 또는 '국정조사 결과보고서'를 검색·확인할 수 있고, 국정감사정보시스템(likms.assembly.go.kr/inspections)에서는 국정감사 계획서, 국정감사 결과보고서, 정부 처리결과, 부처별 업무보고나 서면답변자료 등 각종 참고자료 파일을 확인할 수 있다.

위증 등의 죄, 세 가지이다. 처벌 대상은 증인 또는 감정인이고, 전술한 바와 같이 참고인은 처벌 대상이 되지 않는다. 국회의 출석요구는 국정감사, 국정조사 외에 안건심의, 청문회 등에서도 가능한데, 매년 각 상임위별로 국정감사가 실시되므로 고발 및 처벌도 국정감사에서 발생하는 경우가 제일 많다(표 〈5-5〉 참조).

불출석 등의 죄(「국회증언감정법」 제12조)는 정당한 이유 없이 불출석한 증인, 고의로 출석요구서 수령을 회피한 증인, 보고 또는 서류제출 요구를 거절한 자, 선서 또는 증언이나 감정을 거부한 증인이나 감정인, 정당한 이유 없이 증인·감정인·참고인의 출석 또는 검증을 방해한 자가 해당한다. 이들은 3년 이하의 징역 또는 1000만 원 이상 3000만 원 이하의 벌금에 처한다. 2017년 법 개정으로 고의로 출석요구서의 수령을 회피한 증인이 처벌대상으로 추가되었다. 또한 벌금형 형량을 종전에 상한선(1988년 제정 시 500만 원 이하 → 2000년 개정으로 1000만 원 이하)만 두었던 것을 하한선과 상한선을 함께 규정(1000만 원 이상 3000만 원 이하)해 처벌을 강화했다.

국회모욕의 죄(「국회증언감정법」 제13조)는 국회권위 훼손의 경우(제1항)와 동행명령 거부·방해(제2항) 두 가지 경우로 나누어 규정하고 있다. 증인이 폭행 등 모욕적인 언행을 하여 국회권위를 훼손한 경우에는 5년 이하의 징역 또는 5000만 원 이하의 벌금에 처한다. 증인이 동행명령을 거부한 경우, 고의로 동행명령장 수령을 회피한 경우, 제3자로 하여금 동행명령장의 집행을 방해하도록 한 경우에는 5년 이하의 징역에 처한다. 종전에는 이 모두를 5년 이하의 징역에 처하도록 하여 벌금형이 규정되어 있지 않았다. 그러나 다른 범죄 형량과 비교할 때 징역형만 규정된 것이 과도하고 오히려 처벌로 이어지지 못하는 측면

표 5-5 **증인 고발·처벌 현황**

	증인 고발					처벌		
	국정 감사	국정 조사	인사 청문	청문회 등 기타	계	약식 기소	유죄 판결	계
제13대	6	0	0	4	10	0	1	1
제14대	3	0	0	3	6	0	3	3
제15대	1	0	0	10	11	0	3	3
제16대	47	10	0	10	67	27	6	33
제17대	49	2	2	3	56	19	3	22
제18대	31	6	8	0	45	13	0	13
제19대	29	3	1	0	33	4	14	18
계	166	21	11	30	228	63	30	93

자료: 국회사무처(2016b: 1101~1015)를 참고해 표로 재구성.

도 있는 점을 고려해 2017년 법 개정으로 국회권위 훼손죄의 경우에는 벌금형을 도입했다. 2018년 법 개정에서는 국회권위 훼손죄에 벌금 하한선(1000만 원 이상)을 두어 처벌을 강화했다.

위증 등의 죄(「국회증언감정법」제14조)는 선서한 증인·감정인이 허위진술이나 감정을 한 때로, 1년 이상 10년 이하의 징역에 처한다. 다만, 범죄가 발각되기 전에 자백했을 때에는 형을 감경 또는 면제할 수 있는데 이 자백은 안건심의, 국정감사, 국정조사가 종료되기 전에 해야 한다.

이상 세 가지 죄 중 어느 하나가 인정되는 경우 본회의 또는 위원회는 고발해야 한다(「국회증언감정법」제15조 제1항). 고발의 주체가 본회의 또는 위원회이고 다른 규정이 없으므로 고발의 요건은 일반의결 족수이다. 다만, 청문회의 경우 재적위원 3분의 1 이상의 연서에 따라 그 위원의 이름으로 고발할 수 있다(같은 항 단서). 검찰은 고발장 접수 날부터 2개월 내에 수사를 종결해야 하고, 국회에 지체 없이 서면으로 처분결과를 보고해야 한다(「국회증언감정법」 제15조).

이러한 형사처벌 조항에도 불구하고 증인 등이 불출석하거나 위증을 하는 경우가 자주 발생한다. 이는 국정감사 등의 실효성을 떨어뜨리고 국회의 견제기능, 대의기능을 약화시키며 결국 국민들의 알권리도 훼손한다. 위원회 고발은 의결을 필요로 하므로 결국 여야 합의가 필요하다. 여야 간에 이견이 있을 수는 있으나 국회 전체의 권한을 제고하는 차원에서 적극적인 고발이 필요하다.

다른 한편으로는 검찰과 법원이 기소나 유죄판결에 적극적이지 못한 측면도 있다. 국회가 고발하려면 의결을 거쳐야 하는데 의결은 대부분 여야 합의가 이루어진 경우에 가능하다. 정당들은 증인의 위증여부 등에 대해 서로 대립하는 경우가 많은데, 설령 의결을 통해 불출석, 국회모욕, 위증 등의 죄로 고발하기로 결정했더라도 기소로 연결되는 경우가 많지 않으며 대부분 약식기소에 따른 벌금형이 많은 형편이다. 〈표 5-5〉는 현행 헌법에서 제19대 국회까지의 증인 고발 및 처벌 현황(2016년 기준)을 나타낸 것으로, 총 228명의 증인이 고발되었다. 이 중 실제 처벌로 이어진 경우는 약식기소 63명과 유죄판결 30명 등 93명으로 처벌도 약식기소 비율이 높다. 다만, 제19대 국회의 경우 약식기소가 줄고 유죄판결의 비율이 높아지는 변화를 보이고 있다.

제3절 대정부질문 등 질문제도

이 절에서는 국회의 질문제도를 대정부질문, 긴급현안질문, 정부에 대한 서면질문 등으로 구분해 각각의 질문제도의 의의와 절차 등을 설명한다. 국회에서의 질문제도는 국회와 정부가 정치적 현안 및 정책 방향에 대해 국민과 언론 앞에서 공적으로 의견을 주고받으며 정치적 정당성이나 또는 정책적 타당성을 검증하는 중요한 자리이다.

1. 대정부질문

1) 대정부질문의 의의

대정부질문은 국회가 회기 중 기간을 정해 국정 전반 또는 특정 분야를 대상으로 정부에 대해 질문하는 제도이다(「국회법」제122조의2 제1항). 대정부질문제도는 의원내각제 국가에서 발전한 제도로서, 의회와 정부 간 권력분립을 강조하는 대통령제국가에서는 대정부질문보다는 청문회 제도가 발달했다(정호영, 2012: 376). 그러나 우리 국회는 제헌국회부터 대통령중심제하에서도 대정부질문을 운영해 오고 있다. 대정부질문을 통해 국회는 정책집행의 감시·통제, 정책 방향의 설정, 의원 간 및 국민에 대한 국정정보의 제공, 입법 활동으로의 반영 등의 기능을 수행한다(정호영, 2012: 376~377).

대정부질문은 국회의원이 국무총리 또는 국무위원 등을 대상으로 본회의에서 국정의 방향이나 정치·정책 현안을 직접 질문하고 답변을 듣는 것이다. 이 과정에서 국민들은 정부정책 방향과 이에 대한 여야 또는 해당 국회의원의 입장을 직접 듣고 평가할 수 있다. 본회의는 상임위에 비해 국회방송을 포함한 방송 생중계나 언론보도 등이 활발해 해당 국회의원, 국무총리, 국무위원 등에 대한 전문성, 도덕성, 합리성 등을 평가하는 기회가 되기도 한다. 대정부질문은 국회 운영이 정상적으로 이루어지는 대부분의 임시회에서 사실상 정례적으로 실

표 5-6 **대정부질문 실시 현황**

	대정부질문 실시 일수						
	1일	2일	3일	4일	5일	6일	계
제13대	0	0	2	3	7	0	12
제14대	0	0	1	3	6	1	11
제15대	0	3	0	1	6	1	10
제16대	1	2	4	4	4	2	17
제17대	0	1	5	6	2	1	15
제18대	1	0	0	5	6	0	12
제19대	1	2	2	9	1	0	15
계	3	8	14	31	32	5	92

자료: 국회사무처(2016b: 1123~1033)를 참고해 표로 재구성.

시되고 있다.

2) 대정부질문의 절차

대정부질문을 실시할지, 언제 며칠간 실시할지, 몇 명이 실시할지는 정기회 또는 임시회 일정에 대한 교섭단체 간 협상에 의해 결정된다. 협상의 결과에 따라 의장은 의제별 질문의원 수를 교섭단체와 협의해 배정한다(「국회법」제122조의2 제4항 및 제5항). 질문의제는 주로 정치, 외교·통일·안보, 경제, 교육·사회·문화 등 네 가지를 기준으로 하여 1~6일 동안 의제를 분리하거나 합쳐서 정하고 있는데, 최근에는 5~6일 동안 길게 실시하기보다는 기간을 다양하게 실시하고 있다. 현행 헌법에서 대정부질문은 제19대 국회까지 총 92회 실시되었다.

국회는 대정부질문을 실시하기 전에 국무총리, 질문분야의 해당 국무위원이나 정부위원[7]의 출석을 요구한다. 이러한 국무위원 등에 대한 출석요구는 헌법 제62조 제2항에 근거를 두고 있으며, 구체적인 절차로는 의원 20인 이상이 발의해 본회의 의결을 거친다(「국회법」 제121조 제1항). 대정부질문에 필요한 출석요구의 의안명칭은 '국무총리·국무위원 및 정부위원 출석요구의 건(○○○○에 관한 질문)'이다.[8] 대정부질문 시 해당 의원은 질문요지서를 구체적으로 작성해 의장에게 제출하고 의장은 질문시간 48시간 전까지 정부에 송달한다(「국회법」 제122조의2 제7항).

대정부질문은 일문일답식으로 하고 의원의 질문시간은 20분을 초과할 수 없다. 통상 상임위의 질의는 답변시간을 포함하도록 운영하나 대정부질문은 명문으로 답변시간을 제외하고 있다(같은 조 제2항). 과거에는 연설식 일괄질문과 정치적 폭로성 발언 등이 빈번했는데, 이를 시정하기 위해 2003년 법 개정을 통해 일문일답식을 도입했다.

대정부질문에서는 다른 의원들의 출석과 참여가 강조되나, 일정 시간이 지나면 소수의 의원만 남는 문제가 반복되고 있다. 이는 긴급현안질문의 경우도 크게 다르지 않다. 그러나 경청하는 의원들의 참여가 적은 경우에도 대정부질문은 본회의장에서 공개적으로 질문하고 답변을 청취한다는 측면에서 그 자체로 중요한 의미를 갖는다.

---

7   국무조정실의 실장 및 차장, 부·처·청의 처장·차관·청장·차장·실장·국장 및 차관보와 과학기술정보통신부·행정안전부 및 산업통상자원부에 두는 본부장은 정부위원이 된다(「정부조직법」 제10조).

8   대정부질문이 교섭단체 간 합의에 따라 실시되므로 출석요구의 건 역시 교섭단체대표 의원을 대표로 하여 교섭단체 소속 의원들이 모두 공동발의에 참여하는 경우가 대부분이다.

2. 긴급현안질문

1) 긴급현안질문의 의의

1994년 6월 28일 「국회법」 개정으로 도입된 긴급현안질문은 회기 중 중요한 현안을 대상으로 정부에 대해 질문하는 제도이다(「국회법」 제122조의3 제1항). 긴급현안질문은 대정부질문의 포괄적인 의제나 복잡한 절차 등으로는 대처할 수 없는 중대한 현안에 대해 국회 차원에서 보다 탄력적으로 대응하기 위해 도입되었다. 이는 국민의 대표기관인 국회가 국민의 의사를 적시에 수렴하고 이를 정부에 전달하며 여론을 환기하는 의의가 있다.

긴급현안질문은 의원 20인 이상의 찬성으로 의장에게 요구할 수 있으나 실제로는 해당 현안에 대해 여야가 합의한 경우 실시된다. 다만, 교섭단체 간 합의가 어려운 경우 일부 교섭단체를 제외하고 긴급현안질문을 실시한 경우도 있다. 제20대 국회에서 실시된 '최순실 등 게이트' 진상규명에 대한 긴급현안질문이 그 예이다. 1994년에 제도가 도입된 이후 2018년 현재까지 총 27건이 실시되어 평균적으로는 1년에 1회 이상 실시되었다.

2) 긴급현안질문의 절차

긴급현안질문을 요구하는 의원은 20인 이상 찬성으로 이유, 질문요지, 출석대상 국무총리 또는 국무위원을 기재한 질문요지서를 본회의 개의 24시간 전까지 의장에게 제출한다(「국회법」 제122조의3 제2항). 의장은 이를 국회운영위원회와 협의하되 필요한 경우 본회의에서 실시 여부를 표결에 부쳐 정할 수 있다(같은 조 제3항).

긴급현안질문의 경우 실시 여부가 결정되면 해당 국무위원 등의 출석요구 의결이 있는 것으로 보고 대정부질문에서처럼 사전에 별도로 출석을 요구하는 절차는 없다(같은 조 제4항). 질문시간은 총 120분이며 의장은 각 교섭단체 대표의원과 협의해 시간을 연장할 수 있다(같은 조 제5항). 질문은 10분을 초과할 수 없고 보충질문은 5분을 초과할 수 없다(같은 조 제6항). 나머지는 대정부질문을 준용한다(같은 조 제7항).

3. 정부에 대한 서면질문

서면질문은 의원이 정부에 서면으로 질문하는 것으로(「국회법」 제122조 제1항), 대정부질문과 같은 구두질문에 대한 보충적 성격을 가지며 구두질문에 비해 질문의 명확성 및 기록성을 제고할 수 있다(국회사무처, 2016a: 564). 의원은 질문서를 의장에게 제출하고 의장은 이를 지체 없이 정부에 이송하며 정부는 10일 이내에 서면으로 답변하되 기한을 지킬 수 없을 때에는 이유와 답변기한을 국회에 통지해야 한다(같은 조 제1항~제3항). 정부는 답변서와 답변관계서류를 구분해 국회에 제출하고 의원은 답변에 대해 다시 서면으로 보충질문할 수 있다(같은 조 제4항 및 제5항).

서면질문은 대통령에게는 허용되지 않는다는 것이 통설이다. 이는 헌법 제62조에서 국무총리 등에 대한 국회출석요구권과 질문권을 규정하고 있음을 근거로 하며, 실제 관행도 그렇다(정호영, 2012: 383). 서면질문 현황을 보면 제13대 106건, 제14대 1134건, 제15대 599건, 제16대 1505건, 제17대 689건, 제18대 586건, 제19대 334건이었다(국회사무처, 2016b: 1136~1137).

제4절 위원회 업무보고·현안보고

국정감사와 국정조사, 대정부질문은 국회의원이 정부로부터 공식적인 답변을 청취하는 과정을 통해 국회가 정부에 대한 견제와 감시기능을 수행하는 가장 대표적이고 중요한 제도이다. 이러한 기능은 법률안 심사, 예산안 및 결산 심사의 대체토론 과정에서도 상시적으로 필요하다. 해당 법률안 내용이나 예결산 항목과 직접 관련되지 않더라도 정치 현안이나 정책 방향 등에 대해 대의기능을 수행하는 국회의원이 지속적인 견제와 감시를 수행하는 것이다.

이러한 측면에서 국정감사, 국정조사, 대정부질문 및 안건에 대한 대체토론 외에 법률에 명확히 규정된 제도는 아니지만 위원회에서의 업무보고·현안보고도 동일한 기능을 수행한다고 할 수 있다. 위원회에서의 이러한 보고는 법정화되지 않은 국정감사·국정조사라고 볼 수 있으며, 다른 관점에서는 본회의의 대정부질문에 대응하는 위원회 차원의 제도라고 평가할 수도 있다.

먼저, 상임위원회의 경우 전·후반기 원 구성 직후와 연초에 소관 중앙행정기관을 중심으로 정기적으로 업무보고를 듣는다. 전·후반기 원 구성 직후 이루어지는 업무보고의 취지는 상임위와 소관 기관 간의 상견례 및 상임위원의 업무파악이라고 할 수 있다. 연초의 업무보고는 해당 기관의 성과를 확인하고 새해 정책운영 방향을 점검하는 의미를 지닌다. 통상 첫 번째 임시회나 정부 내에서 대통령에 대한 신년업무보고를 완료한 이후에 실시된다. 넓게 보면 국정감사나 예산안 및 결산 상정 당시에 이루어지는 업무보고도 여기에 포함된다.

다음으로, 특별위원회(인사청문특위 제외)가 구성되면 특별위원회의 활동범위에 속하는 중앙행정기관 등을 중심으로 특위 활동 초반에 업무보고를 듣는다. 이 역시 상견례 및 위원의 업무파악을 위한 것이라고 할 수 있다. 특별위원회는 여러 상임위에 걸친 사항을 소관하는 경우도 있다. 따라서 일반적인 상임위원회는 자신의 소관 부처로부터 업무보고를 듣지만 특별위원회는 여러 상임위 소관의 다양한 부처로부터 업무보고를 듣기도 한다.

또한 본회의에서의 긴급현안질문까지 가지 않고 위원회 차원에서 소관 부처로부터 현안보고를 듣는 경우도 있다. 이러한 현안보고에는 긴급한 사안도 있고 특정한 정책개선과제에 대한 사안도 있다. 최근 사례로는 산업통상자원중소벤처기업위원회의 '새 정부 산업정책 방향 현안보고'(2017. 12. 18), 행정안전위원회의 '제천 화재사고 관련 현안보고'(2018. 1. 10), 정무위원회의 '가상화폐 대응 및 금융감독원에 대한 공공기관 지정논의 관련 현안보고'(2018. 1. 18), 국방위원회의 '북한 김영철 방남 관련 긴급 현안보고'(2018. 2. 28), 여성가족위원회의 '성희롱, 성폭력 근절 대책 관련 현안보고'(2018. 3. 19), 과학기술정보방송통신위원회의 'KT 화재사고 관련 현안보고'(2019. 1. 16) 등이 있다.

이와 같이 위원회는 특정한 의안이나 국정감사 및 국정조사 등이 아니더라도 다양한 형태의 회의와 질의·답변을 통해 정책 방향을 청취하고 이에 대한 의견을 정부에 제시한다. 또한 업무보고·현안보고 등이 예정되어 있으면 개별 의원실에서는 법률안이나 예결산 심사와 마찬가지로 해당 기관에 대한 각종 자료나 정책 방향에 대한 설명 등을 미리 받고 검토한다. 또한 이러한 자료 획득과 공식·비공식적인 답변을 통해 입법 활동에 필요한 정보를 얻고 이를 입법 활동에 반영할 수 있다.

제6장

국회의 인사권과
인사청문회

제1절 **개관**

헌법상 국회의 인사권은 헌법기관의 구성원을 국회가 직접 구성하는 권한을 갖는 경우와 대통령 등의 인사권한을 국회가 견제하는 경우로 나눌 수 있다. 우리 헌법에서는 전자의 경우는 국회가 '선출'하는 것으로, 후자의 경우는 국회가 '임명동의'하거나 '해임건의'하는 것으로 규정되어 있다. 또한 헌법이 아닌 법률에서 주요 국가기관·공공기관의 구성에 국회의 관여를 인정하는 경우도 있다. 특히 국회 인사청문회 제도가 확대되면서 최근에는 헌법상 국회가 선출하거나 임명에 동의하는 공직자가 아닌 경우에도 장관 등에 대한 인사청문회를 통해 국회의 인사권이 강화되고 있다.

국회 인사청문회는 2000년 2월 「국회법」 개정으로 처음 도입되었다. 도입 당시에는 헌법상 국회의 임명동의를 받아야 하는 대법원장·헌법재판소장·국무총리·감사원장 및 대법관과 국회가 선출하는 헌법재판소 재판관·중앙선거관리위원회 위원에 대해 인사청문특별위원회를 설치하고 인사청문회를 실시하도록 했다. 이후 국회의 임명동의나 선출 대상은 아니지만 대통령의 인사권 중 국무위원 등 장관급 기관장, 검찰총장·경찰청장 등 권력기관의 장, 그밖에 소관 업무의 성격에 따라 국회의 견제가 필요한 각종 직위 등으로까지 인사청문회가 확대되고 있다.

이 장에서는 먼저 국회가 지닌 인사권의 의의와 현재 헌법 및 법률에서 보장하고 있는 국회의 인사권을 개괄적으로 살펴본다. 이어서 인사청문회 제도의 내용과 현실에 대해 「인사청문회법」 등을 중심으로 소개한다.

제2절 국회의 인사권 개관

국정통제수단으로서 국회의 인사권은 인사청문회가 도입되고 확대됨에 따라 관심과 중요도가 점차 높아지고 있다. 이 절에서는 국회 인사권의 의의와 역할을 살펴본다. 그리고 국회의 인사권을 헌법상 헌법기관의 구성에 관한 인사권과 행정부의 구성 및 존속에 관한 인사권으로 구분해 설명한다. 또한 헌법상 근거는 없지만 법률에 따라 헌법기관이나 정부 및 공공기관의 구성에 관여하는 인사권의 내용도 살펴본다.

1. 국회 인사권의 의의

국회의 인사권은 주로 독자적인 의미보다는 국정통제권의 일환으로 설명되곤 한다(성낙인, 2017: 504). 우리 헌법은 대통령 중심제를 채택하고 있으며 헌법과 법률을 통해 정부, 공공기관 전반에 걸쳐 대통령의 인사권을 광범위하게 보장하고 있다. 국회가 가지는 인사권은 이와 같이 대통령이 주도적이고 재량적으로 행사하는 인사권을 일정 수준으로 견제하는 의미를 가진다.

미국은 헌법을 통해 상원의 고위공직자 인준권한을 명시적으로 보장하고 있다. 유럽의 주요 국가는 의회가 헌법기관의 대부분을 직접 구성하기도 하고 의원내각제 원리에 따라 의회의 다수파가 정부를 구성해 국정운영의 책임을 함께 지기도 한다. 그리고 지방분권의 수준이 높은 국가일수록 행정부 수반의 인사권이 상당 부분 제한되어 있다. 이러한 주요국의 의회에 비하면 우리 국회가 가지는 인사권은 헌법상의 여러 한계와 정부 주도적인 권력구조 속에서 대의기관이나 입법부로서 갖춰야 할 충분한 수준에 이르지는 못했다.

그러나 국회의 대정부 견제 기능이 더욱 활발해지고 특히 국회 인사청문회가 도입되면서 국회의 인사권이 가지는 중요성이 점차 강조되고 있다. 대의기관의 공개된 검증 절차를 전후해 언론과 시민의 관심과 참여가 집중되면서 장관 등 고위공직자의 검증 기준이 강화되고 있다. 대통령은 국회의 인사청문회를 의식해서 임면권을 신중하게 행사하는 경향이 있다. 또한 최근 개헌 논의나 연구에서는 대통령의 인사권을 제한하는 것이 실질적인 권력분립을 이루고 이른바 제왕적 대통령제의 폐해를 시정하는 데 핵심적인 역할을 할 것이라는 공감대가 확산되고 있다.

2. 헌법에 직접 근거한 국회의 인사권[1]

우리 헌법은 국회가 대통령의 임명권에 '동의권'을 갖는 경우와 대법원, 헌법재판소, 중앙선거관리위원회를 구성할 수 있는 '선출권'을

---

[1]   이후 소개하는 국회의 인사권 및 인사청문회 관련 통계에서 별도로 출처를 밝히지 않은 경우는 국회사무처(2016b)와 의안정보시스템 검색을 통해 작성한 것이다.

갖는 경우를 규정하고 있다. 국회의 동의나 선출이 필요하다는 것은 결국 해당 의안을 본회의에서 의결을 거쳐야 한다는 의미이다. 즉, '대법원장(○○○) 임명동의안', '대법관(○○○) 임명동의안', '헌법재판소장(○○○) 임명동의안', '헌법재판소 재판관(○○○) 선출안', '중앙선거관리위원(○○○) 선출안', '국무총리(○○○) 임명동의안', '감사원장(○○○) 임명동의안'의 명칭으로 국회에 의안이 제출되어 본회의 의결을 거친다. 또한 국회는 국무총리·국무위원에 대한 해임을 건의할 수 있다. 이는 '국무총리(○○○) 해임건의안', '국무위원(△△△△장관 ○○○) 해임건의안'으로 발의되어 본회의 의결을 거친다.

1) 헌법상 헌법기관의 구성에 관한 국회의 인사권

첫째, 대법원장과 대법관 전원은 대통령이 국회의 동의를 얻어 임명한다(헌법 제104조). 대법관 수는 헌법에서 규정하지 않고 「법원조직법」 제4조에서 규정하는데, 대법원장이 아닌 일반 대법관은 현재 13명이다. 대법관의 경우 대법원장의 제청을 거쳐야 하는데 이 경우 대법관후보추천위원회의 추천 내용을 존중해야 한다(「법원조직법」 제41조의2).

대법원장 임명동의안은 제헌국회 이래 2018년 현재까지 총 16건이 있었고 모두 가결되었다. 이 중 대법관 임명동의안은 현행 헌법부터 도입되어 제13대 국회부터 2018년 현재까지 총 75건 있었고 철회된 1건을 제외하면 74건이 모두 가결되고 부결된 적은 없다.

대법원장과 대법관 임명동의안에 대해서는 2000년 인사청문회 도입 당시부터 인사청문회가 적용되었다. 인사청문회를 도입한 이후로 2018년 현재까지 대법원장 임명동의안 3건, 대법관 임명동의안 40건이 가결되었고 대법관 임명동의안 1건이 철회되었다.

이러한 대법원장·대법관 임명동의안의 처리결과는 미국의 경우 대법관의 상원 인준 낙마율이 25%에 이를 정도로 엄격한 것과 대조적인데, 이는 미국의 대법관은 종신직이고 대법원이 헌법재판 기능 등 적극적인 사법정책형성 기능까지 담당하기 때문이다(전진영, 2017: 21). 이에 비하면 우리의 경우 사법부의 정치적·정책적 중립성과 법관으로서의 전문성, 사법부에 대한 존중 관행 등이 보다 중시되고 있다.

둘째, 헌법재판소 재판관은 총 9명으로 모두 대통령이 임명하는데, 이 중 헌법재판소장은 국회 동의를 얻어 대통령이 임명하고, 3명은 국회가 선출한 자를 대통령이 임명하며, 3명은 대법원장이 지명한 자를 대통령이 임명한다(헌법 제111조). 현행 헌법에서 헌법재판소 제도가 도입되었는데 2018년 현재까지 헌법재판소장 임명동의안은 총 10건 있었고, 가결 7건, 철회 2건, 부결 1건이었다. 2000년 인사청문회 도입 이후로는 8건으로, 가결 5건, 철회 2건, 부결 1건이었다.

헌법재판소장의 경우 헌법에서 "헌법재판소 재판관 중에서 임명"하도록 규정하고 있다. 헌법재판소장의 임기는 따로 규정하지 않고 있으며 헌법재판소 재판관의 임기만 6년이라고 규정하고 있다. 이로 인해 헌법재판소장의 임기 해석, 입법적 보완 여부 등에 대해 논란이 있어 왔다. 이 규정을 원칙적으로 해석하자면 기존의 재판관 중에서 임명할 경우 재판관의 6년 중 잔여 임기만 소장으로 재직하기 때문이다.

헌법재판소장 임기와 관련한 문제는 2006년 헌법재판소장(전효숙) 임명동의안 사례에서 정치적·법리적 쟁점으로 크게 부각된 바 있다. 당시 소장으로서의 6년 임기를 확보하기 위해 후보자가 기존의 재판관 직을 사임했고 임명동의안이 2006년 8월 22일 제출되었다. 그런데 재판관 직을 사임한 후였으므로, 전효숙 헌재소장 후보자를 두고 재판관이 아닌 자를 소장으로 임명할 수 있는지에 대해 문제가 제기되었다. 논란 끝에 당시 정부와 여야 합의에 따라 헌법재판소 재판관 임명을 위해 헌법재판소재판관후보자(전효숙) 인사청문요청안이 제출(2006. 9. 21)되는 것으로 절차적 문제점은 보완했으나 논란이 지속되어 임명에 이르지는 못했다.

이러한 논란을 방지하기 위해 2006년 12월 「국회법」 제65조의2 제5항을 신설해 헌법재판소 재판관과 헌법재판소장 후보자 지위를 겸하는 경우를 명시적으로 규정했다. 그리고 이와 같이 헌법재판소 재판관으로 임명하면서 동시에 소장으로 임명하려는 경우 '헌법재판소재판관후보자를 겸하는 헌법재판소장(○○○) 임명동의안'이라는 명칭으로 의안이 제출되고 있다.

「국회법」 제65조의2 제5항 신설 이후 현재까지 '헌법재판소재판관후보자를 겸하는 헌법재판소장(○○○) 임명동의안'이 2건, 재임 중인 헌법재판관을 헌법재판소장으로 임명해 재판관 잔여 임기를 수행하도록 한 '헌법재판소장(○○○) 임명동의안'이 4건(4건 중 1건은 부결) 처리되었다. 특히 2013년 이후에는 기존 헌법재판관 중에서 헌법재판소장으로 임명해 재판관 잔여 임기만 소장으로 재직하도록 한 임명동의안(4건)만 제출되고 있다. 이는 국회 인사청문회가 강화되면서 이미 인사청문회를 거친 기존 헌법재판관이 도덕성 논란 등을 피할 가능성이 높기 때문이라고 설명되기도 한다.

헌법재판소장이 아닌 재판관의 경우 국회가 선출하는 3명은 2000년 인사청문회를 도입할 당시부터 인사청문회가 적용되었다. 그리고 헌법재판소장이 아니면서 대통령이 독자적으로 임명하는 3명의 경우와 대법원장이 지명하고 대통령이 임명하는 6명의 경우는 2005년부터 인사청문회가 적용되었다. 이 중 헌법에서 국회의 선출 권한으로 인정하고 있는 3명의 헌법재판소 재판관 선출안은 본회의 의결을 거쳐야 한다.

국회가 선출하는 헌법재판소 재판관 3명에 대해서는 관례상 1명은 여당, 1명은 야당, 1명은 여·야 합의로 추천하는데, 이러한 몫에 따라 각 당이 국회의장에게 후보자를 제안하면 국회의장이 해당 선출안을 본회의에 제안한다. 대체로 여·야는 상대방의 추천을 존중하는 경향이 있다. 2018년 현재까지 총 20건의 선출안이 제안되었는데, 19건이 가결되고 1건이 부결되었다. 2000년 인사청문회 도입 이후로는 13건의 선출안이 있었으며, 12건이 가결되고 1건이 부결되었다.

셋째, 중앙선거관리위원회 위원은 총 9명으로 대통령이 3명을 임명하고, 국회가 3명을 선출하며, 대법원장이 3명을 지명한다. 위원장은 위원 중에서 호선한다(헌법 제114조). 헌법재판소 재판관과 달리 국회 선출과 대법원장 지명에 대해서는 대통령의 임명행위 없이 해당 선출·지명만으로 구성 절차가 종료된다. 호선이란 표결 없이 구성원 간 합의에 따라 대표를 선출하는 방식인데, 보통 대법원장은 자신이 지명할 수 있는 3명의 위원에 대해 지방법원장 이상 고위 법관을 선관위원으로 지명한다. 이 중 1명은 대법관 중에서 지명해 왔는데, 관례상 이 대법관을 겸하고 있는 위원이 위원장으로 호선되고 있다.

헌법재판소와 마찬가지로 국회가 선출하는 3명에 대해서는 2000년 인사청문회 도입 당시부터 인사청문회가 실시되고 있으며, 대통령이 임명하거나 대법원장이 지명하는 나머지 6명의 경우는 2005년부터 인사청문회가 실시되고 있다. 국회의 선출 권한으로 인정하고 있는 3명의 중앙선거관리위원회 위원 선출안은 본회의 의결을 거쳐야 하는데, 현행 헌법 이래 2018년 현재까지 총 16명, 2000년 인사청문회 도입 이후 9명의 위원 선출안이 모두 가결되었다.

2) 헌법상 행정부의 구성·존속에 관한 국회의 인사권

대통령은 국무총리와 감사원장을 국회 동의를 얻어서 임명한다(헌법 제86조 제1항 및 제98조 제2항). 우리 헌법은 제3공화국(1962~1972년) 외에는 대통령이 국무총리를 임명할 때 국회 동의를 요하도록 했다. 제3공화국의 경우 대통령이 국무총리를 독자적으로 임명할 수 있도록 했는데, 이는 제3공화국 헌법이 의원내각제적 요소가 가장 적었던 점과 관련이 있다. 감사원장은 1962년 개헌으로 감사원이 출범한 이래(실제 「감사원법」이 제정되고 감사원이 출범한 것은 1964년이다) 계속 국회의 동의를 얻어 임명하도록 하고 있다.

현행 헌법에서 2018년 현재까지 국무총리 임명동의안은 총 30건이 제출되었는데, 가결 25건, 부결 2건, 철회 2건, 임기 만료 폐기 1건이었다. 2000년 인사청문회가 도입된 이래로는 16건이었으며, 가결 12건, 부결 2건, 철회 2건이었다. 현행 헌법에서 감사원장 임명동의안은 총 14건 제출되었고, 가결 12건, 부결 1건, 철회 1건이었다. 2000년 인사청문회 도입 이래로는 8건이었고, 가결 6건, 부결 1건, 철회 1건이었다.

국회는 재적위원 3분의 1 이상 발의와 재적의원 과반수의 찬성으로 대통령에게 국무총리 또는 국무위원의 해임을 건의할 수 있다(헌법 제63조). 우리 헌법은 국무총리의 국회 선출 대신 국회 동의로, 국무총리 및 내각 전체 또는 국무위원의 개별적 해임 대신 해임건의로 의원내각제적 요소를 변형해 도입하고 있다.

해당 제도의 연혁을 보면 의원내각제인 제2공화국을 제외하더라도 적어도 규정상으로는 국회의 해임 관련 권한을 현행 헌법보다 강하게 규정했다. 제1공화국의 경우 국회(민의원, 즉 하원)의 정부(국무원) 불신임결의와 정부 총사직을 규정했고, 제3공화국의 경우 해임건의 시 대통령이 특별한 사유가 없는 한 이에 응해야 한다고 했으며, 제4공화국과 제5공화국에서는 국무총리 또는 국무위원의 해임을 각각 '의결'할 수 있다고 규정한 것이다.

국회의 해임 건의에 대통령이 구속되는가에 대해서는 헌법에서 명문화된 규정이 없다. 헌법재판소도 2004년 대통령 탄핵 심판에서 대통령이 국회의 해임 건의에 구속되지 않는다고 판시한 바 있다. 학계에서는 대통령이 해임 건의에 구속된다는 견해, 구속되지 않는다는 견해, 제3공화국 규정대로 대통령이 특별한 사유가 없는 한 응해야 한다는 견해 등이 있다(성낙인, 2017: 511~512).

현행 헌법에서 2018년 현재까지 국무총리 해임건의안은 6건 발의되었는데, 가결된 경우는 없고 부결 2건, 폐기 4건이었다. 폐기 4건 중 3건은 「국회법」 제112조 제7항에서 국무총리·국무위원 해임건의안이 본회의에 보고된 이후 24시간 이후 72시간 이내에 표결되지 아니하면 폐기된 것으로 간주하는 규정으로 인한 자동적인 폐기였다. 국무위원 해임건의안은 현행 헌법에서 2018년 현재까지 총 70건인데 대부분 부결 또는 자동폐기였고 가결이 3건이었다.

3. 법률에 따른 국회의 인사권

헌법상 근거는 없지만 법률에 따라 국회가 헌법기관이나 정부, 공공기관의 구성 등에 관여하는 경우가 있다.

첫째, 국회 인사청문회는 헌법에 관련 근거가 없지만 「국회법」, 「인사청문회법」 및 해당 공직자 임명의 근거법률에 따라 실시되고 있다. 이에 대해서는 다음 절에서 소개한다.

둘째, 국회 소속 기관이 아니더라도 특정 국가기관이나 공공기관의 경우 해당 법률의 규정에 따라 국회기 선출·추천·위촉 권한을 갖는 경우가 있다. 업무수행의 독립성이 요구되는 각종 합의제 행정기관인 위원회의 위원 중 일부를 국회가 선출하거나 추천하도록 하는 경우가 대표적이다. 이는 헌법재판소나 중앙선거관리위원회를 구성할 때 대통령, 국회, 대법원장이 공동으로 구성하는 방식을 법률상 기관 중 독립성이 요구되는 기관에 대해서도 유사하게 적용한 것으로 볼 수 있다. 이 경우 해당 '△△△△위원회 위원(○○○) 선출안' 또는 '△△△△위원회 위원(○○○) 추천안'이 교섭단체 간 협의를 거쳐 의장 제안으로 본회의 의결을 거친다. 아직 이 경우에는 인사청문회를 실시하지 않는다.

현행 법률 중 국회가 선출 등으로 구성에 관여하는 중앙행정기관의 사례로는 국가인권위원회 위원 11명 중 4명 선출(상임위원 2명 포함, 「국가인권위원회법」 제5조 제2항), 방송통신위원회 위원 5명(전원 상임위원) 중 3명 추천(「방송통신위원회의 설치 및 운영에 관한 법률」 제5조 제2항), 국민권익위원회 위원 15명 중 비상임위원 3명 추천(「부패방지 및 국민권익위원회의 설치와 운영에 관한 법률」 제13조 제3항), 원자력안전위원회 위원 9명 중 비상임위원 4명 추천(「원자력안전위원회의 설치 및 운영에 관한 법률」 제5조 제2항) 등이 있다.

그 외의 위원회로는 개인정보 보호위원회 15명 이내의 위원 중 5명

선출(「개인정보 보호법」제7조 제4항), 주식백지신탁 심사위원회 위원 9
명 중 3명 선출(「공직자윤리법」제14조의5 제3항) 등이 있다.[2] 대한적십
자사 전국대의원총회 대의원 중 12명은 국회가 위촉하도록 하고 있다
(「대한적십자사 조직법」제10조 제2항).

한편 특별감찰관의 경우 국회가 후보자 3명을 대통령에게 추천하고
이 중 1명을 대통령이 국회 인사청문을 거쳐 임명한다(「특별감찰관법」
제7조). 이른바 '상설특검법'인 「특별검사의 임명 등에 관한 법률」에
따른 특별검사의 경우에는 국회의 추천위원회(이 추천위원회의 위원 7
명 중 4명은 국회가 추천)가 2명의 후보를 추천하면 대통령이 이 중 1명
을 임명한다(같은 법 제3조 및 제4조). 특정 사건에만 임명되는 특별검
사는 해당 개별 법률에서 각각 정하는데 국회의 추천 권한 및 추천된
후보에 대한 대통령의 임명 방식을 다양하게 규정하고 있다.

셋째, 국회가 본회의 의결을 거쳐 선출·추천·위촉하는 것이 아니라
국회의장이 추천·지명하는 경우가 있다. 이 경우 주로 국회 내부에서
는 교섭단체 협의를 거치거나 소관 상임위원회에서 추천해 의장이 결
재하는 순서로 절차가 진행된다.

해당 사례로는 공익사업선정위원회 위원 3명, 뉴스통신진흥회 이사
3명, 방송통신심의위원회 위원 3명, 지방자치발전위원회 위원 10명,
지역방송발전위원회 위원 3명, 인성교육진흥위원회 위원 3명, 특별검
사후보추천위원회 위원 7명, 북한인권증진자문위원회 위원 10명, 북

---

2   최근에 출범한 한시조직인 세월호참사 특별조사위원회(17명 중 10명), 세월호 선체조
     사위원회(8명 중 5명), 가습기살균제사건·세월호참사 특별조사위원회(9명 전원)도 국
     회가 구성에 관여하도록 하고 있다.

한인권재단 이사 10명, 남북관계발전위원회 위원 7명, 민주화운동관련자명예회복및보상심의위원회 위원 3명, 사학분쟁조정위원회 3명, 유네스코한국위원회 위원 6명, 한국신문윤리위원회 윤리위원 2명 등이 있다. 독립기념관 이사 4명의 경우 교섭단체 협의 등이 없이 의장 지명이 이루어진다.

넷째, 「국회법」에 따라 국회가 가종 '해임(또는 사퇴, 파면) 촉구(또는 권고) 결의안' 등을 채택하는 경우가 있다. 헌법에서는 국회의 해임건의안을 국무총리·국무위원의 경우만 규정하고 있고 재적의원 3분의 1 이상의 발의를 요하도록 하고 있다. 이에 이러한 요건을 충족하기 어려운 경우 해당 국무총리·국무위원의 해임을 촉구하는 결의안을 발의하기도 한다. 의안의 형식이 '결의안'이므로 일반적인 의안발의 요건에 따라 의원 10인 이상의 찬성이 있으면 되고, 의결 요건은 일반의결정족수인 재적의원 과반수 출석, 출석의원 과반수 찬성으로, 본래의 국무총리·국무위원 해임건의안(재적의원 과반수 찬성)보다 낮다. 또한 국무총리·국무위원이 아닌 고위공직자에 대해서도 국회가 해당 임명권자에게 해임을 촉구하는 의사를 표시하기 위해 해당 공직자에 대한 해임 촉구 결의안을 발의하기도 한다. 이러한 해임 촉구 결의안은 주로 국회에서 다수파를 점하지 못하는 야당이 정치적인 메시지를 전달하거나 여론을 반영 또는 환기하는 차원에서 선택한다. 현행 헌법에서 이러한 종류의 결의안은 제19대 국회까지 총 12건이 발의되었고 모두 임기 만료 폐기되었다.

제3절 **인사청문회 과정**

이 절에서는 2000년 제정된 「인사청문회법」을 중심으로 인사청문회의 의의와 연혁 등을 살펴보고 인사청문회의 대상과 주요 절차를 알아본다. 또한 인사청문회의 실제 과정을 임명동의안의 제출에서부터 결과처리까지 순서대로 살펴본다.

1. 인사청문회의 개요

1) 인사청문회의 의의

인사청문회란 국회가 고위공직 후보자의 자질과 능력 등을 심사 또는 인사청문하기 위해 당사자로부터 진술 또는 설명을 청취하고 필요한 경우 증인·감정인·참고인으로부터 증언·진술의 청취, 기타 증거의 채택을 행하는 제도이다(국회사무처, 2016a: 795).

인사청문회는 넓게는 청문회의 일종이다. 의회는 입법청문회, 감독청문회, 조사청문회, 인준청문회를 실시할 수 있는데, 대통령제가 발달한 미국에서는 인준청문회가 발달했다(성낙인, 2017: 505). 입법청문회, 감독청문회, 조사청문회는 「국회법」 제65조에서 안건의 심사와 국정감사 및 국정조사에 필요한 경우 청문회를 실시할 수 있도록 한 규정에 반영되어 있다. 인사청문회는 이러한 일반적인 청문회 규정 다음 조문인 「국회법」 제65조의2에서 규정하고 있다.

인사청문회의 필요성은 ① 해당 고위공직에 적합한 인물의 선정·배치, ② 고위공직자 임명의 정당성 확보, ③ 국회의 행정부 및 사법부 등에 대한 권력통제기능 강화, ④ 청문 과정에서의 국민참여와 공개를 통한 참여민주주의 실현 및 국민의 알권리 실현 등으로 정리할 수 있다(국회사무처, 2016a: 795~796; 성낙인, 2017: 505).

2) 인사청문회의 연혁과 법적 근거

국회는 과거에는 국회의 임명동의를 요하거나 국회가 선출하는 공직자에 대해 바로 본회의에서 토론 없이 무기명투표로 표결처리했다. 그러다 2000년 제15대 국회에서 「국회법」 개정과 「인사청문회법」 제정을 통해 헌법상 국회의 임명동의 및 선출 대상인 공직후보자(대법원장과 대법관, 국무총리, 헌법재판소장, 헌법재판관 등)에 대한 인사청문회 제도를 도입했다.

이후 이른바 '4대 권력기관'의 장으로 지칭되는 국가정보원장·국세청장·검찰총장·경찰총장(2003년 2월)의 인사청문회를 도입하면서 인사청문회 대상이 확대되었다. 이후 헌법상 중요한 공직자인 국무위원(장관) 전원과 헌법재판소 재판관 및 중앙선거관리위원회 위원 중 대통령이 독자적으로 임명하거나 대법원장이 지명하는 경우(2005년 7월)까지 대상을 확대함으로써 헌법상 보장된 대통령의 임명권에 국회가 공개적으로 관여할 수 있는 수단을 마련했다. 현재는 국가정보원장·합동참모의장(2006년 12월), 방송통신위원회 위원장(2008년 2월), 공정거래위원회 위원장·금융위원회 위원장·국가인권위원회 위원장·한국은행 총재(2012년 3월), 특별감찰관(2014년 3월), 한국방송공사 사장(2014년 5월)으로까지 그 대상이 크게 확대되었다. 또한 대통령 당선인이 국무총리후보자(2003년 2월)와 국무위원후보자(2007년 12월)에 대한 인사청문을 요청하는 것도 가능하도록 개정되었다. 2018년 기준 총 64개 직위가 국회 인사청문회 대상이다.[3]

인사청문회의 근거와 대상은 「국회법」 제46조의3(인사청문특별위원회) 및 제65조의2(인사청문회), 인사청문경과보고서 송부기한과 관련된 절차규정인 「인사청문회법」 제6조 제3항, 해당 공직의 임명절차를 규정하고 있는 개별 법률(「정부조직법」, 「헌법재판소법」 등) 등에 규정되어 있다. 예를 들어, KBS 사장에 대한 인사청문은 「방송법」 제50조 제2항 "사장은 이사회의 제청으로 대통령이 임명한다"라는 규정에 단서를 신설해 "이 경우 사장은 국회의 인사청문을 거쳐야 한다"를 추가하고, 「국회법」 제65조의2 제2항 제1호와 「인사청문회법」 제6조 제3항에 "한국방송공사 사장"을 추가하는 법 개정을 통해 실시되었다. 또다른 예로, 최근에는 주요국 대사에 대한 인사청문회 도입 개정안도 발의되곤 하는데 실제 개정안을 보면 이와 같은 방식으로 「외무공무원법」, 「국회법」, 「인사청문회법」 개정안 등을 함께 발의한다.

인사청문회의 구체적인 절차는 2000년에 제정된 「인사청문회법」에 주로 규정되어 있다. 이 법에는 임명동의·선출 대상 공직자에 대한 인사청문회를 실시하는 인사청문특별위원회의 구성, 임명동의안·인사청문요청안의 첨부서류, 인사청문회의 주요 절차와 법정 기한, 증인 등의 출석요구와 자료제출 요구 등을 규정하고 있다.

「인사청문회법」에서 규정하지 않은 위원회의 구성·운영이나 인사청문회의 절차·운영 등은 「국회법」, 「국정감사 및 조사에 관한 법률」, 「국회에서의 증언·감정 등에 관한 법률」 등을 준용한다.

---

3 단순 합계는 65개이나, 헌법재판소장은 헌법재판소 재판관 중에서 임명하므로 총 대상 직위는 64개이다.

표 6-1 **국회 인사청문회 대상 공직 확대 현황**

연도	주체	헌법기관 구성	대상
2000	인사청문·특위	국회동의	대법원장, 헌재소장, 국무총리, 감사원장, 대법관(현 13인)
		국회선출	헌법재판관 3인, 중선위원 3인
2003	상임위		국가정보원장, 국세청장, 검찰총장, 경찰청장
	특위		대통령 당선인의 국무총리후보자
2005	상임위	대통령 임명	헌법재판관 3인, 중선위원 3인
		대법원장 지명	헌법재판관 3인, 중선위원 3인
			국무위원(현 18인)
2006	상임위		합동참모의장
2007	상임위		대통령 당선인의 국무위원후보자
2008	상임위		방송통신위원장
2012	상임위		공정거래위원장, 금융위원장, 국가인권위원장, 한국은행 총재
2014	상임위		특별감찰관
2014	상임위		한국방송공사 사장

자료: 헌법, 「국회법」, 「인사청문회법」, 「국가공무원법」 등.

2. 인사청문회의 대상과 주요 절차

1) 인사청문회의 대상

국회 인사청문회 대상 공직후보자는 ① 헌법에 따라 대통령이 국회 동의를 얻어 임명하는 경우(대법원장과 대법관, 헌법재판소장, 국무총리, 감사원장), ② 헌법에 따라 국회가 선출하는 경우(헌법재판소 재판관과 중앙선거관리위원회 위원 각 3명), ③ 대통령과 대법원장이 국회의 동의·선출 없이 임명 또는 지명할 수 있으나 국회 인사청문 절차를 거치도록 한 경우(국무위원, 헌법재판소 재판관과 중앙선거관리위원회 위원 각 3명, 국가정보원장·검찰총장·경찰청장·국세청장, 공정거래위원회 위원장 등)로 나눌 수 있다. 또한 새 정부가 출범하는 시점에 국무총리 및 국무위원의 인사청문회로 내각 구성이 늦어지는 상황이 발생하지 않게끔 대통령 당선인도 국무총리나 국무위원후보자의 인사청문을 미리 요청하도록 규정하고 있다.

미국의 경우「연방헌법」제2조 제2항 제2호에서 "대통령은 대사, 공사 및 영사, 연방 대법원 판사, 그리고 그 임명에 관해 본 헌법에 특별 규정이 없으나 향후 법률로써 정해지는 그 밖의 모든 미국 관리를 상원의 권고와 동의를 얻어 임명한다"라고 매우 광범위하게 규정하고 있다. 미국 대통령이 상원의 인준을 얻어 임명해야 하는 직위는 연방대법원 대법관, 행정부의 장·차관과 차관보 이상의 직위, CIA 국장과 FBI 국장을 비롯한 국가기관의 장, 각국 대사와 연방선거위원회 위원 등이다.

이렇게 미국 대통령이 임명권을 행사할 수 있는 직위는 총 7996개에 이르지만 이 중 1217개 직위는 상원의 인준을 거쳐야 한다. 하지만 상원의 인준을 거쳐야 하는 공직에 대해 반드시 인준청문회를 실시해야 하는 것은 아니다. 위원회마다 다르지만 약 600개의 자리에 대해서만 실제로 청문회가 열리고 나머지 공직에 대해서는 청문회 없이 서류심사만으로 인준한다.

현재 우리 국회의 인사청문회 대상 공직은 주요 장관급 기관장 등을 중심으로 한정되어 있다. 대통령의 인사권을 실질적으로 견제할 수 있도록 하려면 적어도 차관급 기관장이나 각종 위원, 주요국 대사 등까지 점차 확대하되 미국처럼 서류심사 등으로도 인준이 가능하도록 하는 등 다양한 절차를 고안할 필요가 있다.

2) 인사청문회의 주요 절차

인사청문회는 인사청문특별위원회가 실시하는 경우(임명동의안, 선출안, 국무총리후보자 인사청문요청안)와 소관 상임위원회(국무위원 등 인사청문요청안)가 실시하는 경우로 구분된다.

첫째, 국회는 헌법에 따라 국회의 동의가 필요하거나 국회에서 선출하는 공직의 경우 임명동의안 또는 선출안을 '심사'할 인사청문특별위원회를 두고 해당 특위에서 인사청문회를 개최한다(「국회법」 제46조의3 제1항 본문 및 제65조의2 제1항). 이 경우 본회의 의결을 거쳐야 하브로 해당 특위의 '심사'라고 규정함으로써 본회의 의결 대상이 아닌 국무위원 등의 '인사청문'과 조문상의 표현에서 구분하고 있다. 특위는 인사청문회를 마치면 '심사경과보고서'를 의장에게 제출하고 본회의에 보고하며(「인사청문회법」 제10조 제1항 및 제11조 제1항), 본회의는 해당 임명동의안·선출안에 대해 표결을 실시한다.

둘째, 상임위원회는 국회동의나 선출 대상이 아닌 국무위원 등에 대한 인사청문 요청이 있는 경우 '인사청문'을 실시하기 위해 인사청문회를 연다(「국회법」 제65조의2 제2항). 상임위는 인사청문회를 마치면 '인사청문경과보고서'를 의장에게 제출하고 본회의에 보고한다(「인사청문회법」 제10조 제1항 및 제11조 제1항).

또한 「대통령직 인수에 관한 법률」 제5조, 「국회법」 제46조의3 제1항 단서에는 대통령 당선인이 당선인 신분에서 인사청문을 요청할 수 있도록 하는 규정을 두고 있는데, 이는 대통령 당선인이 임기 시작과 동시에 국무총리·국무위원을 임명할 수 있도록 하기 위함이다. 이 경우는 아직 대통령 신분이 아니므로 '국무총리(○○○) 임명동의안'을 제출할 수는 없다. 따라서 우선 '국무총리후보자(○○○) 인사청문요청안'을 제출해 인사청문회를 마치면 '인사청문경과보고서'를 제출하는 방법을 택하고 있다. 이후 대통령 당선인은 임기 시작과 동시에 '국무총리(○○○) 임명동의안'을 국회에 다시 제출하는데 이 임명동의안에 대해서는 이전의 '인사청문경과보고서'를 '심사경과보고서'로 간주해(「인사청문회법」제10조 제3항) 심사절차를 생략한다.

인사청문특별위원회는 임명동의안, 선출안, 국무총리후보자 인사청문요청안이 국회에 제출된 때에 구성된 것으로 보며 위원 수는 13명이다(「인사청문회법」제3조 제1항 및 제2항). 위원은 교섭단체 의원 수 비율 등에 따라 각 교섭단체 대표의원의 요청으로 국회의장이 선임 및 개선하고 비교섭단체 소속 위원은 국회의장이 선임한다(같은 조 제3항 및 제4항). 인사청문특별위원회는 임명동의안 등이 본회의에서 의결될 때까지 또는 인사청문경과가 본회의에 보고될 때까지 존속한다.

한편 국회 전체의 원 구성이 지연되는 등의 이유로 상임위가 구성되기 전에 인사청문회가 필요한 경우도 있다. 이 경우에는 상임위 대신 「국회법」제44조 제1항에 따라 특별위원회를 구성해 인사청문을 실시할 수 있다(「국회법」제65조의2 제3항).

헌법재판소 재판관 후보자가 헌법재판소장의 지위를 겸하는 경우에는 소관 상임위가 아닌 인사청문특별위원회의 인사청문회를 열고 소관 상임위의 인사청문회를 겸하는 것으로 본다(「국회법」제65조의2 제4항).

3. 인사청문회의 준비

1) 임명동의안 등의 제출과 사전검증

대통령, 대법원장(헌법재판소 재판관 3명 및 중앙선거관리위원회 위원 3명 지명 시), 대통령 당선인(국무총리후보자) 또는 국회의장(헌법재판소

재판관 3명 및 중앙선거관리위원회 위원 3명 선출안)이 해당 임명동의안, 인사청문요청안 또는 선출안을 국회에 제출할 때에는 대통령 또는 대법원장의 요청사유서 또는 의장의 추천서와 다섯 가지 증빙서류(① 직업·학력·경력, ② 병역, ③ 재산신고사항, ④ 최근 5년간의 소득세·재산세·종합토지세 납부 및 체납 실적, ⑤ 범죄경력)가 첨부되어야 한다(「인사청문회법」 제5조 제1항). 임명동의안 등에는 인적사항과 함께 그 공직후보자가 해당 직위에 어울리는 전문성·도덕성을 갖추었음을 간략히 기술해야 한다. 참고로, 국회 의안정보시스템에서는 이러한 임명동의안, 인사청문요청안, 선출안의 원문 파일과 증빙서류까지 직접 확인할 수 있다.

국무총리나 국무위원 등에 대해서는 광범위한 사전 인사검증이 청와대에서 이루어진다. 통상적으로는 대통령비서실 내에서 인사를 담당하는 부서나 민정수석이 기존에 인사청문회에서 문제되었던 사항을 중심으로 후보자의 답변과 관련 자료 등을 검증한다. 그러나 국회의 인사청문회 이전 단계에 청와대를 중심으로 실시되는 고위공직자의 사전 인사검증이 제대로 이루어지지 못하는 측면이 있다. 부총리 겸 교육부 장관 후보자가 장남의 병역기간 단축문제와 국적문제, 대학총장 시절의 판공비 유용 유혹 등 도덕성 논란으로 사흘 만에 자진 사퇴한 사례가 있다.

이러한 사례와 마찬가지로 인사청문회 대상은 아니지만 중소기업청장 내정자가 낙마한 사례도 있다. 이 사례의 당사자는 고위공직자 주식 백지신탁제도를 위배했다. 백지신탁이란 고위공직자가 기업 주식을 3000만 원 이상 보유한 경우 공정성 시비를 막기 위해 주식에 관한 전권을 타인에게 위임하도록 한 제도이다. 당사자는 법을 잘못 이해해서 제대로 따르지 못했다고 해명했지만 정부 내의 인사검증 부서 등에서

그림 6-1 **임명동의안과 인사청문요청안 절차 비교**

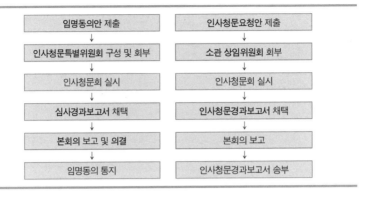

임명동의안 제출	인사청문요청안 제출
↓	↓
인사청문특별위원회 구성 및 회부	소관 상임위원회 회부
↓	↓
인사청문회 실시	인사청문회 실시
↓	↓
심사경과보고서 채택	인사청문경과보고서 채택
↓	↓
본회의 보고 및 의결	본회의 보고
↓	↓
임명동의 통지	인사청문경과보고서 송부

공직 임명에 필요한 최소한의 기본 사항조차 확인하지 않은 것이다.

이에 정부 내에서의 고위공직 후보자 사전검증을 법적으로 제도화하고 인사검증의 결과를 국회로 제출하는 방안이 제기되기도 한다. 실제로 관련 법률안이 제18대 국회와 제19대 국회에서 제출되기도 했으나 입법화되지는 못했다.[4]

참고로, 미국의 경우 피지명자는 지명 후 청문회가 열리기 전까지의 대기시간에 상원의 해당 상임위원회가 요구하는 정책 관련 질의내용에 대한 자신의 견해를 소견서 형식으로 자세히 작성해 제출한다. 백악관은 인준청문회를 통과하기 위해 정식지명에 앞서 지명 대상 후보자에 대한 철저한 사전 검증절차를 거친다. 검증 후 인준청문회에서 논란이 있을 만한 인사는 인준청문회 대상이 아닌 자리에 기용한다.

---

4   원혜영 의원 대표발의로 제18대 국회와 제19대 국회에서 「고위공직 후보자 인사검증에 관한 법률안」이 각각 제출된 바 있다.

또한 200년 이상 이어온 상원 인준 절차로 인해 고위공직에 오를 가능성이 있는 인사는 자기관리를 철저히 하고 있다.

우리나라의 인사청문회는 부실한 사전검증, 망신주기, 도덕성에 치우친 기준 등으로 비판을 받고 있지만 점차 사전검증 방식이 개선되고 고위공직자의 자기관리 강화 등이 제고될 것으로 전망된다.

2) 임명동의안 등의 회부, 증인출석·자료 등의 요구

임명동의안 등이 국회에 제출되면 의장은 즉시 본회의에 보고하고 위원회에 회부한다(「인사청문회법」 제6조 제1항). 폐회 또는 휴회 등으로 본회의에 보고할 수 없을 때에는 이를 생략하고 회부할 수 있다(같은 항 단서).

「인사청문회법」 등에 명시적인 규정은 없으나 해당 위원회는 인사청문회를 실시하기 며칠 전에 인사청문회 일정 등 주요 내용을 정리한 '인사청문회 실시계획서'를 채택한다. 그리고 인사청문회 실시계획서를 채택함과 동시에 필요한 증인·감정인·참고인의 출석요구나 관련 기관에 대한 자료제출 요구도 의결한다.

증인 등의 출석요구는 기본적으로는 「국회에서의 증언·감정 등에 관한 법률」을 따르지만 인사청문회에서의 출석요구서의 송달은 국정감사 등에 적용되는 출석요구일 7일 전(「국회증언감정법」 제5조 제4항)이 아닌 5일 전까지로 규정하고 있다(「인사청문회법」 제8조). 이에 따라 실무상으로도 위원회에서 인사청문회 실시계획서를 채택하는 회의의 일정 역시 통상 해당 증인 출석요구일(주로 인사청문회 당일)을 기준으로 5일 전까지는 열리도록 운영하고 있다. 여기서 증인이란 공직후보자 본인은 포함하지 않고 인사청문회와 관련해 공직후보자에 대한 증언을 하는 증인을 말한다.

한편 자료제출 요구는 재적위원 3분의 1 이상 요구로도 가능하며, 자료제출 요구를 받은 기관은 5일 이내에 자료를 제출해야 한다(「인사청문회법」 제12조 제1항 및 제2항). 해당 기관은 이 기한 내에 제출하지 않은 경우 사유서를 제출해야 하며, 위원회는 해당 사유서를 경과보고서에 첨부해야 하고 해당 기관에 경고할 수 있다(같은 조 제3항 및 제4항).

위원이 인사청문회에서 공직후보자에게 질의하고자 할 경우에는 질의요지서를 작성해 인사청문회 개회 24시간 전까지 위원장에게 제출해야 하고 위원장은 이를 공직후보자에게 지체 없이 송부해야 한다(「인사청문회법」 제7조 제5항). 서면질의는 인사청문회 개회 5일 전까지 공직후보자에게 송달하고 공직후보자는 인사청문회 개회 48시간 전까지 위원장에게 답변서를 제출해야 한다(같은 조 제6항).

그런데 실제 인사청문회가 개회되면 야당을 중심으로 자료제출이나 서면답변 등이 부실하다고 지적하고 여기에 대해 여당은 후보자를 감싸는 행태가 여야의 교체와 상관없이 반복되고 있다. 해당 기관이나 공직후보자는 인사청문회 당일만 버티면 된다는 식의 태도를 보이는 경우도 있다. 이러한 소모적인 논란이나 행태는 인사청문회 준비절차와 기간을 보다 확충하고 정교한 규정을 활용해 운영하면 개선될 수 있을 것이다.

4. 인사청문회의 실시와 결과처리

1) 인사청문회의 실시

인사청문회 진행은 공직후보자 선서와 모두 발언, 일문일답 방식의

2018년 8월 27일

○**위원장**   그러면 의사일정 제1항 국가인권위원회 위원장후보자(○○○) 인사청문회 실시의 건을 상정합니다.

인사청문회에 들어가기에 앞서 인사청문위원장으로서 한 말씀 드리겠습니다. 국가인권위원회는 우리 헌법이 보장하고 있는 기본적 인권을 보호하고 인간으로서의 존엄과 가치를 실현하는 것을 본연의 임무로 하고 있습니다. 국가인권위원장은 우리나라 인권의 최후 보루인 국가인권위원회를 대표하고 그 업무를 총괄하는 엄중한 자리입니다.

오늘 인사청문회는 ○○○ 국가인권위원회 위원장후보자가 업무를 수행하는 데 필요한 능력과 자질을 갖췄는지, 고위공직자에게 요구되는 수준의 높은 도덕성과 책임감을 갖고 있는지에 대해 사전에 확인하고 검증하는 자리이므로 위원님들께서는 객관적이고 공정한 검증이 이루어질 수 있도록 노력해 주시기 바랍니다. 아울러 ○○○ 후보자께서도 위원님들의 질의에 솔직하고 성실한 답변을 함으로써 인사청문회가 내실 있게 진행될 수 있도록 적극 협조해 주시기 바랍니다.

그러면 오늘 인사청문회의 진행 절차에 대해서 간략하게 말씀드리겠습니다.

오늘 인사청문회는 먼저 공직후보자의 선서와 모두발언을 청취한 후 위원님들의 질의와 후보자의 답변을 듣고 보충질의를 하는 순서로 진행하겠습니다.

그러면 오늘 인사청문 대상자로 출석하신 ○○○ 국가인권위원회 위원장후보자의 선서가 있겠습니다.

후보자께서는 발언대로 나오셔서 오른손을 들고 선서해 주시고 선서가 끝나면 선서문에 서명날인한 후 위원장에게 제출해 주시기 바랍니다.

○**국가인권위원장후보자**   선서, 공직후보자인 본인은 양심에 따라 숨김과 보탬이 없이 사실 그대로 말할 것을 맹서합니다. 2018년 8월 27일 공직후보자 ○○○

○**위원장**   다음은 인사청문회에 임하는 ○○○ 후보자의 모두발언을 듣도록 하겠습니다.

후보자께서는 발언대에서 인사해 주시고 인사청문회법 제7조 제1항에 따라 10분의 범위에서 모두발언해 주시기 바랍니다.

○**국가인권위원장후보자** 존경하는 (중략), 그리고 위원님 여러분!

인사드리겠습니다. 국가인권위원회 위원장후보자 ○○○입니다.

먼저 의정활동으로 바쁘신 중에 저에 대한 인사청문을 준비하느라 노고가 많으셨을 위원장님과 위원님들께 깊은 감사의 말씀을 드립니다.

국민의 대표기관인 국회에서 국가인권위원회 위원장후보자로서 인사를 드릴 수 있게 되어 큰 영광으로 생각합니다.

저는 (중략)

○**위원장** 다음은 위원님들의 질의 순서입니다.

인사청문회법 제7조 제4항에 따라 질의와 답변은 일문일답식으로 하고 질의시간은 간사 위원님들과의 사전 협의에 따라 답변시간을 포함해서 7분으로 하겠습니다.

참고로 오늘 청문회는 국회방송에서 생중계가 되고 있습니다. 청문회가 효율적으로 진행될 수 있도록 질의시간을 잘 지켜 주시기 바랍니다.

그러면 첫 번째 질의로 ○○○ 위원님 질의해 주시기 바랍니다.

(이하 생략)

자료: 제363회국회(임시회) 국회운영위원회회의록 제1호.

질의·답변, 증언·진술의 순서로 진행된다. 공직후보자는 "공직후보자인 본인은 양심에 따라 숨김과 보탬이 없이 사실 그대로 말할 것을 맹서합니다"라고 선서하고 10분 이내의 모두발언을 한다(「인사청문회법」 제12조 제1항, 제2항 및 제4항). 〈예시 6-1〉은 인사청문회 실시 사례를 회의록에서 발췌한 것이다. 독자의 편의를 위해 인사청문회의 주요 내용은 굵은 글씨로, 주요 단계는 밑줄로 표시했다.

공직후보자는 「국회에서의 증언·감정 등에 관한 법률」 제4조 제1항 단서의 경우(국가안위 중요사항 등)나 「형사소송법」 제148조(근친자의 형사책임) 및 제149조(변호사 등의 업무상 비밀 등)에 해당하는 경우에는 답변을 거부할 수 있다(「인사청문회법」제16조).

그런데 현행법상 공직후보자 본인의 허위진술에 대해서는 처벌할 수 없다. 공직후보자 본인은 국정감사나 국정조사 등에서 「국회에서의 증언·감정 등에 관한 법률」에 따라 채택된 증인이 아니며 「인사청문회법」에는 별도의 처벌 규정이 없기 때문이다. 이에 공직후보자 본인의 허위진술을 처벌하기 위한 「인사청문회법」 개정안이 의원 발의 법안으로 꾸준히 발의되고 있다. 다만, 공직후보자 본인의 허위진술을 처벌하는 것이 형사상 불리한 진술을 거부할 수 있다는 헌법 및 형사법상 원칙에 위배되는지 여부 등과 관련해 논란이 있어 입법화되지는 못하고 있다.

인사청문회는 공개한다. 다만, 국가기밀에 관한 사항으로 국가안전보장을 위해 필요한 경우, 개인의 명예·사생활을 부당하게 침해할 우려가 명백한 경우, 기업·개인의 적법한 금융·상거래 정보가 누설될 우려가 있는 경우, 계속 중인 재판 또는 수사 중인 사건의 소추에 영향을 미치는 정보가 누설될 우려가 명백한 경우, 그 밖에 법령상 비밀 유지가 필요한 경우 등은 공개하지 아니할 수 있다(「인사청문회법」제14조). 또한 공직후보자·증인·참고인 등이 특별한 이유로 인사청문회의 비공개를 요구하는 경우 위원회는 의결로 비공개할 수 있으나(「인사청문회법」제15조), 국가정보원장 외에는 아직까지 비공개된 적은 없었다.

한편 개인 사생활에 대한 간섭이나 과도한 도덕성 기준 등이 인사청문회 제도의 부작용으로 자주 제시된다. 인사청문회는 후보자의 윤리적인 하자를 검증할 뿐만 아니라 전문성, 직무적합성, 정책수행능력, 리더십 등도 면밀히 확인하는 자리가 되어야 한다. 그런데 정책 질의는 구색 맞추기에 불과하고 지나치게 윤리적인 문제에 치중하는 경향이 있다. 공직후보자 본인은 물론 가족의 사생활까지 공개되면서 본인의 고사로 인해 인사청문회 대상 공직후보자를 찾기 어려워지는 현상이 발생하고 있다. 또한 인사청문회는 고위공직 임명의 정당성을 부여하는 것인데 해당 공직자의 권위가 실추된 상태로 임명되는 문제도 있다. 개인의 도덕성 검증 기준에 대해 여야가 바뀌거나 상황에 따라 비판의 기준이 달라진다는 비판도 있다.

인사청문회 통과가 어렵다 보니 현역의원들을 장관에 임명하는 경우가 늘고 있다. 실제로 2000년 인사청문회 도입 이후 지금까지 현역 국회의원 출신 공직후보자가 낙마한 사례는 없다. 인사청문회에 대한 부담은 기존에 자주 교체된 장관 등의 재임 기간이 길어지거나 인사청문회를 통과할 수 있는 무난한 인사가 주목받는 결과를 초래하기도 한다.

인사청문회의 기간은 3일 이내로 한다(「인사청문회법」 제9조 제1항 본문). 그런데 실제로는 인사청문특별위원회가 구성되어 인사청문회를 실시하는 경우는 이틀간, 소관 상임위가 실시하는 경우는 하루만 진행되는 경우가 많다. 최근에는 2~3일로 늘어난 사례도 있으나, 법정화된 인사청문회 기간 상한선 자체가 짧다 보니 앞서 살펴본 바와 같이 자료제출거부나 기한 미준수 등으로 인한 논란이 반복되고 있다. 또한 인사청문회 도중에 새로운 논란이 제기된 경우 인사청문회가 종료될 때까지 해당 자료가 제대로 제출될 수 없는 일도 발생한다. 인사청문회는 개회 이전부터 언론의 조명이나 야당의 비판 등으로 주목을 받기는 하지만, 제도 자체가 단기간에 걸친 일회성에 그치는 한계도 지니고 있다.

참고로, 미국 상원의 인준청문회는 전문성, 도덕성 검증에서 중요한 역할을 담당하고 있으나 우리 인사청문회와는 반대로 인준 절차가 복잡하고 진행 속도가 너무 느려서 대상자들이 공직을 피하거나 인준 절차가 장기간 지체되는 문제를 안고 있다.

2) 인사청문회의 결과처리

위원회는 임명동의안 등이 회부된 날부터 15일 이내에 인사청문회를 마치고 3일 이내에 경과보고서를 의장에게 제출해야 한다(「인사청문회법」 제9조 제1항 및 제2항). 임명동의안 등의 '심사' 또는 '인사청문'은 국회 전체로는 임명동의안 등이 국회에 제출된 날부터 20일 이내에 마쳐야 한다(「인사청문회법」 제6조 제2항). 이러한 기한을 지키지 못했을 때의 절차에 대해서는 인사청문회 대상(즉, '심사'인지 '인사청문'인지)에 따라 달리 규정하고 있다.

먼저, 인사청문특별위원회의 경우, 즉 각종 임명동의안·선출안의 '심사'의 경우는 위원회가 인사청문회 개회 15일 기한과 경과보고서 의장 제출 3일 기한을 지키지 아니하면 의장이 해당 의안을 본회의에 바로 부의해 의결할 수 있다(「인사청문회법」 제9조 제3항). 다만, 이 경우는 본회의 의결이 필요한 의안이므로 국회 전체에 적용되는 20일의 기한이 지나도 본회의 의결 없이는 임명절차가 진행될 수 없다.

다음으로, 국무위원 등에 대한 '인사청문(요청안)'의 경우는 국회 전체에 적용되는 20일 처리 기한이 지나도 국회가 인사청문경과보고서를 송부하지 못하면, 인사청문을 요청한 대통령 또는 대법원장이 10일 이내의 기간을 정해 인사청문경과보고서를 다시 송부할 것을 요청할 수 있다. 그리고 재송부 요청 시 지정한 기간이 지나면 대통령 또는 대법원장은 해당 공직자를 임명 또는 지명할 수 있다. 이는 본회의 의결을 요하는 의안이 아니므로 헌법상 보장된 대통령의 임명권 또는 대법

표 6-2 인사청문요청안 현황(제16대~제19대 국회)

해당 공직	제출	철회, 사퇴	청문회 미실시	법정 기한 도과에 따른 경과보고서 송부 요청	경과보고서 최종 미채택
검찰총장	10	1	0	2	3
경찰청장	9	0	0	1	0
국가정보원장	8	0	0	1	1
국세청장	8	0	0	0	0
국무위원(장관)	127	7	3	27	20
공정거래위원장	3	1	0	0	0
금융위원장	2	0	0	0	0
국가인권위원장	2	0	0	1	1
헌법재판관	11	1	0	4	0
중앙선관위원	22	0	0	1	1
합동참모의장	6	0	0	0	0
방송통신위원장	5	0	0	3	3
한국은행 총재	1	0	0	0	0
특별감찰관	1	0	0	0	0
KBS 사장	1	0	0	0	0
계	216	10	3	40	29

주1. 위 공직 순서는 인사청문회를 도입한 순서임.
주2. 법정 기한에 따른 경과보고서 송부 요청 이후 경과보고서가 채택되는 경우 등도 있어서, 송부 요청, 철회·사퇴, 청문회 미실시의 합이 미채택 수와 일치하지는 않음.
주3. 대통령 당선인의 국무총리후보자에 대한 인사청문요청안 3건(3건 모두 경과보고서 채택)은 제외함.
자료: 국회사무처(2016b): 446-463을 참고해 표로 재구성.

원장의 지명권을 국회가 강제로 저지할 수 없다는 취지이다.

한편 인사청문경과보고서의 내용과 효력에 대한 특별한 규정은 없다. 인사청문경과보고서는 임명 또는 지명하는 데 있어 참고자료일 뿐이다. 특히 국무위원의 경우 헌법상 국무총리의 제청과 대통령의 임명 권한이 명시되어 있어 국회의 인사청문경과보고서 미채택이나 부정적 의견에 대통령이 구속되도록 하는 것은 위헌이 될 가능성이 높다. 헌법 재판소 역시 2004년 대통령(노무현) 탄핵 사건에서 "대통령이 그의 지휘·감독을 받는 행정부 구성원을 임명하고 해임할 권한을 가지므로 그 임명행위는 대통령의 고유권한으로서 법적으로 국회 인사청문회의 견해를 수용해야 할 의무를 지지는 않는다"라고 판시한 바 있다.

인사청문경과보고서가 채택되지 못하는 경우는 많다. 〈표 6-2〉를 보면 제19대 국회까지 총 216건 중 경과보고서가 채택되지 않은 경우가 29건이었으나 실제로는 대부분 임명되있다. 이와 같이 인사청문경과보고서가 채택되지 못한 경우도 다수이지만 아예 인사청문회가 실시되지 못한 경우도 있다.

대통령의 임명권한은 헌법과 법률에 따라 보장된다. 그러나 인사청문회의 과정과 결과에 관계없이 임명을 강행하는 것은 해당 공직 임명의 정당성이나 인사청문회의 도입 취지에 비추어 적절하지 못한 측면이 있다.

국회 또한 인사청문회에서 여러 논란과 여야 갈등이 있더라도 국회에 인사청문이 요청된 경우라면 인사청문회를 반드시 실시하고, 야당 등의 부적격 의견도 명시해 인사청문경과보고서를 채택하는 것이 바람직하다는 지적이 있다. 최근에는 이와 같이 부적격 의견이 함께 포함되는 경우도 있으나, 여전히 인사청문경과보고서 채택 자체에 합의하지 않는 것이 임명권자에게 야당 등의 반대의사를 보다 강력하게 표시하는 방법이라는 인식이 강하게 자리 잡고 있는 듯하다.

제7장

입법지원조직

제1절 **개관**

　일반적으로 의회의 입법지원조직은 개별 의원들을 보좌하는 조직, 교섭단체(정당)를 지원하는 조직, 위원회의 업무를 수행하는 조직, 기관으로서의 국회 전체의 업무를 수행하는 조직, 크게 이 네 가지로 구분할 수 있다(Piccirilli and Zuddas, 2009: 680). 우리 국회에서 개별 의원들을 보좌하는 인원과 교섭단체(정당)를 지원하는 인원은 정치적으로 임용되는 당파적 막료(partisan staff) 조직이다. 한편 위원회를 직접 보좌하는 조직과 기관으로서의 국회를 지원하는 조직은 정치적 중립을 준수해야 하는 비당파적 막료(non-partisan staff) 조직이다.

　우리 국회를 보좌하는 기관으로는 국회사무처, 국회도서관, 국회예산정책처, 국회입법조사처, 국회미래연구원이 있다(〈그림 7-1〉 참조). 우리 국회에서 국가 공무원의 신분을 가지고 개별 의원과 교섭단체(정당), 그리고 위원회 업무를 보좌하는 인원은 형식적으로 국회사무처에 소속되어 있다. 이 장 제2절에서는 개별 의원과 교섭단체를 보좌하는 조직에 대해 소개하고, 제3절에서는 위원회를 지원하는 조직을 포함해 국회사무처에 대해 설명한 후, 제4절에서는 나머지 기관에 대해 설명하기로 한다.

그림 7-1 국회의 입법지원조직

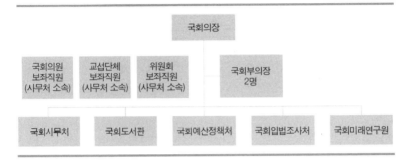

제2절 의원 보좌직원 및 교섭단체 보좌직원

이 절에서는 의원 보좌직원과 교섭단체 보좌직원에 대해 설명한다. 이들은 의원과 교섭단체에 따라 차이가 있지만 통상 의원실 또는 교섭단체의 정책 개발이나 행정 지원 등 다양한 업무를 수행한다.

1. 의원 보좌직원

우리 국회에서 의원 1명은 별정직 국가공무원인 8명의 의원 보좌직원을 둘 수 있고 1명의 인턴을 채용할 수 있다(「국회의원수당 등에 관한 법률」 제9조 및 별표 4; 「국회인턴제 운영지침」 제5조 제1항). 별정직 의원 보좌직원 8명의 직급별 정원은 〈표 7-1〉과 같다. 의원 보좌직원은 형식적으로는 국회의원의 제청으로 국회의장(6급 이하의 경우에는 국회사무총장)이 임명하지만 현실적으로는 국회의원이 특정인을 임명 요청하면 그대로 임명된다고 볼 수 있다. 다만, ① 「국가공무원법」에 따른

표 7-1 **의원 보좌직원의 직급별 정원**

4급 보좌관	5급 비서관	6급 비서	7급 비서	8급 비서	9급 비서	계
2명	2명	1명	1명	1명	1명	8명

자료: 「국회의원수당 등에 관한 법률」, 별표 4.

공무원 결격사유에 해당하는 경우, ② 「국회법」에 따른 국회 회의 방해죄를 범해 500만 원 이상의 벌금형을 선고받고 그 형이 확정된 후 5년이 지나지 않은 경우, ③ 임용하고자 하는 국회의원의 배우자 또는 4촌 이내의 혈족·인척인 경우에는 보좌직원으로 임용될 수 없다(「국회의원수당 등에 관한 법률」 제9조의2 제1항). 의원 보좌직원은 국가공무원 신분이지만 신분보장이 되지 않는 별정직 공무원이다. 따라서 의원의 면직 요청이 있으면 면직된다. 1명을 채용하는 인턴의 경우는 의원의 계약 요청에 따라 국회사무총장(실무적으로는 국회사무처 인사과)이 인턴 근로 계약을 체결한다. 계약 기간은 의원 개인별로 해당 회계연도에 배정된 예산의 범위 내에서 정할 수 있지만 총 재직 기간은 11개월을 초과할 수 없다(「국회인턴제 운영지침」 제5조 제2항).

개별 국회의원이 자신의 보좌직원들을 어떻게 운영해야 하는지에 대해서는 정해진 것이 없고, 의원실에 따라 서로 다르다. 다만, 보좌직원들 간의 업무 분장을 큰 틀에서 보면 4급 보좌관 중 1명은 국회에, 다른 1명은 지역구에 상주하면서 각각 국회 총괄 업무와 지역구 업무를 나누어 맡는 경향이 있고, 5급 비서관 2명은 정책 업무를 맡고, 6·7·8·9급 비서들은 지역구·의원 수행·일정·사무실 행정 등의 업무를 나누어 맡는 편이다. 다만, 이 설명은 이해를 위한 예시이고, 개별 의원실에 따라 업무를 다양하게 분장할 수 있다.

2. 교섭단체 보좌직원

국회 교섭단체는 별정직 국가공무원의 신분인 정책연구위원과 행정 보조요원을 둘 수 있다(「국회법」 제34조 제1항, 「국회사무처 직제 시행규칙」 별표). 교섭단체에 두는 정책연구위원은 해당 교섭단체 대표의원의 제청에 따라 국회의장이 임면한다(「국회법」 제34조 제2항). 의원 보좌직원의 경우와 마찬가지로 국회의장의 임면은 형식적이며 해당 교섭단체 대표의원의 제청이 임면 여부에 결정적으로 작용한다. 현재 국회 교섭단체에 두는 정책연구위원의 전체 정원은 67명이다(「교섭단체 정책연구위원 임용 등에 관한 규칙」).

정책연구위원은 교섭단체 전체를 보좌하므로 해당 교섭단체 대표의원 개인의 보좌직원은 아니다. 하지만 자신이 속한 교섭단체의 원내 활동을 보좌하기 때문에 교섭단체 대표의원과 밀접한 관계를 가지면서 업무를 수행한다. 이들은 정당의 국회 내 전략을 수립하고, 원내 정당 간 협상에서 실무적인 역할을 수행하며, 원내 정당의 특정 정책에 대한 입장을 해당 위원회의 소속 위원들에게 전달하는 등 정당의 원내 지도부와 소속 의원들을 연결하는 역할도 한다. 이러한 정책연구위원 및 행정 보조요원은 보통 '당직자'라고 부르는 정당의 직원 중 일부가 임명된다.

제3절 국회사무처

국회사무처는 국회의원의 입법 활동을 지원하고 국회의 일반 행정 업무를 수행한다. 국회사무처가 수행하는 업무는 업무계획 수립, 법제지원, 의원외교 지원, 의정연수, 청사관리, 질서유지, 의정중계 등 다양하다. 이 절에서는 국회사무처의 조직 구성을 살펴보고 위원회 보좌기능과 법제지원업무 등을 중심으로 살펴본다.

1. 국회사무처 조직 일반

국회의 입법·예산결산 심사 등의 활동을 지원하고 행정사무를 처리하기 위해 국회사무처를 둔다(「국회법」 제21조 제1항). 제헌국회에서 최초의 국회사무처 직제는 3국(총무국, 의사국, 법제조사국)으로 출발했다. 이후 조직이 지속적으로 확대되었는데 국회 소속 기관인 국회도서관, 국회예산정책처, 국회입법조사처도 국회사무처 조직이 확대·분리된 것이다. 2019년 현재 국회사무총장 등의 정무직을 포함한 국회사무처 공무원 정원은 총 1383명이며, 2019년도 예산은 5508억 원이다. 국회사무총장은 장관급으로 국회의장이 각 교섭단체 대표의원과의 협의를 거쳐 본회의의 승인을 얻어 임면한다(「국회법」 제21조 제3항). 국회사무총장 아래에 차관급으로 입법차장·사무차장을 두고 입법차장은 입법보조업무·위원회업무지원 등을, 사무차장은 행정관리업무를 분장해 처리한다(「국회사무처법」 제5조 제4항·제5항). 구체적인 사무처 조직은 〈그림 7-2〉와 같다.

입법차장 산하에 법제실, 의사국, 방송국, 경호기획관, 국회민원지원센터가 있다. 법제실은 국회의원이나 위원회가 요청한 법률안 입안 및 검토, 행정입법 분석·평가, 국내외 법제연구, 국회의원 법제활동 지원 등을 수행한다. 의사국은 본회의 의사진행, 교섭단체 및 위원회 관련 업무, 의안 등의 접수·배부 및 이송, 국회 회의록 업무를 수행한

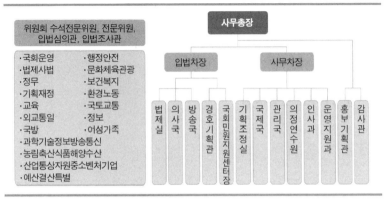

그림 7-2 **국회사무처 조직도(위원회 보좌직원은 제외)**

자료: 국회사무처 홈페이지(http://nas.assembly.go.kr).

다. 방송국은 국회의사중계 방송을 위해 설립된 국회방송(NATV)을 담당하고 경호기획관은 국회경호 및 방호 업무를 수행한다. 국회민원지원센터는 국회에 접수되는 청원·진정·행정민원·의원회관지원·정보공개 업무를 담당한다.

　사무차장 산하에는 기획조정실, 국제국, 관리국, 의정연수원, 인사과, 운영지원과가 있다. 기획조정실은 기획·예산·조직·법무·법규·정보화·비상계획 등의 업무를 수행한다. 국제국은 의원외교 및 국제협조 업무를 수행하고, 관리국은 국유재산·국회청사·설비·물품 등의 업무를 수행한다. 의정연수원은 교육훈련·시민연수 업무를 수행하고, 운영지원과는 계약·지출·후생 및 그 밖의 서무를 담당한다.

2. 위원회 보좌직원

　「국회법」 제42조에서는 위원장 및 위원의 입법 활동 등을 지원하기 위해 위원회에 전문위원과 필요한 공무원을 두도록 하고 있다. 전문위원에는 별정직 차관보급인 수석전문위원과 2급 공무원인 전문위원이 있으며, 전문위원을 보좌하기 위해 입법심의관, 입법조사관, 주무관 등의 직원을 두고 있다. 우리 국회에서 위원회 보좌직원의 역할은 ① 위원회의 의사 진행 지원, ② 위원회의 소관에 속하는 의안과 정책에 대한 정보 및 자료의 제공, ③ 위원회의 공식적인 문서(심사보고서, 수정안·대안 등) 기안 및 관리, ④ 위원회 예산집행, 국내·외 출장 관리 등 그 밖의 행정 업무이다.

우리 국회에서 전문위원을 포함한 위원회 보좌직원의 업무 중 가장 중요한 것은 안건에 대한 검토보고서를 작성해 이를 위원회 전체회의에서 보고하고(「국회법」 제58조 제1항), 안건에 대한 실질적인 심사가 이루어지는 소위원회에서 심사 자료를 미리 작성해 의안 심사를 보좌하는 것이다. 이를 통해 위원회 보좌직원들은 안건에 대한 정보 제공(information provision)의 역할을 할 뿐만 아니라, 공식적인 안건 심사에 앞서 관련되어 있는 여러 정책행위자의 견해와 입장을 수렴하고 이를 어느 정도 조정 또는 조율하는 역할(network management)(Kickert, Klijn and Koopenjan, 1997)도 담당한다.

전문위원 검토보고 제도는 법정 절차라는 점에서 우리 국회에 특유한 제도이다.[1] 안건에 대한 검토보고를 통해 의안에 담겨 있는 정책에 대한 평가가 이루어지고, 이를 작성하는 과정에서 관련 정부 부처, 이

---

[1] 제헌국회부터 위원회에서는 전문위원에게 안건을 검토해 이를 보고하거나 위원의 질의에 답변하도록 한 바 있고, 제6대 국회부터는 안건에 대한 검토가 위원회 위원들에게 서면으로 배포되는 관행이 정착되었다(김춘엽, 2006: 60). 제7대 국회 이후로는 검토보고라는 용어가 정착되었고, 1981년 「국회법」 개정으로 안건 심사에서 법정 절차가 되었다.

해관계 집단, 전문가집단 등 관련 정책행위자들의 입장과 견해가 수렴된다. 각 안건에 대한 위원회 위원들의 관심도는 안건에 따라 차이가 나기 때문에 경우에 따라서는 검토보고에 담겨 있는 정보가 안건 심사에서 매우 중요한 정보가 될 수도 있다.

3. 법제실

1994년 국회사무처 직제 개정에 따라 법제예산실이 신설되었고 2000년 1월에는 법제실이 출범했다. 법제실의 공식 업무는 국회의원 또는 위원회가 요청한 법률안의 입안 및 검토, 대통령령, 총리령 및 부령에 대한 분석과 평가, 국내외의 법제에 관한 연구이며, 2019년 현재 10개 과에 80여 명이 근무하고 있다.

첫째, 법제실에서는 국회의원이 입법 아이디어를 제시하면 이를 법체계에 맞게 법률안으로 성안해 제공한다. 참고로, 2019년 3월 30일 기준으로 제20대 국회에서 접수된 법률안(1만 8861건)의 46.5%(8779건)가 법제실에서 성안한 법률안이다. 다음으로, 법제실에서는 행정부에서 제·개정하는 행정입법을 분석 및 평가하는 업무를 하고 있다. 주로 대통령령·총리령·부령 등의 행정입법이 법률에서 위임한 범위를 넘어 불합리하게 국민들의 권익을 침해하는지 등에 대해 검토한다. 이외에 법제실에서는 국내외 법제현안에 대한 연구도 진행하며, 국회 헌법개정특별위원회에서의 개헌논의도 지원한 바 있다. 또한 법제실은 입법과제 발굴 등 입법정보 제공서비스를 실시하고 있으며, 국회의원과 공동으로 지역현안과 관련된 지역토론회를 개최해 지역주민들의 입법의견을 청취하고 의원들이 이를 입법화하도록 지원하는 업무도 수행하고 있다.

국회의원이 입안을 의뢰한 법률안을 법제실에서 성안하는 과정은 다음과 같다. 우선 국회의원이 특정한 법률의 제정·개정·폐지를 위한 법률안 입안을 의뢰하면 법제실에서는 소관 업무에 따라 담당 법제관을 배정한다. 입안의뢰를 배정받은 법제관은 우선 입안을 의뢰한 의원실과 연락해 입법의도와 정책내용 등을 파악한 후에 관련 자료를 조사하고 초안을 작성한다. 법률안 초안이 작성된 이후에 법제관은 의원실과의 협의, 법제실 내부토론 등을 거치면서 법률안의 용어, 문구, 조문구조 등을 수정·보완한다. 이 단계에서 각 법제과에서 과장 이하 법제관 전원이 참여하는 독회 절차를 거치고 내부 결제절차를 거쳐 성안된 법률안을 의원실에 송부한다.

의원실에서 해당 법률안을 발의할지 여부는 입법취지가 제대로 반영되었는지, 추가로 수정할 부분은 없는지, 그동안 사정변경으로 성안된 법률안을 발의할 의사가 바뀌었는지 등에 따라 달라질 수 있다. 국회의원이 해당 법률안을 발의하기로 결정한 경우 본인을 제외한 국회의원 9명 이상의 동의를 받아 국회사무처 의안과에 제출해야 한다. 국회의장은 해당 법률안을 본회의에 보고한 후에 국회의 소관 상임위원회에 회부한다.

제4절 그 외의 입법지원조직

이 절에서는 국회사무처 이외의 입법조직인 국회도서관, 국회예산정책처, 국회입법조사처의 조직과 업무에 대해 살펴보고 2018년 5월에 개원한 국회미래연구원에 대해서도 알아본다.

1. 국회도서관

국회는 국회의 도서 및 입법 자료에 관한 업무를 처리하기 위해 국회도서관을 두고 있다(「국회법」 제22조 제1항). 국회도서관은 한국전쟁이 한창이던 1951년 전시수도 부산에서 '국회도서실'로 출발해 1960년 국회도서관으로 개칭했고, 1963년에는 국회도서관법이 제정되어 별도의 독립기관이 되었다. 2019년 현재 국회도서관의 정원은 317명이다. 국회도서관의 구체적인 조직은 〈그림 7-3〉과 같다. 국회도서관장은 정무직으로 차관급이며 의장이 국회운영위원회의 동의를 얻어 임면하는데, 관례적으로 제2교섭단체에서 추천한 후보자를 임명하고 있다.

국회도서관은 국회의 입법 활동과 국정심의에 필요한 자료를 수집·정리·분석해 제공하는 의회도서관으로서의 기능을 수행하는 입법지원조직이다. 국회도서관은 각종 국가서지의 작성업무와 주요국 도서관과의 자료교환을 통해 각국과 지식정보 및 문화교류사업을 수행하고 있다. 국회도서관은 입법정보서비스를 통한 의정활동 지원을 최우선으로 하는 의회도서관의 기능을 수행함과 동시에 국민을 대상으로 서비스를 제공하는 국가도서관으로서의 역할도 함께 수행하므로 일반적인 도서관과는 설립목적이나 서비스 대상 등 성격이 다르다.

국회도서관의 업무 중 다른 도서관과 가장 차별화된 업무는 의회정보서비스와 법률정보서비스이다. 의회정보서비스는 입법, 국정현안 자료를 제공하는 서비스로, 국회의원의 입법 및 정책심의 활동에 필요

그림 7-3 **국회도서관 조직도**

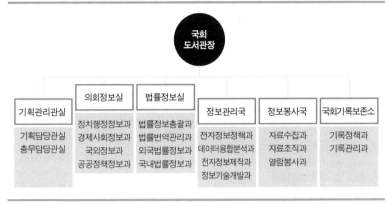

자료: 국회도서관 홈페이지(http://www.nanet.go.kr).

한 정보를 조사해 제공하는 의회정보회답서비스, 전문사서가 의회정
보와 관련된 시의성 있는 주제를 선정해 한눈에 볼 수 있도록 정리하
는 팩트북 및 자료 발간 업무, 각종 입법 관련 데이터베이스 구축, 메
일링 서비스 등 다양한 방식으로 이루어진다.

법률정보서비스로는 국회의원 및 국회 내 입법지원기관이 요청하
는 국내외 법률정보에 대해 회답을 제공하는 법률정보회답서비스, 입
법 현안이나 향후 입법 쟁점으로 대두될 가능성이 있는 주제를 선정해
정리한 각종 자료 발간 업무, 데이터베이스 구축 업무, 국내외 법률정
보 교류협력 업무 등이 진행되고 있다.

또한 국회도서관은 입법부 영구기록물 관리기관으로서 국회기록보
존소를 통해 국회의원실, 국회사무처, 국회도서관, 국회예산정책처,
국회입법조사처에서 생산·접수한 모든 형태의 국회기록물을 관리해
국민이 국회기록물에 쉽게 접근할 수 있도록 콘텐츠로 개발하는 업무

도 수행한다.

국회도서관은 여러 형태의 열람실을 갖추고 있다. 사회과학자료실과 인문자연과학자료실에서는 3년 이내에 발행된 신간도서를 이용자가 자유롭게 열람할 수 있고, 의원회관과 도서관에는 의원열람실을 운영하고 있으며, 법률정보센터에서는 의회법령자료와 최근 2년 이내 발행된 법학도서 및 법률분야 참고도서를 열람할 수 있다. 또한 국회의정관 3층에는 디지털정보센터를 운영해 국내외 웹 DB와 멀티미디어자료 및 참고자료를 이용할 수 있다.

2. 국회예산정책처

우리 국회는 국가의 예산결산·기금 및 재정운용과 관련된 사항을 연구 분석·평가하고 의정활동을 지원하기 위해 국회예산정책처를 두고 있다(「국회법」 제22조의2 제1항). 국회는 1994년에 국회사무처에 법제예산실을 설치해 법제업무와 예산분석업무를 같이 수행했으나 2003년 7월 제정된 「국회예산정책처법」에 따라 2004년 3월 3일에는 국회예산정책처가 정식으로 개청했다.

국회예산정책처는 국회가 행정부에 대한 견제·감시기능을 효율적으로 수행할 수 있도록 재정 분야의 전문 인력을 충원·확보하고 방대한 예산·결산을 심의함에 있어 독자적이고 중립적으로 전문적인 연구 및 분석을 수행하도록 하기 위해 설립된 기관이다. 크게 예산분석실·추계세제분석실·경제분석국·기획관리관실로 구성되어 있고, 2019년 현재 공무원 정원은 138명이다(〈그림 7-4 참조〉). 처장은 정무직으로 차관급이며 외부 전문가를 중심으로 구성되는 처장추천위원회의 추

그림 7-4 **국회예산정책처 조직도**

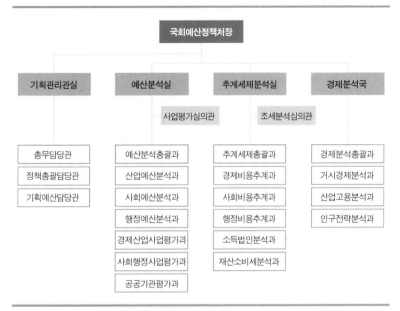

자료: 국회예산정책처 홈페이지(http://www.nabo.go.kr).

천을 거쳐 의장이 국회운영위원회의 동의를 얻어 임면한다.

국회예산정책처의 직무는 ① 예산안·기금운용계획안 및 결산에 대한 연구 및 분석, ② 예산 또는 기금상의 조치가 수반되는 법률안 등 의안에 대한 소요비용의 추계, ③ 국가재정운용 및 거시경제동향의 분석 및 전망, ④ 국가의 주요 사업에 대한 분석·평가 및 중·장기 재정소요 분석, ⑤ 국회의 위원회 또는 국회의원이 요구하는 사항의 조사 및 분석 등이다.

첫째, 예산안·기금운용계획안 및 결산에 대한 연구 및 분석은 예산분석실에서 수행한다. 매년 국회 예산안 및 결산 심사가 시작되기 전에 '예산안분석시리즈'와 '결산분석시리즈' 보고서를 발간하고 『추가경정예산안 분석』, 『대한민국 재정』, 『재정법령집』 등도 발간한다. 둘째, 예산 또는 기금상의 조치가 수반되는 법률안 등 의안에 대한 소요비용의 추계 업무는 추계세제분석실에서 수행한다. 셋째, 국가재정운용 및 거시경제동향의 분석 및 전망은 경제분석국에서 수행한다. 매년 『NABO 재정전망 및 세입·세제분석』, 『국세수입 결산 분석』 등을 발간하고 있으며, 그 외에도 다양한 단행 연구물을 펴내고 있다. 넷째, 국가의 주요 사업에 대한 분석·평가 및 중·장기 재정소요 분석은 예산분석실 내 2개 사업평가과와 공공기관평가과에서 수행하고 있다. 마지막으로 국회 위원회 및 국회의원이 요구하는 사항의 조사 및 분석은 3개 분석실에서 소관사항에 따라 각기 수행한다.

3. 국회입법조사처

우리 국회는 입법 및 정책과 관련된 사항을 조사·연구하고 관련 정보 및 자료를 제공하는 등 입법정보서비스와 관련된 의정활동을 지원하기 위해 국회입법조사처를 두고 있다(「국회법」 제22조의3 제1항). 우리 국회는 미국 의회의 의회조사국과 같은 기관을 신설해 국회의 입법정책 개발 역량과 전문성을 강화하기 위해 2007년 1월 24일 「국회입법조사처법」을 제정했으며, 그해 11월 6일 입법조사처가 개청했다.

국회입법조사처는 크게 정치행정·경제산업·사회문화 3개의 조사실과 기획관리관실로 구성되어 있으며, 2019년 현재 공무원 정원은 126명이다(〈그림 7-5〉 참조). 처장은 정무직으로 차관급이며 국회예산정책처장과 마찬가지로 처장추천위원회의 추천을 거쳐 의장이 국회

그림 7-5 **국회입법조사처 조직도**

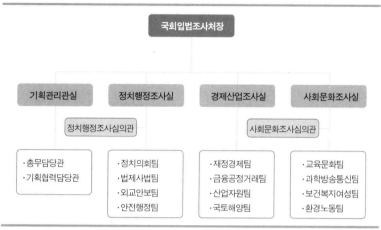

자료: 국회입법조사처 홈페이지(http://www.nars.go.kr).

운영위원회의 동의를 얻어 임면한다. 국회입법조사처는 미국의 의회 조사국과 달리 도서관으로부터 독립된, 별도의 독자적인 입법정책 조사분석기관이다.

국회입법조사처는 충실한 입법조사회답, 적실성 높은 보고서 발간, 국회의원의 입법 및 정책 개발 활동 지원이라는 세 가지 주요 업무를 수행한다. 이 중 가장 핵심적인 업무는 국회의원이나 위원회에서 요구하는 입법 및 정책에 관한 사항을 중립적·전문적으로 조사·분석해 회답하는 입법조사회답이다. 2008년 2042건에서 2017년 8365건으로 네 배 이상 늘었고 특히 제20대 국회 들어서는 월평균 처리실적이 제19대 국회 대비 60% 이상 증가하는 등 큰 폭의 증가 추세를 보이고 있다.

둘째 핵심 업무는 주요 현안이 될 수 있는 입법 및 정책과제를 능동적으로 발굴해 조사·분석한 보고서를 제공하는 것이다. 현재 「이슈와 논점」, 「입법·정책보고서」, 「입법영향분석보고서」, 「국정감사 이슈

분석」,「의회외교 동향과 분석」등의 보고서를 발간하고 있다. 셋째 주요 업무는 세미나 개최 등을 통해 정책적 지원을 하는 것이다. 의원실 및 의원연구단체와 공동으로 또는 국회입법조사처 자체적으로 다양한 정책 현안을 주제로 세미나, 간담회 등을 개최해 적시성 있는 정책을 개발하기 위한 종합적이고 균형 있는 논의의 장을 마련하고 있다.

4. 국회미래연구원

국회미래연구원은 2018년 3월 「국회미래연구원법」이 제정되어 같은 해 5월 28일 정식으로 개원했다. 국회미래연구원은 국회 소속의 연구기관으로서 국가기관이 아닌 별도의 법인으로 출발했으며, 미래 환경의 변화 예측·분석, 국가 중장기 발전전략 도출 등이 주요 업무이다. 국회예산정책처와 국회입법조사처 역시 연구기능을 수행하지만 두 기관은 주로 의원의 입법·예산활동을 직접 지원하고 이와 관련된 보고서 등을 작성한다. 이에 비해 국회미래연구원은 보다 중장기적인 연구와 국가 전략 수립을 위해 별도의 법인으로서 연구기능을 보장한 것이다. 재원은 국회의 출연금과 그 밖의 수입금으로 조달한다.

임원으로는 원장 1명, 이사장을 포함한 10명 이내의 이사와 감사 1명을 두며, 이사와 감사는 모두 비상임으로 한다(「국회미래연구원법」 제6조 제1항 및 제2항). 원장은 의장이 이사회의 추천을 받아 국회운영위원회 동의를 얻어 임명한다(「국회미래연구원법」 제7조 제1항 및 제2항). 이사는 의장이 지명한 1명, 비교섭단체에서 추천한 1명을 포함해 교섭단체 의석 비율에 따라 각 교섭단체가 추천한 자를 의장이 위촉한다(「국회미래연구원법」 제7조 제3항). 감사는 이사회의 제청으로 의장이

그림 7-6 국회미래연구원 조직도

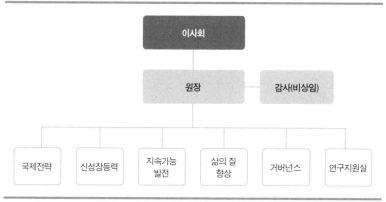

자료: 국회미래연구원 홈페이지(http://www.nafi.re.kr).

임명한다(「국회미래연구원법」 제7조 제4항). 임원의 임기는 4년으로 하되, 연임할 수 있다(「국회미래연구원법」 제8조 제1항). 국회미래연구원의 구체적인 조직은 〈그림 7-6〉과 같고, 상근인 원장과 감사를 포함한 비상근이사 9명 등의 임원을 제외하면 2019년 현재 22명(연구직 18명, 행정직 4명)의 직원이 일하고 있다.

연구 과제는 의장, 국회 상임위 및 특별위가 추천할 수 있는데, 이사회의 의결을 거쳐 연구 과제를 선정하며, 연구 과제 선정 결과와 연구 계획은 의장과 국회운영위에 보고해야 한다(「국회미래연구원법」 제14조). 연구 과제 수행을 완료한 때에는 그 결과를 해당 상임위와 특별위에 보고해야 하고, 매년 연구 진행 과정 및 결과를 국회의장과 국회운영위에 보고해야 한다(「국회미래연구원법」 제17조).

참고문헌

국내문헌

가상준. 2007. 「정치적 선호도와 당선 횟수로 본 17대 국회 상임위원회 특징」. ≪사회과학연구≫, 15(2), 236~278쪽.

_____. 2009. 「설문조사를 통해 본 17대 국회의원들의 의정활동」. 이갑윤·이현우 편. 『한국 국회의 현실과 이상』. 서울: 도서출판 오름, 191~217쪽.

_____. 2010. 「국회 원구성」. 의회정치연구회 편. 『한국 국회와 정치과정』. 서울: 도서출판 오름, 131~153쪽.

_____. 2012. 「18대 국회 상임위원회 전반기와 후반기 비교 연구」. ≪한국정당학회보≫, 11(1), 5~30쪽.

_____. 2013. 「제19대 국회 초선의원의 특징 분석」. ≪한국정당학회보≫, 12(2), 73~97쪽.

강경선·오동석. 2017. 『통치의 기본구조』. 개정판. 서울: 한국방송통신대학교 출판문화원.

국회사무처 의사국 자료요청 회신. 2017. 「요청 자료」. 전자우편.

국회사무처. 「국회경과보고서」.

_____. 2012a. 『2012 의정자료집(제헌국회~제18대 국회)』. 서울: 국회사무처.

_____. 2012b. 『국정감사·조사편람』. 서울: 국회사무처.

_____. 2016a. 『국회법해설』. 서울: 국회사무처.

_____. 2016b. 『2016 의정자료집: 1948~2016. 5』. 서울: 국회사무처.

_____. 2016c. 『법제이론과 실제』. 증보판. 서울: 국회사무처.

_____. 2016d. 『국회선례집』. 서울: 국회사무처.

국회 예산결산특별위원회. 2017. 『예산결산특별위원회 주요업무 가이드』. 서울: 국회예산결산특별위원회 수석전문위원실.

국회예산정책처. 2018. 『대한민국 재정 2018』. 서울: 국회예산정책처.

김민전. 2004. 「입법과정의 개혁」. 박찬욱·김병국·장훈 편. 『국회의 성공조건: 윤리와 정책』. 서울: 동아시아연구원, 269~292쪽.

김춘순. 2014. 『국가재정: 이론과 실제』 개정판. 서울: 학연문화사.

_____. 2018. 『국가재정: 이론과 실제』 전면개정판. 서울: 도서출판 동연.

김춘엽. 2006. 「논변모형을 통해 본 법률 제정 과정에서의 전문위원 검토보고의 영향력에 관한 연구: 위치정보의 이용 및 보호 등에 관한 법률안을 중심으로」. 고려대학교 박사학위 논문.

김학성. 2017. 『헌법학원론』. 전정판. 고양: 피앤씨미디어.

김형준. 2004. 「상임위원회 전문성에 대한 비교고찰: 한국국회와 미국 연방하원을 중심으로」. 한국정치학회 편. 『한국 의회정치와 제도개혁』. 파주: 도서출판 한울, 68~94쪽.

문명학·이현우. 2016. 「국회 상미위원장 선출에서 다선원칙의 현실적 의미 분석」. ≪의정연구≫ 22(1), 82~117쪽.

박기영. 2014. 『한국재정』. 서울: 법우사.

박재창. 2003. 『한국의회정치론』. 서울: 도서출판 오름.

_____. 2004.『한국의회개혁론』. 서울: 도서출판 오름.

박찬욱. 2004.「국회 조직과 구성: 정책역량이 있는 '균형의회'의 모색」. 박찬욱·김병국·장훈 편.
『국회의 성공조건: 윤리와 정책』. 서울: 동아시아연구원. 219~267쪽.

박찬욱·김진국. 1997.「제14대 국회 상임위원회 제도와 그 의사결정에 관한 연구」, ≪한국정치연
구≫, 7, 449~488쪽.

박찬표. 1996.「한·미·일 3국 의회의 전문성 축적구조에 대한 비교연구」. ≪한국정치학회보≫,
30(4), 321~342쪽.

박천오. 1998.「국회의원의 상임위원회 선호성향과 동기」. ≪한국정책학회보≫, 7(1), 293~315
쪽.

법제처. 2016.『2016 법제업무편람』. 서울: 법제처.

서갑수. 2012.『국회 예·결산 심의제도의 문제점과 개선방안: 교육과학기술위원회를 중심으로』.
서울: 국회예산결산특별위원회.

서복경. 2010.「국회 위원회제도의 기원에 관한 연구: 제헌국회 및 2대 국회를 중심으로」. ≪의정
논총≫, 5(1), 51~80쪽.

성낙인. 2017.『헌법학』 제17판. 파주: 법문사.

신해룡. 2012.『예산정책론: 예산결산과 재정정책』. 개정판. 서울: 세명서관.

안병옥. 1998.「국정감사·조사제도」. 서울: 국회사무처. ≪국회보≫, 9월호, 67쪽.

_____. 2012.『최신 국회법』. 제2판. 서울: 쵸이스디자인.

유병곤. 2006.「민주화 이후 국회 원구성 협상: 13~16대 개원국회 협상과정 및 결과를 중심으로」.
≪의정논총≫, 1(1), 67~105쪽.

이현우. 2009.「국회 상임위원회의 운영: 전문성과 대표성의 재평가」. ≪의정연구≫, 15(1),
145~176쪽.

임재주. 2012.『국회에서 바라본 미국의회』. 파주: 도서출판 한울.

임종훈. 2012.『한국입법과정론』. 서울: 박영사.

전진영. 2017.「미국의 인사청문제도와 한국에 대한 시사점」. ≪국회보≫, 2017년 8월호, 20~21
쪽.

전혜원. 2010.「국회의 예산 및 결산 과정」. 의회정치연구회 편.『한국 국회와 정치과정』. 서울: 도
서출판 오름, 209~234쪽.

정준표. 2014.「제19대 국회 전반기 상임위원회 구성의 특징: 후원금. 이념. 선수. 득표율차」.
≪의정논총≫, 9(1), 73~112쪽.

정영국. 1995.「전국구의원의 국회 상임위원회 활동 분석」. ≪한국과 국제정치≫, 11(1), 53~78
쪽.

정호영. 2012.『국회법론』. 제3판. 파주: 법문사.

조기숙. 2000.『지역주의 선거와 합리적 유권자』. 서울: 나남.

조진만. 2010.「국회의 구조」. 의회정치연구회 편.『한국 국회와 정치과정』. 서울: 도서출판 오름.
101~129쪽.

주영진. 2011.『국회법론』. 서울: 국회예산정책처.

최정원. 2010.「국회의원의 사회적 배경」. 의회정치연구회 편.『한국 국회와 정치과정』. 서울: 도
서출판 오름. 73~98쪽.

한국정치학회. 2016.「국회선진화법의 운영 및 평가: 18대 및 19대 입법사례 전수 분석」. 2016년

국회사무처 연구용역.

허영. 2004. 『한국헌법론』. 서울: 박영사.

외국문헌

Beetham, D. 1992. "Liberal Democracy and the Limits of Democratization." *Political Studies*, 40, pp.40~53.

Deering, C. J. and Smith, S. S. 1997. *Committees in Congress*. 3rd ed. Washington: CQ Press.

Kickert, W., J. M. E. H. Klijn and J. F. M. Koppenjan. ed. 1997. *Managing Complex Networks: Strategies for the Public Sector*. London: Sage

Kim, Kun-oh. 2006. *Democratic Consolidation and Parliamentary Institutionalisation: The Case of South Korea, 1988-2005, with Special Reference to Implications for Urban Policy*. Ph. D. Thesis. University of Manchester.

Peters, B. G. 2016. *American Public Policy: Promise and Performance*. 10th ed. Washington: CQ Press.

Park, Chan Wook. 1998. "The Organisation and Workings of Committees in the Korean National Assembly." *The Journal of Legislative Studies*, 4(1), pp.206~224.

Piccirilli, G. and Zuddas, P. 2012. "Assisting Italian MPs in Pre-Legislative Scrutiny: The Role Played by Chambers' Counsellers and Legislative Advisors in Enhancing the Knowledge and Skills Development of Italian MPs: The Assistance Offered to an Autonomous Collection of Information." *Parliamentary Affairs*, 65(3), pp.672~687.

Pitkin, H. F. 1967. *The Concept of Representation*. Berkeley: The University of California Press.

Polsby, N. W. 1975. "legislatures." in P. Norton ed. legislatures, Oxford: Oxford University Press, 1990, pp.129~148.

Rogers, R. and R. Walters. 2015. *How Parliament Works*. 7th ed. Abingdon: Routledge.

Rush, M. 2001. *The Role of the Member of Parliament since 1868: From Gentlemen to Players*. Oxford: Oxford University Press.

Smith, S. S., J. M. Roberts and R. J. Vander Wielen. 2015. *The American Congress*. 9th ed. New York: Cambridge University Press.

Wawro, G. 2000. *Legislative Entrepreneurship in the U.S. House of Representatives*. Ann Arbor: The University of Michigan Press.

참고법령

「감사원법」[법률 제13204호, 2015. 2. 3, 일부개정]

「개인정보 보호법」[법률 제14839호, 2017. 7. 26, 타법개정]

「공직선거법」[법률 제15551호, 2018. 4. 6, 일부개정]

「공직자윤리법」[법률 제14839호, 2017. 7. 26, 타법개정]

「국가인권위원회법」[법률 제14028호, 2016. 2. 3, 일부개정]

「국가재정법」[법률 제15342호, 2018. 1. 16, 일부개정]

「국가회계법」[법률 제15285호, 2017. 12. 26, 일부개정]

「국고금 관리법」[법률 제14464호, 2016. 12. 27, 일부개정]
「국정감사 및 조사에 관한 법률」(약칭「국감국조법」)[법률 제15619호, 2018. 4. 17, 일부개정]
「국회법」[법률 제15713호, 2018. 7. 17, 일부개정]
「국회법」[법률 제5호, 1948. 10. 2, 제정]
「국회에서의 증언·감정 등에 관한 법률」(약칭「국회증언감정법」)[법률 제15621호, 2018. 4. 17,
　　일부개정]
「대통령직 인수에 관한 법률」[법률 제14839호, 2017. 7. 26, 타법개정]
「대한민국 헌법」[헌법 제10호, 1987. 10. 29, 전부개정]
「대한적십자사 조직법」[법률 제14839호, 2017. 7. 26, 타법개정]
「방송통신위원회의 설치 및 운영에 관한 법률」[법률 제15408호, 2018. 2. 21, 일부개정]
「법원조직법」[법률 제15152호, 2017. 12. 12, 일부개정]
「법제업무 운영규정」[대통령령 제29127호, 2018. 8. 28, 일부개정]
「부패방지 및 국민권익위원회의 설치와 운영에 관한 법률」[법률 제15617호, 2018. 4. 17, 일부개
　　정]
「원자력안전위원회의 설치 및 운영에 관한 법률」[법률 제15282호, 2017. 12. 19, 일부개정]
「인사청문회법」[법률 제12677호, 2014. 5. 28, 타법개정]
「전원위원회 운영에 관한 규칙」[국회규칙 제133호, 2006. 9. 8, 일부개정]
「특별감찰관법」[법률 제12422호, 2014. 3. 18, 제정]
「특별검사의 임명 등에 관한 법률」[법률 제12423호, 2014. 3. 18, 제정]
「행정규제기본법」[법률 제15037호, 2017. 11. 28, 일부개정]
「행정절차법」[법률 제14839호, 2017. 7. 26, 타법개정]

국회 회의록
2017년도 국감 - 과학기술정보방송통신위원회회의록(2017년 10월 12일)
제337회국회(정기회) 국회본회의회의록 제5호
제337회국회(정기회) 안전행정위원회회의록 제5호
제337회국회(정기회) 안전행정위원회회의록 제6호
제337회국회(정기회) 안전행정위원회회의록(법안심사소위원회) 제1호
제354회국회(정기회) 국회본회의회의록 제11호
제363회국회(임시회) 국회운영위원회회의록 제1호

참고판례
대법원, 2004. 7. 22. 선고2003두7606
헌법재판소, 1990. 10. 15. 89헌마178
헌법재판소, 1992. 6. 26. 91헌바25
헌법재판소, 1994. 6. 30. 93헌가15
헌법재판소, 1995. 12. 27. 95헌마224·239·285·373(병합)
헌법재판소, 2001. 10. 25. 2000헌마92·240(병합)
헌법재판소, 2001. 2. 22. 2000헌마604
헌법재판소, 2004. 10. 28. 99헌바91

헌법재판소, 2014. 10. 30. 2012헌마190·192·211·262·325, 2013헌마781, 2014헌마53(병합)

웹사이트

감사원 홈페이지. http://www.bai.go.kr

국가기록원(기록으로 만나는 대한민국 70년) 홈페이지. http://theme.archives.go.kr/next/korea
　　OfRecord/viewMain70.do

국회 각 상임위원회 홈페이지.

국회 국정감사정보시스템. http://likms.assembly.go.kr/inspections/main.do

국회 법률정보시스템. http://likms.assembly.go.kr/law/lawsNormInqyMain1010.do?mapping
　　Id=%2FlawsNormInqyMain1010.do&genActiontypeCd=2ACT1010

국회 의안정보시스템. http://likms.assembly.go.kr/bill/main.do

국회 홈페이지. http://www.assembly.go.kr

국회 회의록시스템. likms.assembly.go.kr/record

중앙선거관리위원회 선거통계시스템. http://info.nec.go.kr(최종검색일 2016년 8월 25일)

헌법재판소 홈페이지. http://www.ccourt.go.kr

WORLD VALUES SURVEY Wave 1 1981-1984 OFFICIAL AGGREGATE v.20140429. World
　　Values Survey Association (www.worldvaluessurvey.org). Aggregate File Producer:
　　Asep/JDS, Madrid SPAIN.

WORLD VALUES SURVEY Wave 2 1990-1994 OFFICIAL AGGREGATE v.20140429. World
　　Values Survey Association (www.worldvaluessurvey.org). Aggregate File Producer:
　　Asep/JDS, Madrid SPAIN.

WORLD VALUES SURVEY Wave 3 1995-1998 OFFICIAL AGGREGATE v.20140921. World
　　Values Survey Association (www.worldvaluessurvey.org). Aggregate File Producer:
　　Asep/JDS, Madrid SPAIN.

WORLD VALUES SURVEY Wave 4 1999-2004 OFFICIAL AGGREGATE v.20140429. World
　　Values Survey Association (www.worldvaluessurvey.org). Aggregate File Producer:
　　Asep/JDS, Madrid SPAIN.

WORLD VALUES SURVEY Wave 5 2005-2008 OFFICIAL AGGREGATE v.20140429. World
　　Values Survey Association (www.worldvaluessurvey.org). Aggregate File Producer:
　　Asep/JDS, Madrid SPAIN.

WORLD VALUES SURVEY Wave 6 2010-2014 OFFICIAL AGGREGATE v.20150418. World
　　Values Survey Association (www.worldvaluessurvey.org). Aggregate File Producer:
　　Asep/JDS, Madrid SPAIN.

지은이

임재주
(현) 국회 과학기술정보방송통신위원회 수석전문위원(차관보급)
국회 법제실장
입법고시 제11회 합격
미국 캔자스대 법학박사
서울대 행정대학원 행정학석사
한국외대 무역학과
미국변호사(뉴욕주)
저서: 『국회에서 바라본 미국의회』, 『정치관계법』 등

서덕교
(현) 국회 국방위원회 입법조사관
국회 행정안전위원회 입법조사관
국회사무처 인사과 인사담당
입법고시 제19회 합격
영국 엑서터대 정치학박사
서울대 행정대학원 행정학석사
서울대 정치학과

박철
(현) 국회 법제실 법제연구과장
국회사무처 기획예산담당관실 기획담당
국회 정무위원회 입법조사관
입법고시 제24회 합격
서울대 경제학과

장은덕
(현) 국회입법조사처 입법조사관
국회법제실 법제관
국회운영위원회 입법조사관
입법고시 제25회 합격
서울대 국어교육/경제학과

한울아카데미 2181

국회의 이해
우리가 알아야 할 국회 이야기
ⓒ 임재주·서덕교·박철·장은덕, 2019

지은이 | 임재주·서덕교·박철·장은덕
펴낸이 | 김종수
펴낸곳 | 한울엠플러스(주)
편집 | 신순남

초판 1쇄 인쇄 | 2019년 8월 12일
초판 1쇄 발행 | 2019년 8월 22일

주소 | 10881 경기도 파주시 광인사길 153 한울시소빌딩 3층
전화 | 031-955-0655
팩스 | 031-955-0656
홈페이지 | www.hanulmplus.kr
등록번호 | 제406-2015-000143호

Printed in Korea.
ISBN 978-89-460-7181-0 93340(양장)
          978-89-460-6696-0 93340(무선)

※ 책값은 겉표지에 표시되어 있습니다.
※ 이 책은 강의를 위한 학생판 교재를 따로 준비했습니다.
   강의 교재로 사용하실 때에는 본사로 연락해주십시오.